全国机械行业职业教育优质规划教材（高职高专）
经全国机械职业教育教学指导委员会审定
高职高专系列教材

物流设备使用与维护

主　编　张翠花
参　编　毛小萌　任娟娟
　　　　仝丹娜　朱鑫彦
主　审　贺彩玲

机械工业出版社

本教材以典型物流企业实际工作流程为载体，通过四个学习情境，对物流企业常用的物流设备使用、管理、维护、保养、选择、配置等内容进行了介绍，体现了项目教学和任务驱动的特色，注重技能训练和学生的可持续发展。本教材既可作为高等职业院校、高等专科学校、成人高等院校及本科院校高职物流专业和相近专业的学习用书，也可作为物流从业人员的培训教材或参考用书。

为方便教学，本教材配备了电子课件等教学资源。凡选用本教材的教师均可登录机械工业出版社教育服务网 www.cmpedu.com 免费下载。如有问题请致电 010-88379375 联系营销人员。

图书在版编目（CIP）数据

物流设备使用与维护/张翠花主编．—北京：机械工业出版社，2017.5（2024.8 重印）
全国机械行业职业教育优质规划教材．高职高专　高职高专系列教材
ISBN 978-7-111-57831-4

Ⅰ．①物…　Ⅱ．①张…　Ⅲ．①物流—设备—使用—高等职业教育—教材　②物流—设备—维修—高等职业教育—教材　Ⅳ．①F252

中国版本图书馆 CIP 数据核字（2017）第 213920 号

机械工业出版社（北京市百万庄大街 22 号　邮政编码 100037）
策划编辑：孔文梅　乔　晨　　责任编辑：孔文梅　乔　晨
责任校对：梁　倩　　　　　　封面设计：鞠　杨
责任印制：张　博

北京建宏印刷有限公司印刷

2024 年 8 月第 1 版第 5 次印刷
184mm×260mm・15.25 印张・348 千字
标准书号：ISBN 978-7-111-57831-4
定价：45.00 元

电话服务　　　　　　　　　　网络服务
客服电话：010-88361066　　　机　工　官　网：www.cmpbook.com
　　　　　010-88379833　　　机　工　官　博：weibo.com/cmp1952
　　　　　010-68326294　　　金　　书　　网：www.golden-book.com
封底无防伪标均为盗版　　　　机工教育服务网：www.cmpedu.com

前　言

随着世界经济的持续发展和科学技术的突飞猛进，现代物流作为现代化经济的重要组成部分和工业化进程中最为经济合理的综合服务模式，正在全球范围内迅速发展，并已逐渐成为我国经济发展的重要产业和新的经济增长点。目前，我国各级政府部门和许多市场意识敏锐的企业已把物流作为提高企业核心竞争力的重要手段。

与此同时，物流职业教育在全国范围内如火如荼地开展起来，各种用于物流职业教育的教材如雨后春笋般涌现出来，不可否认，这些教材对于物流职业教育起到了极大的促进作用。但是，目前我们正在进行职业教育的深度改革，校企合作、工学结合是职业教育改革的特点。我们在进行基于工作过程系统化的课程体系建设和任务驱动教学模式的探索，在改革、建设和探索的过程中，我们深深感到，虽然目前高职物流教材很多，但是没有一套能与基于工作过程系统化课程改革和任务驱动教学模式相配套、相适应。编写适应课程改革的新型教材已经成为物流职业教育改革的重要建设项目，在这样的背景下，我们物流管理一线教师与物流行业、企业专家一起，共同开发了这套适合于工作过程系统化课程体系和任务驱动教学模式的特色教材，《物流设备使用与维护》属于该套教材之一。在撰写时，我们力求做到以下几点：

（1）本教材由两大模块构成：基本操作模块、业务提升模块。两个模块均按照基于工作过程的理念设计学习情境。基本操作模块包含三个学习情境（学习情境一～学习情境三），这三个情境是依据典型物流企业的实际业务操作过程设计的。业务提升模块为一个学习情境（学习情境四）。通过基本操作模块的学习，学生能够获得物流企业常用物流设备使用与维护所需的知识与技能，培养物流机械设备管理人员应具有的职业素质，还能够合理使用物流机械设备，正确维护物流机械设备，成为一名合格的物流设备的使用者和管理者。基本操作模块的学习能满足学生的就业需求和基层操作、职能岗位的需求。考虑到高职高专毕业生的职业成长规律，努力工作 3～5 年后有不少学生会进入物流企业的中层管理甚至高层管理岗位，为此安排了业务提升模块的学习，业务提升模块是针对物流企业设备的选择、配置、维护保养与设备修理等方面的训练，属于提升的层次，满足决策规划管理层岗位的需求。两个模块由浅入深，由简单到复杂，符合学生学习认知的规律；由操作到管理，遵循学生职业成长规律，注重基本专业能力、社会能力培养的同时，也注重了未来职业发展的要求，满足学生可持续发展的需要。

（2）项目教学、任务驱动。本教材根据项目教学法来组织内容，按照典型物流企业的真实作业流程设计教学项目，对于每一教学项目，以工作任务为主线来组织内容，将完成任务所必需的知识、技能构建于具体的项目中，学生在完成具体项目过程中学会相应的知识和技能、训练相应的职业能力、掌握相应的操作技能和知识。基于项目教学、任务驱动的教学模式，在每一项目的开始，首先给出一个学习性工作任务，并分析工作任务所需知识、技能与素质要素，从而引出此知识与技能相关的教学内容。

（3）内容的取舍以实际物流企业的需求为尺度。本教材旨在培养物流行业各个岗位工作人员使用、维护和管理物流机械设备的能力，而不是培养物流机械设备的设计、制造和修理人员，必须避免过多过深的关于机械设备的结构、原理等理论内容，但是如果不懂得机械设备的结构、原理，要管理、使用和维护好物流机械设备又是不可能的。因此，我们根据物流企业发展需求和物流行业国家标准，根据物流企业实际工作岗位对不同物流机械设备使用维护要求程度的不同，进行差异化对待。物流行业所运用的物流机械设备种类繁多，功能也各不相同，机械化、自动化的程度差异很大，物流实际工作岗位对这些物流机械设备使用维护要求的程度有所不同，对于那些机械化、自动化程度高的物流机械设备（如自动立体仓库系统、自动导引搬运车等），其维护需要机械化、自动化专业的人才来进行，所以，内容应着重于如何正确使用上；而对于机械化和自动化程度一般，但是使用频繁的物流机械设备（如叉车、输送机、集装箱等），不但要掌握这些设备的正确使用方法，还需要学习这些设备的维护保养和管理方法等。总之，内容的取舍完全以实际物流企业的需求为尺度。

本教材特色鲜明，内容深入浅出、通俗易懂，具有鲜明的职业教育特色，是目前物流管理教学改革的成果之一。

本教材由陕西工业职业技术学院物流管理专业一线教师完成，由张翠花担任主编，毛小萌、任娟娟、仝丹娜、朱鑫彦参加编写，由贺彩玲担任主审。具体编写分工如下：学习情境一项目一、项目二由张翠花编写；学习情境一项目三、项目四由朱鑫彦编写；学习情境二、学习情境四项目九、项目十由仝丹娜编写；学习情境三由任娟娟编写；学习情境四项目十一由毛小萌编写。

在编写过程中，我们得到了陕西省物流与采购联合会、中储咸阳分公司、陕西人人乐集团等企业的大力支持与参与，在此表示衷心感谢。

编　者

目　　录

前言
学习情境一　配送中心作业 ... 1
项目一　接货入库作业 ... 1
　　任务一　托盘的使用与维护 ... 2
　　任务二　叉车的使用与维护 ... 13
　　知识拓展 ... 30
　　同步测试 ... 31
　　知识应用 ... 32
项目二　上架储存作业 ... 34
　　任务一　仓库的使用 ... 34
　　任务二　货架的使用 ... 43
　　任务三　自动化立体仓库的使用 ... 58
　　任务四　巷道堆垛机的使用 ... 62
　　知识拓展 ... 68
　　同步测试 ... 68
　　知识应用 ... 70
项目三　分拣配货作业 ... 71
　　任务一　自动分拣设备的使用 ... 71
　　任务二　托盘搬运车的使用 ... 83
　　任务三　手推车的使用 ... 87
　　知识拓展 ... 90
　　同步测试 ... 91
　　知识应用 ... 91
项目四　出库作业 ... 93
　　任务一　输送设备的使用 ... 93
　　任务二　自动导引搬运车的使用 ... 103
　　知识拓展 ... 109
　　同步测试 ... 110
　　知识应用 ... 111
学习情境二　港口企业作业 ... 114
项目五　装船卸船作业 ... 114
　　任务一　集装箱的认识与选择 ... 114
　　任务二　岸边集装箱装卸桥的使用 ... 125
　　任务三　龙门起重机的使用 ... 129
　　任务四　门座起重机的使用 ... 134
　　知识拓展 ... 137
　　同步测试 ... 138
　　知识应用 ... 139

项目六　堆场作业 ... 140
　　任务一　桥式起重机的使用 ... 140
　　任务二　流动式起重机的使用 ... 144
　　任务三　集装箱跨运车的使用 ... 146
　　任务四　集装箱正面吊的使用 ... 149
　　任务五　集装箱叉车和底盘车的使用 ... 150
　　知识拓展 ... 153
　　同步测试 ... 154
　　知识应用 ... 156

学习情境三　运输作业 ... 157

项目七　公路、铁路运输作业 ... 157
　　任务一　公路运输设备设施的使用 ... 158
　　任务二　铁路运输设备设施的使用 ... 171
　　知识拓展 ... 181
　　同步测试 ... 183
　　知识应用 ... 183

项目八　航空、水路运输作业 ... 185
　　任务一　航空运输设备的使用 ... 185
　　任务二　水路运输设备设施的使用 ... 188
　　知识拓展 ... 199
　　同步测试 ... 201
　　知识应用 ... 201

学习情境四　物流企业设备管理作业 ... 203

项目九　物流设备选择配置作业 ... 203
　　任务一　明确物流设备的地位与作用 ... 204
　　任务二　选择配置物流设备 ... 208
　　知识拓展 ... 216
　　同步测试 ... 217
　　知识应用 ... 218

项目十　物流设备的维修保养作业 ... 219
　　任务一　正确使用物流设备 ... 219
　　任务二　维护保养物流设备 ... 222
　　知识拓展 ... 224
　　同步测试 ... 224
　　知识应用 ... 225

项目十一　物流设备的检查维修作业 ... 227
　　任务一　物流设备的检查 ... 227
　　任务二　物流设备的维修 ... 230
　　知识拓展 ... 232
　　同步测试 ... 232
　　知识应用 ... 233

参考文献 ... 235

学习情境一　配送中心作业

【情境描述】

配送中心是为了提供完善的配送服务而设立的经营组织，其核心职能是通过集货、储存、加工、分拣、配货运输等环节完成配送功能。沃尔玛配送中心为典型的配送企业，该配送中心专为沃尔玛公司的连锁店按时供应商品，以确保各店的稳定经营，该配送中心经营商品 4 万余种，主要是食品和日用品。每天要配送的货物种类繁多、吞吐量巨大，沃尔玛配送中心通过怎样的业务流程，建有什么设施，使用什么设备来保证快速准确地完成配送任务呢？假如我们是沃尔玛配送中心新入职的员工，我们未来的工作内容是什么呢？工作中需要用哪些物流设备？设备如何使用？如何保养与维护？……我们的疑问肯定很多。

沃尔玛配送中心货物运营的基本流程是：供应商将商品送到配送中心后，配送中心经过接收货物、核对采购计划、进行商品检验等程序，将货物分别送到不同区域与位置的货架存放。当连锁店提出要货计划后，配送中心根据各连锁店的订单进行货物的分拣和配货，然后完成出库送货。配送中心类型很多，尽管不同类型配送中心作业流程长短不一，但典型配送中心的作业流程却是大同小异。典型配送中心的作业流程如图 1-1 所示。

图 1-1　典型配送中心的作业流程

我们学习的内容是如何正确运用配送中心各种物流设备完成配送任务。按照配送中心的 4 个典型作业来进行 4 个项目的学习。这 4 个学习项目分别是："项目一　接货入库作业""项目二　上架储存作业""项目三　分拣配货作业""项目四　出库作业"。

项目一　接货入库作业

完成接货入库作业，要用到哪些物流机械设备呢？

货物通常是装在托盘上用货车送到配送中心的，接货入库时，一般都是采用叉车先卸货，然后再进行验收，验收合格后通过托盘搬运车或者叉车送入相应存储区。对于那些没有装在托盘上的货物，配送中心通常需要把货物放置在托盘上，称为组托作业或码盘作业，码盘是为了便于装卸搬运，也便于储存。本项目的任务就是学习如何正确运用托盘、叉车、托盘搬运车等设备对货物进行装卸、搬运和堆垛，完成货物的接收和入库作业。完成本项目的学习后，应该达到以下的学习目标：

【知识目标】熟悉托盘的种类、基本构造，托盘的合理使用和维修；掌握托盘货物的码盘形式、防塌措施和托盘的标准化；掌握叉车的概念、分类、特点、主要参数；熟悉典型叉车的结构和叉车属具。

【能力目标】能够正确选用托盘进行组托作业；能够对托盘货体采取正确的防塌措施；具有驾驶叉车进行装卸、搬运和堆垛作业的能力；初步具有管理叉车的能力。

任务一　托盘的使用与维护

【任务描述】

托盘曾被单一地看作包装附属物，功能仅被限定在装卸搬运环节。近年来，物流在我国持续升温，托盘作为"活动的平台""可移动的地面"，在包装、运输、仓储、配送等其他物流活动中的功效十分突出，尤其在"托盘一贯化运输""门到门"物流服务中，更显示出不可替代的地位，成为现代物流与供应链的"宠儿"。

我国托盘业发展迅猛，托盘集装化、一贯化已经成为提升物流效率，降低物流成本的重要手段，那么托盘究竟有何"神奇"特点？其结构如何？应如何正确使用与维护？这就是本学习任务要解决的主要问题。通过完成托盘的使用与维护任务，学习者应能够说出常见托盘的类别；能够根据货物的不同，选用合适的托盘并采用合理的码盘方法；对于码好盘的托盘货体进行正确的、合理的紧固措施，防止货物倒塌；能够对托盘进行正确的使用、维护和简单的修理。

【知识学习】

一、托盘的概念

托盘是指为了使物品能有效地装卸、运输、保管，将其按一定数量组合放置于一定形状的台面上，这种台面有供叉车从下部叉入并将台板托起的叉入口，以这种结构为基本结构的平板台板和在这种基本结构基础上所形成的各种形式的集装器具都可统称为托盘。

托盘是一种重要的集装器具，是在物流领域中为适应装卸机械化而发展起来的一种集装器具，托盘的发展可以说与叉车的发展同步。叉车与托盘的共同使用，形成了有效的装卸系统，从而使装卸机械化水平大幅度提高。据统计，把 1 000 件单件质量为 25kg 的一垛非集装货物移动 60m 后再码成货垛，这一作业若由 1 人使用搬运车，每车装 10 件，完成需要 23.2h，而使用托盘与叉车集装搬运，仅需 0.8h，效率提高 29 倍。

二、托盘的分类

托盘装载的货物种类千差万别，与之相适应的托盘种类也是多种多样。按照构造的不同，托盘可分为平托盘、柱式托盘、箱式托盘、轮式托盘和其他托盘，托盘的分类如图1-2所示。

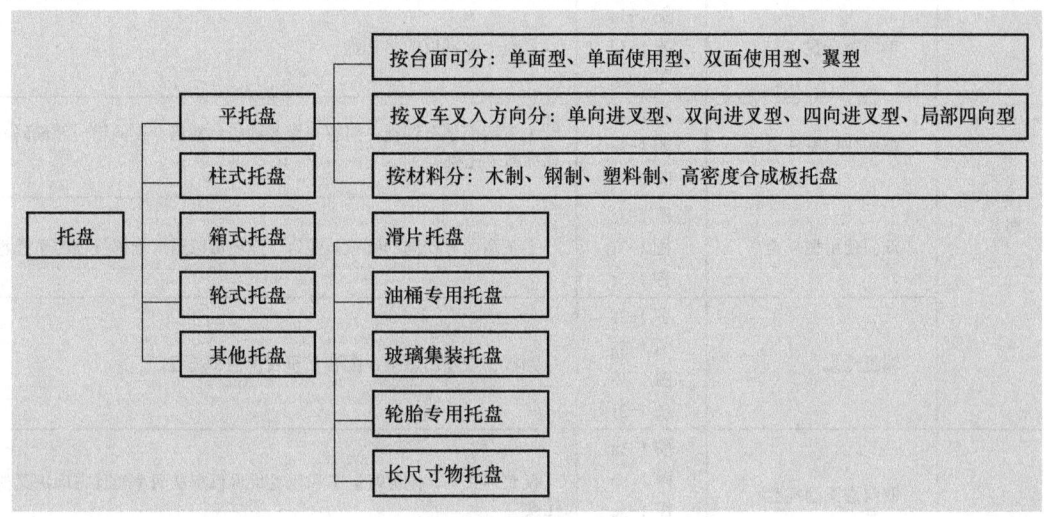

图1-2 托盘的分类

1．平托盘

（1）平托盘的构造与分类。我们一般所说的托盘，主要是指平托盘，平托盘没有上部结构，是使用量最大的托盘，属于通用型托盘，其中木制平托盘是应用最为广泛的托盘。木制平托盘由铺板和纵梁两部分组成。根据不同的划分依据，平托盘又可分为多种类型，平托盘的构造如图1-3所示，平托盘的分类见表1-1。

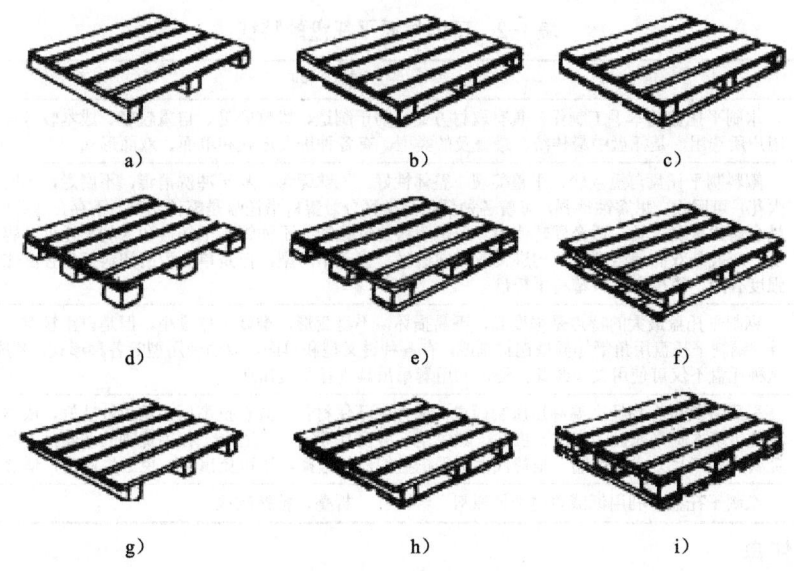

图1-3 平托盘的构造

a）单面型 b）单面使用型 c）双面使用型 d）单面四向型 e）单面使用局部四向型 f）双面使用翼型
g）单面单翼双向型 h）单面使用单翼型 i）双面使用双翼局部四向型

表1-1 平托盘的分类

划分依据	名称	图例	说明
按台面不同划分	单面型托盘	图1-3a 图1-3d 图1-3g	只有一面铺板的平托盘
	单面使用型托盘	图1-3b 图1-3e 图1-3h	上下两面都有铺板,但有一面的铺板比较稀,仅能用一面堆码与载货的平托盘
	双面使用型托盘	图1-3c 图1-3f 图1-3i	上下两面有相同的铺板,任何一面均可以用来堆码货物的平托盘
	翼型托盘	图1-3f 图1-3g 图1-3h 图1-3i	铺板长度超出纵梁,配合吊车使用的平托盘
按货叉插入口不同划分	双向进叉型托盘	图1-3a 图1-3b 图1-3c	仅允许叉车、托盘搬运车和托盘堆垛机车从两个相反方向进叉的托盘
	四向进叉型托盘	图1-3d	允许叉车、托盘搬运车、托盘堆垛机从四个方向进叉的托盘
	局部四向进叉型托盘	图1-3e 图1-3i	允许叉车四向进叉,托盘搬运车和托盘堆垛机只能从两向进叉或不能进叉的托盘

（2）平托盘的材质与特征。平托盘的材质主要有木材、塑料、钢材、高密度合成板、纸等。目前最常使用的是木制平托盘,但是,近几年来,塑料托盘的应用数量有大幅上升的趋势。不同材质平托盘的特征见表1-2。

表1-2 不同材质平托盘的特征

托盘材质	特征
木材	木制平托盘基本手工制作,具有取材方便、易于制造、维修容易、自重较轻、成本较低等优点,为大多数用户所选用,是托盘中最传统、最普及的类型。有各种进叉形式和单面、双面形式
塑料	塑料制平托盘自重较轻,平整美观,整体性好,无味无毒,易于冲洗消毒,不腐烂,不助燃,不产生静电火花,可回收,耐腐蚀性强,可着各种颜色分类区分。塑料托盘是整体结构,不存在透钉刺破货物的问题,是仓储的重要工具,适合周转使用。但是塑料的承载能力不如钢制平托盘和木制平托盘,容易变形且难以恢复。一般以双面使用型进叉或四向进叉,也有单面型,但是单面型的塑料托盘强度比较差。由于塑料强度有限,很少有翼型塑料平托盘
钢材	钢制平托盘最大的特点是强度高,不易损坏,不易变形,维修工作量小,但是自重较重,人力搬运较为困难。钢制平托盘用角钢等异型钢材制成,有各种进叉型和单面、双面使用型等各种形式。制成翼型更具优势,这种托盘不仅可使用叉车装卸,还可利用套吊吊具进行吊装作业
高密度合成板	采用各类废弃物经高温高压压制而成,属再生环保材料,具有抗高压,承重性能好,成本低等优点。可以避免传统木制平托盘的木结、虫蛀、颜色差、湿度高等缺点。适合于各类货物的运输,尤其是重货(化工、金属类等产品)成批运输,是替代木制平托盘的最佳选择。还可免熏蒸、免卫生检疫,适合于出口运输
纸	纸制平托盘是利用纸或再生纸做原料,经冲孔、折叠、粘接制成

2. 柱式托盘

使用平托盘堆垛时,上层托盘的重量完全压在下层的货物上。因此,下层货物必须要堆码平整,具有一定的耐压力。这样就使托盘货物的种类和堆垛的高度都受到限制,一般堆叠不能超过三个高。而有些异型货物或者质量比较差的纸箱包装,都不能使用平托盘。

柱式托盘可以弥补平托盘的这一缺陷。柱式托盘的基本结构是在托盘的四个角装有固定式或可卸式的柱子。固定式柱式托盘四角支柱与底盘固定连在一起，支柱多用型钢制作，柱脚略放大，兼做承插的结构，与下一层托盘联结，有的柱顶加设横撑，以增加稳定性；可拆柱式托盘在实际中使用比较广泛，它是以平托盘为基体，立柱下端附设各种形式的小插件，嵌入平托盘的铺板和纵梁内，这类托盘拆装方便，既可作为平托盘使用，又可节约空托盘的占用空间。柱式托盘如图 1-4 所示。

图 1-4　柱式托盘

柱式托盘与平托盘相比，具有下列优点：
（1）可以堆叠 4～5 个高，节约储存空间。
（2）托盘货物不受重压，特别适宜易碎货物。
（3）托盘货物不受外形的限制，可堆码异型货物。
（4）托盘并列堆叠后形成一排货架，可以任意存取托盘内的部分货物。因此也适用于批量较小、进出零星的货物。

正是由于上述优点，柱式托盘在国外应用十分普遍。这类托盘构造简单，增加投资不大，国内也宜推广。

3．箱式托盘

箱式托盘的基本结构是沿托盘的四边有板式、栅式、网式等各种平面组成的箱体。有些箱体有顶板，有些则没有。箱板有固定式、折叠式和可卸式三种。箱式托盘的主要优点有：
（1）防护能力强，可以有效防止塌垛，防止货损。
（2）由于四周有护板、护栏，这种托盘装运范围较大，不但能装运可码垛的整齐形状包装货物，也可装运各种异型、不稳定的物品。

箱式托盘如图 1-5 所示。

图 1-5　箱式托盘

4．轮式托盘

轮式托盘的基本结构是在柱式托盘、箱式托盘的下部装有小型轮子，这种托盘不但具有一般柱式托盘和箱式托盘的优点，还可利用轮子做小距离移动，而不需要搬运机具实现搬运。可利用轮子做滚上滚下的装卸，有利于装于车内、船内后，移动其位置，所以轮式托盘有很强的搬运性。轮式托盘如图1-6所示。

5．其他托盘

其他托盘主要包括滑片托盘、油桶专用托盘、玻璃专用托盘等各种专用托盘。其中滑片托盘是一种新型托盘，由牛皮纸、塑料等材料简单折曲而成，也叫薄板托盘。滑片托盘需要配合推拉器使用，其结构如图1-7所示。

图1-6　轮式托盘

图1-7　滑片托盘

滑片托盘按材质来分，有塑料滑片托盘和纸制滑片托盘。塑料滑片托盘多用于仓库周转或多次重复使用，纸制滑片托盘多用于一次性的发货。按推拉边来分，有一边滑片托盘、两边滑片托盘和四边滑片托盘。两边滑片托盘是标准的，一边滑片托盘常用于发货，四边滑片托盘常用于仓库周转或多次重复使用。

滑片托盘的使用有以下优势：

（1）降低了购置成本。纸制滑片托板最低6元/m^2，塑料滑片托盘最低8.5元/m^2。按1 250mm×1 100mm的规格算，纸制滑片托板每张需要8.25元，塑料滑片托板每张需要11.69元；而木制平托盘的成本平均要120元左右，塑料托盘的成本要200元左右。

（2）节约了运费。滑片托盘体积小，重量轻，能更好地利用集装箱与运输车辆的容积，节省了运输与存储过程中占用的空间。

（3）提高了生产效率。滑片托盘配合推拉器使用，可实现全机械化操作。

（4）管理方便。滑片托盘不需要修理，材料不需要回收，也不需要循环控制，甚至不需要周转，管理非常方便且简单。

三、各种不同材质托盘性能的比较

托盘种类繁多，各种托盘在性能和成本等方面可以说是各有千秋。各种不同材质托盘的性能比较见表1-3。

表1-3　各种不同材质托盘的性能比较

性能指标	表现特征
耐腐蚀性	塑料制托盘最好，钢制托盘最差
耐潮湿性	塑料制托盘性能优异
耐虫蛀性	钢制托盘最好，塑料托盘次之
平均寿命	木制托盘寿命较短，钢制托盘和塑料制托盘难分上下
自身重量	纸制托盘、木制托盘占有一定优势
承载性能	钢制托盘效果最好，纸制托盘较差
使用性能	塑料和钢制托盘均优于纸、木制托盘
经济性能	木制托盘有优势，纸制托盘次之，钢制托盘最贵

在实际使用中，由于用途不同，有些托盘是其他品种难以替代的。例如，承载重型物品时，钢制托盘就有其不可替代性。但是总体来看，塑料制托盘和纸制托盘将是较有发展前途的产品，而其中又以塑料制托盘为最。

四、托盘的特点

托盘和集装箱为集装系统的两大支柱，在许多方面是优点、缺点互补，往往难以利用集装箱的地方可利用托盘，托盘难以完成的工作可由集装箱完成。

托盘与集装箱相比的主要优点有：

（1）自重小。由于自重小，因而用于装卸、运输托盘本身所消耗的劳动较小，无效运输及无效装卸比集装箱小。

（2）返空容易，返空时占用运力很少。由于托盘造价不高，又很容易互相代用，互以对方抵补，所以无须像集装箱那样必须有固定的归属者，返空比集装箱容易。

（3）装盘容易。不需像集装箱那样深入到箱体内部，装盘后可采用捆扎、紧包等技术处理，使用简便。

（4）装载量虽较集装箱小，但也能集中一定数量，比一般包装的组合量大得多。

托盘与集装箱相比的主要缺点是：

（1）保护性比集装箱差，露天存放困难，需要有仓库等配套设施。

（2）适用的货物有限，不适于装载体积和重量大、形状不一的货物。

五、托盘货物的堆码方式

在托盘上放置同一形状的立体包装货物时，可采用各种交错咬合的办法码垛，以提高货垛的稳定性。从货物在托盘上堆码时的行列配置来看，有四种基本的堆码方式，见表1-4。

表1-4 托盘货物的堆码方式

名 称	图 例	说 明
重叠式	（奇数层）（偶数层）	各层码放方式相同，上下对应。优点是操作速度快，各层重叠之后，包装物四个角和边重叠，能承受较大荷重。缺点是各层之间缺少咬合作用，稳定性差，容易发生塌跺。在货体底面积较大情况下，采用这种方式有足够的稳定性。一般情况下，重叠式堆码再配以各种紧固方式则不但能保证稳固而且保留了装卸操作省力的优点
纵横交错式	（奇数层）（偶数层）	相邻两层货物的摆放旋转90°，一层成横向放置，另一层成纵向放置，层间有一定的咬合效果，但咬合强度不高。这种方式装盘也较简单，如果配以托盘转向器，装完一层之后，利用转向器旋转90°，工人则只用同一装盘方式便可实现纵横交错装盘，劳动强度和重叠式相同。重叠式和纵横交错式适合用自动装盘机进行装盘操作。在正方形托盘一边长度为货物长、宽公倍数情况下可以采用这种模式，此模式货垛俯视图为正方形

(续)

名　称	图　例	说　明
正反交错式	（奇数层）（偶数层）	同一层中，不同列的货物以90°角垂直码放，相邻两层的货物码放形式是另一层旋转180°的形式。这种方式类似于房屋建筑砖的砌筑方式，不同层间咬合强度较高，相邻层之间不重缝，因而码放后稳定性很高，但操作较为麻烦，且包装体之间不是垂直面互相承受荷载，所以下部货体易被压坏
旋转交错式	（奇数层）（偶数层）	类似风车，第一层相邻的两个包装体都互为90°，两层间的码放又相差180°，这样相邻两层之间互相咬合交叉，托盘货体稳定性较高，不易塌垛。其缺点是，码放难度较大，且中间形成空穴，会降低托盘装载能力

六、托盘货物的防塌措施

在装卸、搬运和运输过程中，托盘货物不可避免地会受到各个方向的振动和冲击，为了防止托盘货体塌垛、散垛，避免货差货损，必须采取有效的防塌措施。通常，防塌措施主要有下列几种（如图1-8所示）：

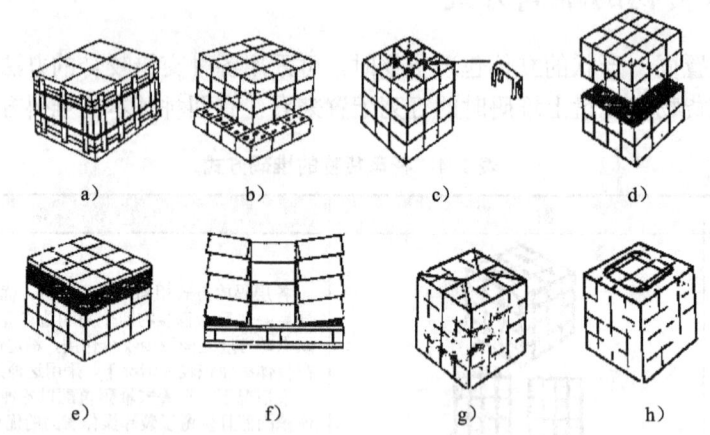

图1-8　托盘货物的防塌措施

a) 四面加框架加固　b) 加抗滑夹具加固　c) 专用金属卡具固定　d) 黏合　e) 使用粘胶带
f) 垫楔块　g) 收缩塑料薄膜加固　h) 拉伸塑料薄膜加固

1. 用带或绳捆扎（圆扎或井式捆扎）

用带、绳等柔软索具对托盘货体进行捆扎以保证托盘货体稳定。在防止箱型货物（瓦楞纸箱、木箱）散垛时经常采用捆扎。按照扎带方式的不同可分为水平、垂直和井式等捆扎方式。捆扎的方法有打结、黏合、热融、加卡箍等。该方式的缺点是未扎带部分容易发生货物脱出，且由于多层货物的堆压以及搬运中的振动等因素容易使带子变松。

2. 用绳网罩包裹紧固

主要用于装有同类货物托盘的紧固，多见于航空运输，将航空专用托盘与绳网罩结合起来，就可达到紧固的目的。将绳网罩套在托盘货物上，再将绳网罩下端的金属配件挂在托盘周围固定的金属片上（或将绳网罩下部覆罩在托盘边缘上），以防止形状不规则的货物发生倒塌。为了防水，可在绳网罩之下用防水层加以覆盖，绳网罩一般采用棉绳、布绳或其他纤维绳等材料制成。

3. 四面加框架加固

将板式的框架加在托盘货物相对的两面或四面以至顶部（如图1-8a所示），用以增强托盘货体的刚性。框架的材料以木板、胶合板、瓦楞纸板、金属板等为主。

4. 加抗滑夹层

在货箱上下层之间衬垫抗滑的纸片或塑料充气泡沫片，以减少水平滑移的可能性，如图1-8b所示。

5. 专用金属卡具固定

对某些托盘货物，如能插入金属卡具，则可用专用的金属卡具把相邻的包装物连接起来，使得每层货物通过卡具形成一个整体，防止个别分离滑落，如图1-8c所示。

6. 黏合

黏合有两种方法：一是在下层货箱上涂上胶水使得上下货箱黏合；二是每层之间贴上双面胶条，将两层货物通过胶条黏合在一起，防止物流中托盘货物从层间滑落。这种方式对水平方向滑动的抵抗能力强，但在分离托盘货物时，从垂直方向容易分开。这种方式的缺点是胶的黏度随温度的变化而发生变化，在使用时应选择适合温度条件的黏合剂，此外在使用时必须根据货物的特性（重量、包装形态）来决定用量和涂抹方法。黏合紧固法如图1-8d所示。

7. 使用粘胶带

使用宽胶带将托盘货体缠绕起来，使得整个托盘货物成为一个整体，如图1-8e所示。

8. 垫楔块

在托盘边缘垫以内倾的楔块，将货物向中间挤紧，如图1-8f所示。

9. 塑料薄膜捆扎

塑料薄膜捆扎是20世纪70年代发展起来的技术，已被广泛采用。除防塌外兼有防雨、防潮、透明等优点。还能使货物与托盘结合在一起，形成"集合包装"。薄膜捆扎技术有多种：有的利用聚乙烯加热后收缩的特性，将薄膜贴盖在托盘货物上，在收缩箱内加热，薄膜受热收缩，牢固地紧贴在货物上；有的采用拉伸的办法，把塑料弹性薄膜用拉伸包装机紧束在托盘货物上。后者不需加温，用途更为广泛。塑料薄膜捆扎如图1-8g、图1-8h所示。

七、托盘的正确使用与维护

物流企业通常使用的托盘数量较大，其消耗在物流费用中占有一定的比例。例如，上海某商储公司拥有木制托盘 16 余万块，按每块 60 元计算，价值约 1 000 万元，耗用木材 8 000m³，年报废率约为 7%，由此可以看出这项费用相当惊人。为此，如何合理使用托盘，减少损耗，延长其使用寿命，对每一个物流企业来说，都具有十分重要的意义。在实际中应该从以下几个方面加强对托盘的管理：

（1）在选购或制作木制托盘时，应严格保证托盘的质量。主要要注意以下问题：

1）木材材种、材质；铺板、横梁尺寸应符合国家标准的要求，含水率要小于 25%，节疤要少，边板不能有木结。

2）钉子的规格、排列和数量要符合规定。钉子必须用 80mm 或 90mm 长的四线螺旋钉，而不是普通圆钉；并且钉入之前要先钻孔。

3）铺板时，钉的方向应该和木纹的方向一致。

4）严格验收把关，剔除不合格的托盘。应该按照 GB/T 4996—2014《联运通用平托盘试验方法》的测试标准进行测试。

（2）托盘在使用时，要严格执行操作规程。其要点有：

1）叉车叉起托盘时，叉齿要保持水平，不应上下倾斜。

2）叉车的叉齿必须对准叉孔，垂直于托盘，不斜着进出托盘。

3）严禁甩扔空托盘，更不准空托盘以边角落地。

4）不准用叉齿推移、拖拉托盘。

5）空托盘应用叉车整齐叠放，避免碰撞和日晒雨淋。单块空托盘不宜平放，以避免压坏。

6）如果用绳索捆扎货物，捆扎方向应与边板平行；不应垂直于铺板，以避免钉子受力松动。

（3）加强养护和维修。其要点有：

1）专人检查，一经发现任何损坏，即应停止使用。

2）及时修理，按标准的要求更换板、钉，整修恢复到原样。

在托盘的保养管理中，最为重要的一点是不使用破损状态的托盘。如果破损托盘不经修理而照常使用，不仅会缩短托盘的寿命，而且还有可能造成货物的破损和人身事故。

一般情况下，只要在采购、使用、维修等方面严格按照上述要求去做，木制托盘的使用寿命可以达到十年。反之，一两年可能就报废了。

八、托盘的标准化

（一）国际标准平托盘

托盘标准化是实现托盘联运的前提，也是实现物流技术装备标准化的基础以及产品包装标准化的依据。为了达到国际联运的目的，托盘的尺寸规格应有国际统一标准。根据 ISO 6780—2003《洲际货物联运托盘主要尺寸及公差》的规定，ISO 承认的托盘现有六个规格。

1. 1 200mm×1 000mm

1 200mm×1 000mm（简称 1210 托盘），这种托盘在欧洲的英国、德国以及荷兰等国家中使用较多。

2．1 200mm×800mm

1 200mm×800mm（简称 1208 托盘），也称欧洲托盘，这种托盘应用广泛，欧洲各国及加拿大、墨西哥等国家采用的托盘此种标准居多。

3．1 100mm×1 100mm

1 100mm×1 100mm（简称 1111 托盘或 T11），这个尺寸是由发展较晚的国际集装箱最小内部宽度尺寸 2 330mm 确定形成的。日本、韩国、中国台湾、新加坡等国家和地区所制定的标准托盘即为这个系列。由于 1100 系列的托盘与 ISO 国际标准集装箱相配合，普及率很高。

4．1 140mm×1 140mm

此系列是对 1100 系列的改进，目的是为了充分利用集装箱内部空间。

5．1 219mm×1 016mm（48in[⊖]×40in）

美国主要使用这种规格的托盘。

6．1 067mm×1 067mm（42in×42in）

澳大利亚主要使用这种规格的托盘，除此之外，澳大利亚也使用 1 140mm×1 140mm 规格托盘。

> **问题与思考**：国际标准平托盘规格为何为 6 个？

> **知识链接**：新型免熏蒸托盘——竹托盘

未经处理的木材可能会藏有昆虫及虫卵，传入有害生物的风险较高，会打破输入国的生态平衡，导致生物入侵，对农业和森林资源产生严重危害。因此很多国家都会要求对进口木制品进行熏蒸，普通的木制托盘也不例外，需要通过一定的熏蒸处理程序后，加盖出境货物木制包装处理标识后才能顺利出口。为提高货物周转效率，减少因木制品检疫带来的麻烦，国际贸易中很多时候会采用免熏蒸托盘，如由刨花板和胶合板制成的托盘、塑料托盘、钢制托盘等，这些材质的托盘不会含有虫卵或者昆虫。近年来又出现了以天然竹为原料制作而成的新一代环保型免熏蒸托盘，即竹制托盘。竹制托盘在制作过程中采用零甲醛、全环保的处理工艺，出口过程中不受《国际贸易中木制包装材料管理准则》的限制，可以畅通无阻地出口至美国、欧洲等对甲醛排放量有严格限制的国家和地区。此外，竹制托盘还拥有强度高、承载力强、抗冲击力强等特点。对于中国这样一个人均森林占有率十分低，但竹林资源却极其丰富的国家，以竹制托盘代替木制托盘是个极其不错的选择。

（二）国家标准平托盘

2007 年，我国对 1996 年制定的托盘标准又进行修订，形成国家标准 GB/T 2934-2007《联运通用平托盘主要尺寸及公差》，规定的托盘规格共有两种，分别是：1 200mm×1 000mm、1 100mm×1100mm。这个标准是我国目前平托盘最新的标准，新标准已经取代旧标准，故目前我国只有 1 200mm×1 000mm、1 100mm×1 100mm 两个规格尺寸为标准平托盘。

各国的托盘规格特别是欧洲托盘规格在制定时都考虑了以下因素，即与桥梁、隧道、运输道路及货车站台设施相适应，以及与货车等车辆宽度相匹配，再由托盘规格而决定仓库支

[⊖] 非法定计量单位，1in=0.0254m。

柱间距、货架等尺寸。所以改变托盘规格，涉及一系列的复杂问题。对于托盘的标准，各个国家都按自己本国的基本设施情况来制定，如要变更就要付出很大代价。无论把哪一种规格统一为标准规格，其他各国的利害得失都很大，作为没有强制力的国际组织无法强迫每一个国家去执行。所有国家托盘规格的统一虽然很理想，但是在美国也看不出要改变自己国家托盘规格的趋势，欧洲各国也绝无这种可能性。如果世界上各个国家都使用同一规格的托盘，世界上车辆的载货台等也将被统一规格，各国进出口货物将会得到非常便利而又高效的物流服务。要实现更为良好的世界经济发展，统一托盘规格是非常必要的，必须要为世界通用的托盘规格的出现而努力。

九、托盘的使用方式

托盘的使用方式有两种，即托盘联运和托盘专用。

1. 托盘联运

托盘联运又称一贯托盘运输，是指将载货托盘货体从发货人开始，通过装卸、运输、转运、保管、配送等物流环节，将托盘货体原封不动地送达收货人的一种门到门的运输方式。托盘联运是托盘的重要使用方式。

由于采用了托盘，在物流过程中的各个环节，可以以托盘货物整体作为处理对象，而不需要逐个处理每件货物，这样就可大大减少人力装卸次数，节省了费用，防止事故及货损的发生，节省了包装及包装费用，加快了物流速度。

托盘联运是社会化的问题，很难在一个行业、一个部门或一个小地区自行解决，因此，要解决托盘联运问题，必须实行全社会统一的托盘技术标准和托盘管理制度。实行联运的托盘有固定的尺寸标准和有限的种类，不是所有的托盘都能进入联运领域，如专用托盘等。联运托盘大都采用平托盘，以便于叉车、货架、仓库的标准化。

2. 托盘专用

各个产业领域，各个流通领域，各工厂、车间、仓库内部都存在提高工效、追求物流合理化的问题，因此，托盘专用出现了。

托盘专用是按某一领域的特殊性选择和设计效率最高的专用托盘，而无须考虑社会物流标准化的要求，因而托盘的选择更合理，在这一领域中有别的领域无法比拟的技术经济效果，在这一领域的各个环节，采用专用托盘作为统一使用的手段，实际上，在这一领域里托盘专用也是一种托盘联运。专用托盘在较大的自用领域里也可参照托盘联运的管理方式，组织托盘交换，以解决托盘的数量问题。

平板玻璃专用托盘的物流是托盘专用的典型例子。平板玻璃产量很大，但是这种产品不可能利用通用联运平托盘或其他形式的托盘，平板玻璃专用托盘解决了其他种类托盘不能解决的立装、紧固等问题，形成了这一领域的门到门贯通运输。

十、托盘在联运系统中的管理

托盘在联运系统中的管理和集装箱的管理有很大的不同，主要在于联运托盘种类少，尺寸及材料大体相同，托盘价格相差不大，因此，不需要像集装箱那样严格计划返运，也不需要像集装箱那样有明确的不可变的归属。基于这个特点，托盘可只保留一定数量的归属权，具体托盘则可在联运系统中广泛进行交换，而不强调个别托盘的归属和返盘。

联运系统中公用托盘有以下几种方式：

1. 对口交流方式

有关单位之间签订协议，各单位所属托盘可在若干有关单位之间运营，共同承担接收、回送等义务，到一定时期清算。

2. 即时交换方式

以运输承担人和发货人为双方，当发货人发出一批托盘后，运输承担人则给予发货人同等批量的托盘。这种方式在托盘日益趋进一体化的欧洲采用颇为广泛。

3. 租赁方式

托盘由托盘公司所拥有，托盘公司在各地设营业点，货主自己不备托盘，使用时从附近租赁公司租用，收货后空盘就归还租赁公司，托盘公司拥有全部托盘并且负责调配、维修、更换新盘。

4. 租赁交换并用方式

这种方式是运输当事人与货主之间采用交换方式，而与托盘公司之间采用租赁方式。

5. 结算交换方式

这种方式是针对即时交换的缺点而制定的。即时交换方式容易出现现场空托盘数量不足的情况，空托盘无法及时回收与返还，致使托盘货物滞留，从而影响整个发送过程进行。采用结算交换方式，托盘流动方式与即时交换方式程序相同，只是不需要在现场交换托盘，通过传票处理，在规定的日期内返还即可。对不能按期返还的或造成丢失的要支付赔偿金。由于该方式对托盘回收、返还的责任范围等均有明确规定，因而较即时交换方式更有优越性。

> 问题与思考：托盘尺寸选择应考虑哪些因素呢？

任务二　叉车的使用与维护

【任务描述】

叉车被称为万能装卸车，在物流系统中最为常用，也是物流领域最重要的设备之一。其主要用于厂矿、仓库、车站、港口、机场、货场、流通中心和配送中心等场所，并可进入船舱、车厢和集装箱内，对成件、包装件以及托盘、集装箱等货物进行装卸、堆码、拆垛、短途搬运等作业，是托盘运输、集装箱运输必不可少的设备。叉车的主要工作属具是货叉。在换装其他工作属具后，还可用于对散堆货物、非包装货物、长大件货物等进行装卸作业。叉车用途非常广泛，它不仅广泛应用于公路运输、铁路运输、水路运输各部门，而且在物资储运、邮政以及军事等部门也有应用。

■ 物流设备使用与维护

通过完成叉车的使用与维护学习任务，学习者能够对叉车进行合理归类，能够根据货物的不同选择合适的叉车和叉车属具进行作业；能够初步掌握典型叉车的行驶驾驶技术；能够掌握典型叉车的场地驾驶技术；能够运用叉车进行货物装卸、堆垛和搬运作业；能对内燃叉车和电动叉车进行合理的维护保养和正确的管理。

【知识学习】

一、叉车的用途

叉车（如图1-9所示）又称铲车、叉式装卸车，是一种无轨、轮胎行走式装卸搬运车辆。

叉车作业时，仅依靠驾驶员的操作就能够使货物的装卸、堆码、拆垛、搬运等作业过程机械化，而无需装卸工人的辅助劳动。多年来，由于成件货物的品种多、规格杂、外形不一、包装各异，所以对这些货物很难实现装卸货物机械化。叉车的问世，使这一难题得到了解决。这不但保证了安全生产，而且占用的劳动力大大减少，劳动强度大大降低，作业效率也大大提高，经济效益十分显著。

图1-9 平衡重式叉车

叉车作业，可使货物的堆垛高度大大增加（可达4~5m）。因此，船舱、车厢、仓库的空间位置得到充分利用（利用系数可提高30%~50%）；可缩短装卸、搬运、堆码的作业时间，加速车船周转；可减少货物破损，实现安全装卸；叉车作业与大型机械作业相比，具有成本低、投资少的优点。所以，在物流装卸作业中应优先选用叉车。

二、叉车的分类

叉车按动力装置的不同，可分为电动式叉车和内燃式叉车。电动式叉车又称电瓶式叉车，是以蓄电瓶和直流电机作为动力装置的叉车。其优点是：噪声小，不污染环境，直流电机可带载起动，传动系统简单，操作简便，营运费用低。电动式叉车适宜室内，搬运距离较短。内燃式叉车是以内燃机作为动力装置的叉车，根据所用内燃机的不同，内燃式叉车又可分为汽油式叉车、柴油式叉车和液化气式叉车等。内燃式叉车的优点是：燃料供应方便，能连续长时间作业，输出功率大，行走速度、货叉提升速度和爬坡能力均比电动式叉车强，对路面质量的要求低。缺点是：噪声大，排放的废气污染环境，传动系统复杂，零部件容易磨损，机械故障较多，操作比较复杂。内燃式叉车适合室外，搬运距离较长，一般情况下，重、大吨位的叉车都属于内燃式叉车。

叉车按照结构和用途的不同，可分为平衡重式叉车、插腿式叉车、前移式叉车、侧面式叉车及其他用途叉车。

叉车按照其用途的不同，可分为通用叉车和专用叉车。

叉车按照车轮在地面支点数量的不同,可分为三支点叉车和四支点叉车。

三、叉车的优点

叉车之所以在物流领域内飞速发展,是因为它具有其他装卸搬运设备不可比拟的优点:

(1) 有很强的通用性,在物流的几乎所有领域都有所应用,和托盘配合其通用性更强,可适合能装上托盘的各种货物的装卸搬运。

(2) 有装卸、搬运双重功能。叉车是装卸、搬运一体化的设备,在实际应用中,装卸、搬运两个操作合二为一,因而减少了一个物流环节,加快了作业速度。

(3) 可以实现"一机多用"。和各种叉车属具配合可将通用性很强的叉车变成专用性很强的叉车,用于各种特定的作业,有利于提高作业效率。例如,采用货叉、串杆、倾翻叉架、推拉器等以后,可以适应各种品种、形状和大小不同货物的装卸搬运作业,扩大对特定物流的装卸范围,并提高装卸效率。

(4) 叉车的转弯半径小、机动性强、活动范围大,在许多其他机具难以使用的领域都可采用。

正是因为具备上述优点,叉车作业已成为提高劳动效率,减轻劳动强度的有效手段。

四、叉车的主要技术参数

1. 最大起升高度

最大起升高度是指叉车在平坦坚实的路面上,门架垂直地把货物举升到最高位置时,货叉水平段的上表面到地面的垂直距离。以字母 H 表示,单位为 m。

2. 载荷中心距

叉车的载荷中心在设计时,规定有一个标准位置,即货叉上放标准货物时,其重心到货叉垂直段前臂的水平距离。载荷中心距以字母 C 表示,单位为 mm,如图 1-10 所示。

3. 额定起重量

额定起重量是指货物的重心处于载荷中心距以内时,允许叉车举起的最大重量。以字母 Q 表示,单位为 t。

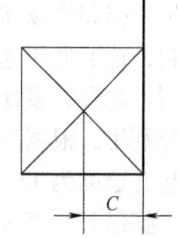

图 1-10 载荷中心距

叉车作业时,如果货物体积庞大,或者货物在托盘上的位置不当,而使货物的实际重心超过了规定载荷中心距,为了保证叉车的稳定性,最大起重量就要相应减小,否则叉车就有倾翻的危险。货物实际中心距超出载荷中心距越远,则允许起重量越小。当起升高度超过了一定数值时,货物重心升高,叉车也会有倾翻的危险,所以,当起升高度较大时,最大起重量也要减小,高度越高,减小的幅度越大。

图 1-11 为起重量为 3t、以柴油机为动力的平衡重式叉车的载荷特性,该叉车的载荷中心距为 500mm。

叉车的额定起重量是叉车的重要参数之一,一般要明显地标注在叉车的车身上,叉车车身上最明显位置所标注的数字一般表示的是叉车的额定起重量。

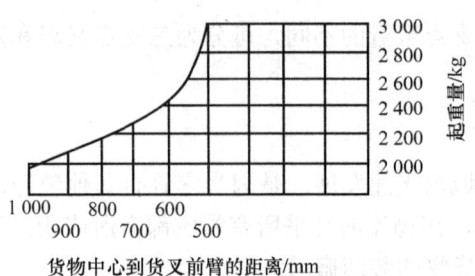

图1-11 叉车的载荷特性

> **问题与思考**：叉车额定起重量的单位通常为吨，某叉车车身上标注着30，是否该叉车的额定起重量为30t呢？

4. 最小转弯半径

最小转弯半径是指叉车在无载低速行驶时，转向轮偏转最大角度时，瞬时转向中心距叉车最外侧的距离。以字母R表示，单位为m。

采用较短的车身、外径较小的车轮、增大车轮转向时的偏转角度等可减小转弯半径。三支点叉车由于转向车轮具有较大的偏转角度（接近或等于90°），在其他条件相同的情况下，其最小转弯半径比四支点叉车小。

5. 起升和行驶速度

起升速度是指叉车在额定起重量下、门架垂直、货物起升的最大速度。以字母$v_{起}$表示，单位为m/min。行驶速度是指叉车满载时的最大行驶速度。以字母$v_{行}$表示，单位为m/min。这两个指标是决定叉车装卸搬运工作效率的重要因素。

提高起升速度是叉车发展的趋势，这主要取决于叉车的液压系统。过大的起升速度容易发生货损和机损事故，给叉车作业带来隐患。电动式叉车由于受蓄电池和电动机功率的限制，其起升速度低于起重量相同的内燃式叉车。大吨位的叉车由于作业的安全要求和液压系统的限制，起升速度比中小吨位的叉车低。当叉车的最大起升高度较小时，过大的起升速度难以充分利用。根据港口装卸作业的要求，起升速度以15～20m/min为宜。通常平衡重式电瓶叉车起升速度为15～16m/min，内燃式叉车起升速度一般为25～26m/min。

据统计，叉车作业时，行驶时间一般占全部作业时间的2/3。因此，提高行驶速度、缩短行驶时间对提高叉车作业生产率有很大意义。但是叉车的作业特点是运距短、停车和起步次数多，过分提高行驶速度，不仅使发动机功率增大，经济性降低，而且在作业时，过高的行驶速度难以经常利用，所以电动式叉车满载最大行驶速度应控制在12km/h之内，内燃式叉车则在20km/h以内。在港口露天工作的内燃式叉车，其行驶速度可取15～25km/h。

6. 满载最大爬坡度

满载最大爬坡度是指叉车在良好的干硬路面上，以低速档等速行驶时能够爬上的最大坡度。坡度以垂直位移和水平位移的百分比表示（如图1-12所示），计算公式为

$$坡度 = \frac{y}{x} \times 100\%$$

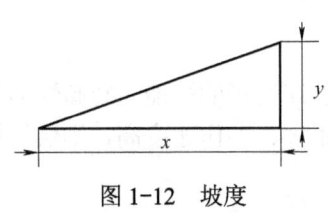

图 1-12　坡度

叉车的最大爬坡度分空载和满载两种情况。叉车的满载最大爬坡度一般由发动机的最大扭矩和低速档的总传动比决定，空载的最大爬坡度通常取决于驱动轮与地面的附着力。一般内燃式叉车的爬坡度为 20%~30%。由于港口的路面场地比较平坦，港口叉车的最大爬坡度一般在 16% 以内。

7. 门架倾角

门架倾角是指叉车在平坦、坚实的路面上，门架相对于垂直位置所能进行的前、后倾斜的最大角度。分别以字母 α 和 β 表示，单位为度（°）。一般前倾为 3°~5°，后倾角为 10°~12°。

8. 最小离地间隙

最小离地间隙是指叉车在轮压正常时除车轮外，车体上最低点至地面的距离。单位为 mm。最小离地间隙表示叉车无碰撞地越过地面凸起障碍物的能力，离地间隙越大，通过性越好，但离地间隙过大会影响叉车的稳定性。增大车轮直径可以使最小离地间隙增加，但会使叉车的重心提高，转弯半径增加。

9. 通道宽度

为使叉车在平稳且无干涉的条件下进行存取或搬运作业，对不同类型的叉车要求不同的通道宽度。通道宽度是反映叉车机动性的一项重要性能指标，包括直行通道宽度、直角交叉通道宽度和直角堆垛通道宽度三项，单位为 m。通道宽度不仅关系到叉车能否在特定的条件下作业，还影响储存面积利用率。部分叉车作业通道参考值见表 1-5。

表 1-5　部分叉车作业通道参考值

叉车种类	载荷能力/t	车体宽度/m	最小转弯半径/m	最小直行通道宽度/m	最小直角交叉通道宽度/m	最小直角堆垛通道宽度/m
平衡重式	1	1.0~1.1	1.8~2.0	1.0~1.1	1.6~1.8	2.8~3.6
	2	1.1~1.2	2.2~2.5	1.1~1.2	2.0~2.1	4.2~4.5
	3	1.2~1.5	2.6~3.0	1.2~1.5	2.0~2.5	5.0~5.5
	5	1.9~2.6	3.0~3.5	1.9~2.0	2.8~3.0	5.5~6.0
前移式	1	1.0~1.1	1.3~1.5	1.0~1.1	1.4~1.6	2.7~3.0
	1.5	1.0~1.1	1.5~1.8	1.0~1.1	1.5~1.7	3.0~3.5
	2	1.2~1.3	2.0~2.3	1.2~1.3	2.8~2.9	3.0~3.5
	2.5	1.2~1.3	2.2~2.3	1.2~1.3	2.8~2.9	3.0~3.5

五、叉车的主要性能

叉车的各种技术参数反映了叉车的性能，叉车的主要性能有以下几个方面：

1. 装卸性

装卸性是指叉车起重能力和装卸快慢的性能。装卸性的好坏对叉车的生产率有直接的影响。叉车的起重量大、载荷中心距大、工作速度高，则装卸性好。

2. 牵引性

牵引性表示叉车行驶和加速的快慢、牵引力和爬坡能力的大小等方面的能力。叉车的行驶和加速快、牵引力大和爬坡度大，则牵引性好。

3. 制动性

制动性表示叉车在行驶中根据要求降低车速及停车的能力，通常以一定行驶速度下制动时的制动距离加以衡量。制动距离越小则制动性越好。叉车的制动性反映了叉车的工作安全性，我国的GB/T 18849—2011《机动工业车辆制动器性能和零件强度》对制动性做了如下规定：如果采用脚制动，叉车车速为20km/h，空载行驶时，紧急制动的制动距离不大于6m；叉车车速为10km/h，满载运行时，紧急制动的制动距离不大于3m。如果采用手制动，空载行驶时能在20%的下坡停住；满载行驶时能在15%的上坡停住。

4. 机动性

机动性表示叉车机动灵活的性能。叉车的最小转弯半径、直角交叉通道宽度和直角堆垛通道宽度小，则机动性好。

5. 通过性

通过性是指叉车克服道路障碍而通过各种不良路面的能力。叉车的外形尺寸小、轮压小、最小离地间隙大、驱动牵引力大，则通过性好。

6. 操纵性

操纵性是指叉车操作的轻便性和舒适性。如果需要加在各种操作手柄、踏板及方向盘上的力小，驾驶座椅与各操作件之间的位置布置得当，则叉车操纵性好。

7. 稳定性

稳定性是指叉车抵抗倾翻的能力。稳定性有横向稳定性和纵向稳定性之分。

横向稳定性是指叉车行驶在有侧向斜度的路面和当叉车转弯时，抵抗侧向倾覆或溜滑的能力。当叉车行驶在横断面倾斜的道路时，叉车的横向力会使叉车侧滑或侧翻。叉车行驶在有很大横向倾角的道路上时，或因装载过高，或装载偏于一侧，都会使横向力增加。当某一侧车轮与地面之间的附着力过小时，就会造成横向翻车事故。当叉车转弯时，由于装载不合理或车速过快，在离心力的作用下，也会使叉车失去横向稳定性，造成翻车事故。

叉车在作业时，有可能由于货物重量对前轮支承点产生的力矩过大，而使叉车失去稳定向前倾翻。因此，为了保证叉车的作业安全，必须使叉车沿车身前后方向具有必要的稳定性，这种稳定性称为纵向稳定性。

叉车的稳定性由正确的设计即合理确定各部分和平衡重的位置来保证。叉车的稳定性是保证叉车安全作业的重要条件。由于叉车在实际作业中的情况较为复杂，如叉车起动、制动、直线加速行驶、高速转弯、坡道转弯、货物的提升和下降、门架前倾等，不同的动作组合成不同的工作情况，其形式是多种多样的，而上述动作中许多都是动态的，因此较难用实际作业来反映稳定性。目前，世界各国主要通过实验来检查叉车的稳定性，我国叉车标准规定，叉车应进行四种稳定性试验：①叉车满载码垛时的纵向稳定性；②叉车满载行驶时的纵向稳定性；③叉车满载码垛时的横向稳定性；④叉车空车行驶时的横向稳定性。

在日常工作中，叉车因超载、提升高度、装载位置等不正确，极易破坏纵向稳定性而发生事故。叉车装载对叉车的稳定性影响很大，因叉车装载不当而发生事故的情况很多，因此叉车的装载应严格按有关规定执行，确保作业的安全。装载货物不合理对安全作业的影响有以下几种：

（1）装载超重。载重量增加，叉车惯性相应增大，随之制动距离加长。转弯时，由于离心力的增大，可能发生倾覆现象。载重量增加还易造成机械损坏，从而出现事故。

（2）装载倾斜。装载倾斜会使叉车的稳定性遭到严重的破坏，以致在搬运中可能导致翻车事故。装载倾斜的叉车还会出现跑偏、侧滑等现象，甚至造成事故。

（3）装载超宽。装载超宽在通过狭窄路段时有可能发生事故。

（4）货物未装稳。货物未装稳会因道路颠簸造成货物掉下及损坏，甚至砸伤行人、损坏道路设施。高大货物倒塌还会砸坏驾驶室，危及驾驶员的安全。

（5）装载危险品。对于危险品，在装卸搬运中稍有不慎，都可能发生后果惨重的事故。所以在作业前，驾驶员要了解所运危险品的性质及注意事项，与有关人员制订出安全措施以消除事故隐患，防止事故发生。

叉车在使用过程中，必须遵守安全操作规程，不得超重、超载荷中心距、超速作业。货物举得越高，受到水平力（如制动惯性力、风力、离心力等）作用时叉车越易倾翻。因转弯时离心力与车速的平方成正比，所以不得超速转弯，以免翻倒。此外，稳定性还与叉车的支承形式有关，三支点的横向倾翻边与叉车自重重心作用线比较靠近，因而横向稳定性比四支点叉车差。这些都应在叉车操作使用中注意。

8．经济性

经济性主要指叉车的造价和营运费用，包括动力消耗、生产率、使用方便与否和耐用程度等。叉车的经济性是选择、配置和使用时要考虑的一个重要因素。

六、内燃式叉车的组成

内燃式叉车是一种复杂的机器，尽管叉车的吨位（即额定起重量）大小、型号、式样不同，但内燃式叉车一般都是由以下四部分构成：动力装置、底盘、车身与工作装置、电气设备。

1．动力装置

动力装置或称驱动装置，其作用是供给叉车行走机构和起重机构所需的动力。内燃式叉车的动力装置是内燃机。目前，内燃式叉车采用的发动机80%为往复活塞式内燃机。在物流生产中的内燃式叉车大部分采用的是柴油机，只是在起重量较小的叉车中采用汽油机。内燃机的动力分为两端输出，后端通过飞轮与离合器连接，将动力传递给动力系统，前端通过钢球联轴节，经分动箱传递给液压齿轮油泵。

电动式（蓄电池式）叉车是以蓄电池为动力源，采用直流串激式电动机的叉车。电动式叉车一般用于起重量较小的场合。

2. 底盘

叉车底盘的作用基本上与汽车底盘的作用相同，是负责支撑全车、接受发动机输出动力的，使叉车按驾驶员的意志正常行驶。但是由于叉车的特殊功用，叉车与汽车在结构上又有所不同。一般汽车的转向桥在前，驱动桥在后。而平衡重式叉车为了操纵方便和承载要求，驱动桥在前面，转向桥设在后面。为了保证叉车的纵向稳定性，叉车还在转向桥的后面设置了平衡重块。

叉车底盘主要由传动系统、行驶系统、转向系统和制动系统等组成。

（1）传动系统。传动系统的作用是将发动机传来的动力有效地传递给车轮，满足叉车实际情况的需要。内燃式叉车传动系统由离合器、变速器、驱动桥等组成。传动系统的传动方式有机械传动、液力传动和静压传动。

（2）行驶系统。行驶系统承受叉车的全部重量，传递牵引力及其他力和力矩，并缓冲地面对叉车的冲击，以保证叉车平稳地行驶。它由车架、车桥、悬架、车轮等组成。

（3）转向系统。转向系统是在驾驶员操控下，控制叉车的行驶方向。其组成由转向机、转向联机机构两部分组成。转向方式有机械转向、具有液力助力器的机械转向和全液压转向。

（4）制动系统。制动系统使叉车能迅速地减速或停车，并使叉车能稳妥地停放，以保证安全。制动系统通常有手制动和脚制动两个独立部分组成，手制动又称驻车制动系统，主要用于车辆停放时；脚制动又称行车制动系统，主要用于车辆在行驶过程中的减速和停车。脚制动和手制动又都是由制动器和制动驱动机构组成。制动驱动方式有机械驱动机构和液压驱动机构两种。

3. 车身与工作装置

叉车的车身是提供驾驶员操作环境及对整车各部件起防护作用。工作装置的功用是装卸、搬运货物。车身主要是指驾驶室。工作装置是由液压系统、操纵系统、起重机构及属具等组成。其中起重机构的作用是直接承受全部货重，并使货叉升降和前后倾斜，完成货物的叉取、升降、堆码、卸载等作业。叉车工作装置的起重机构由货叉、叉架（或称挡货架）、门架、起升链条和链轮构成，如图1-13所示。

图1-13 叉车工作装置的起重机构

1—货叉　2—叉架（或称挡货架）　3—门架　4—起升链条　5—链轮

4. 电气设备

内燃式叉车的电气设备包括蓄电池、发电机、起动机和发动机点火装置及照明、信号、仪表等装置。电动式叉车的电气设备主要包括电器控制系统及照明、信号等装置。

七、常用的典型叉车

1. 平衡重式叉车

平衡重式叉车是最通用的基本型叉车，如图 1-13 所示，它的工作装置位于叉车的前端，货物载于前端的货叉上，其后部附加有平衡重块，以平衡货物的倾翻力矩，因而得名。平衡重式叉车是目前应用最广的叉车，占叉车总量的 80%左右。车体前部装有标准货叉，可以自由地插入托盘取货和放货，并能沿门架升降，随着门架前倾或后倾。前倾的目的是为了方便取货和卸货，后倾的目的是保证货物在运行的过程中不会从货叉上滑落。货叉可根据需要更换其他叉车属具。平衡重式叉车具有良好的动力性能，根据工作需要，平衡重式叉车的前进和后退的最大速度相同，前进档和后退档的档数相同。车体上方设有护顶架，部分平衡重式叉车设有驾驶室，目的是防止货物跌落损伤驾驶员。

由于其结构上无支撑臂，而是以较长轮距和平衡重块来平衡载荷的，所以平衡重式叉车的重量和尺寸较大，作业时需要较大的空间。同时，货叉直接从前方叉取货物，对所叉货物的体积一般没有要求。平衡重式叉车的动力较大、底盘较高，具有较强的地面适应能力和爬坡能力，适宜室外作业。

平衡重式叉车和一般货车在构造上主要区别有两处：

（1）平衡重式叉车前轮为驱动轮，后轮为转向轮；货车与之相反，前轮为转向轮，后轮为驱动轮。

（2）平衡重式叉车前进档和后退档一样多，速度一样快；而货车前进档档位多，速度快，后退档只有一个，并且速度很慢。

产生第一个差别的原因是平衡重式叉车工作装置在前，货物的载荷在前方，而汽车一般载荷在车辆的后方，利用货物的重量加大驱动轮所产生的摩擦力，这是承载的要求。

产生第二个差别的原因是平衡重式叉车的工作装置——货叉位于车辆的前方，驾驶员在叉取或放下货物时视线好，但是当搬运外形高大的货物时，货物会挡住驾驶员的视线，车辆是不能前进的，只能后退行驶，所以平衡重式叉车后退档和前进档使用的频率相差不多，故前进档和后退档档位数目相同，速度相同。而汽车一般工作装置在车后，驾驶员前方视线良好，车辆前进档使用频率高，故前进档多，速度快，后退档只有一个且速度慢。

2. 前移式叉车

前移式叉车的特点是具有两条前伸的支腿，支腿前端有两个轮子。取货时货叉伸出，卸下货物后或带货移动时，货叉退回接近车体的位置，因此前移式叉车行驶时的稳定性好。

前移式叉车有门架前移式和货叉前移式两种，如图 1-14 所示。门架前移式叉车的门架带着起升机构（包括货叉）沿着支腿内侧轨道前移，便于叉取货物。叉取完货物后，起升一小段高度后，门架沿着支腿内侧的轨道回到原来的位置。货叉前移式叉车的门架则不动，货叉借助伸缩机构单独前伸。

前移式叉车一般以蓄电池作动力，起重量在 3t 以下。它具有平衡重式叉车和电动堆垛机的共同特征，当门架向前升至顶端时，载荷重心落在支点的外侧，此时相当于平衡重式叉车；当货叉完全收回时，载荷重心落在支点的内侧，此时相当于电动堆垛机。两种性能的结合，使得这种叉车具有操作灵活性和高载荷的优点，其车身小、重量轻、转弯半径小、机动性好，但缺点是行走速度低，主要用于室内作业，也能在室外作业。

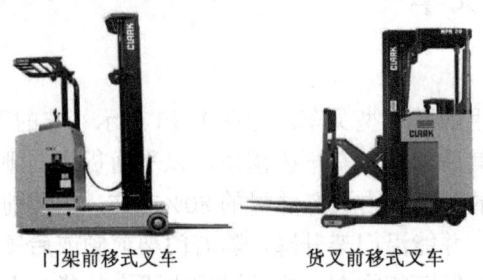

门架前移式叉车　　　货叉前移式叉车

图 1-14　前移式叉车

3. 侧面式叉车

侧面式叉车的门架、起升机构和货叉位于车体的中部，如图 1-15 所示。其货叉位于叉车的侧面，侧面还有货物平台。叉车取物时，门架向外伸出，叉取货物后货叉起升，门架退回，然后下降货叉，货物即自动放置在叉车的货物平台上。

图 1-15　侧面式叉车

侧面式叉车的特点是：由于货物沿纵向放置，适于搬运条形长尺寸货物；货叉位于侧面，使得叉车在出入库作业的过程中，车体进入通道，货叉面向货架或货垛，这样在进行装卸时不必先转弯然后作业；货物放置在货物平台上，叉车行驶时稳定性好；驾驶员视野比平衡重式叉车好。缺点是门架和货叉只能向一侧伸出，当需要在对侧卸货时，必须将叉车驶出通道，掉头后才能卸货。侧面式叉车适合于窄通道作业。

4. 插腿式叉车

插腿式叉车又称手动堆高机，这种叉车的特点是前方带有小轮的支腿能与货叉一起伸入货物底部叉货，然后由货叉提升货物，如图 1-16 所示。由于货物重心位于前后轮之间，故这种叉车的稳定性好。其作业特点是起重量小、车速低、结构简单、外形小巧，但对地面要求较高。插腿式叉车适合在狭窄的通道内工作。

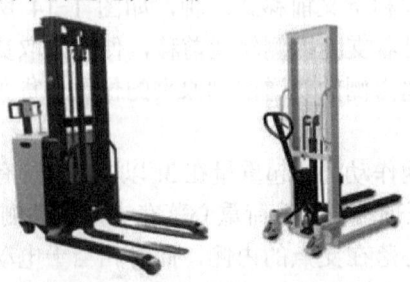

图 1-16　插腿式叉车

5. 高货位拣选式叉车

高货位拣选式叉车如图 1-17 所示，其主要作用是高货位拣选，适合于那些仓库面积较小，高度较高，既需要很大的储存量及较高的搬运效率，又不想花巨大的投资建自动仓库的情况。这种叉车最大起升高度超过 14m，通常巷道宽度在 1.6m，载重量最大为 1.5t，在机械制造、电子电器行业使用比较普遍。高货位拣选式叉车有上人式和不上人式两种，驾驶舱作为主提升随门架同时上升称为上人式，其优点是任何高度都可以保持水平操作，保证最佳视野，提高操作安全性。

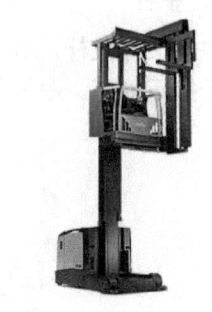

图 1-17　高货位拣选式叉车

6. 三向堆垛式叉车

三向堆垛式叉车如图 1-18 所示。货叉可以向前移动，向左、向右转动，方便进行堆垛作业。

图 1-18　三向堆垛式叉车

八、叉车的多功能属具

为了满足各类商品和各种作业的要求，"多功能化"已成为叉车发展的一种趋势。叉车可在短时间内通过更换属具，实现一车多用。常用的叉车属具有以下几种：

1. 货叉

货叉是最常用的属具，是叉车重要的承载构件。货叉水平段的长度一般是载荷中心距的两倍，如果需要搬运体积大、重量轻的大件货物，需要更换加长货叉或在货叉上套装加长套。货叉如图 1-19 所示。

图 1-19　货叉

2．串杆

串杆又称挑杆，用于装卸环状货物，如圆盘、水泥管段、轮胎、卷钢等，有的串杆特长，可用于搬运地毯。串杆如图1-20所示。

图1-20　串杆

3．吊钩

对于那些不便于叉取的货物，如捆扎、网袋装货物，可以采用吊钩进行作业。通常采用的是可变幅的吊钩，幅度越大，起重量越小。吊钩如图1-21所示。

图1-21　吊钩

4．倾翻叉架

叉架可向前或向左、右倾翻一个角度，以用于原木等货物的装卸，也可用于铁屑、矿砂等散货的装卸。倾翻叉架如图1-22所示。

图1-22　倾翻叉架

5．推拉器

利用推拉器可将货物直接推出货叉或者拉回货叉，还可将货垛堆得非常整齐。推拉器如图1-23所示。

图 1-23　推拉器

6. 夹持器

夹持器由两个夹臂组成，夹臂有直角形和圆弧形两种。直角形夹臂的内侧为平面，适合搬运箱类货物和软包；圆弧形夹臂的内侧为弧面，适合搬运桶类和卷材。夹持器如图 1-24 所示。

图 1-24　夹持器

7. 集装箱吊具

有些集装箱可以直接用货叉叉取，但对于 20t 以上的集装箱则必须使用集装箱吊具进行吊装，否则会造成集装箱的变形或损坏。集装箱吊具如图 1-25 所示。

图 1-25　集装箱吊具

九、叉车的选用

1. 选用叉车应遵循的一般原则

叉车的种类很多，结构特点和功能各不相同。因此，在使用时，应根据物料的重量、状态、外形尺寸及叉车的操作空间、动力、驱动方式进行合理选择，同时应考虑选择适当的托盘配合，才能发挥叉车的使用价值，选用时有以下两点原则：

（1）应满足使用性能要求。选用叉车时应合理确定叉车的技术参数，如起重量、各种速度、起升高度、门架倾角等。如果需要的起重量是非标准系列，则最好选用标准大于所需起重量，这样使用较为经济；同时还应考虑叉车的通过性能是否满足作业场地及通路要求，如最小转弯半径、最小离地间隙及门架最高位置时的全高、最低位置时的全高等。除此之外，选用叉车要求工作可靠，叉车要跑得快、停得下，无论何种作业条件下，都有良好的稳定性。

（2）选择营运费用低、经济效益好的叉车。选择叉车时除应考虑叉车是否具有良好的技术性能外，还应考虑是否有较好的经济性，并且是否具有使用费用低、燃料消耗小、维护保养费用低等优点。

2．选择叉车的主要依据

选择叉车时，可根据叉车的功用不同，确定所选叉车的类型。根据作业区的日吞吐量、作业高度和搬运距离选择叉车的技术参数和数量。

（1）作业区日吞吐量。作业区日吞吐量是指作业区（如车站、码头和仓库等）每天进来和出去的货物的总重量或搬运托盘的数量。所选叉车的技术性能参数应与作业区的日吞吐量相适应。要根据作业区的日吞吐量，确定所选叉车的搬运能力和叉车的数量。叉车的搬运能力表现为在一定的时间内所搬运托盘的数量或质量，它除了和叉车的额定载重量有关外，还与叉车的使用环境和操作者有关。叉车的额定载重量是叉车的技术性能之一，是一个固定的数值。叉车的使用环境即作业区的大小及通道的长短。

仓库的日吞吐量与叉车技术参数的关系以及叉车的数量可以通过计算机模拟确定。

（2）作业区的高度。根据作业区的作业高度不同，来选择叉车货叉最大起升高度。在选择时应保证货叉的最大起升高度高于作业区的作业高度。

（3）搬运距离。一般情况下，若在室内且搬运距离短可考虑选用电动式叉车。室外较长距离搬运宜选用内燃式叉车。

3．影响选择叉车的其他因素

（1）托盘。大部分叉车都是以托盘为操作单位的，所以托盘的尺寸和规格直接影响叉车的类型选择。如果托盘及所载货物的重心超过叉车的载荷中心距，叉车的载货能力将下降。目前，使用最广泛的托盘是欧洲标准的1 200mm×800mm 和 1 200mm×1 000mm 的四向进叉型托盘，它适合各类叉车。

（2）作业区的场地。作业区的场地的光滑度、平整度和承载能力会极大影响叉车的使用效果。使用场地一般可分为三种情况：起伏较大的地面、波浪形的地面和平整的地面。起伏较大的地面应尽量避免。如果作业场地承载能力不够，在选择叉车时应充分考虑叉车自重对地面的影响。

（3）电梯及集装箱的高度　如果叉车需要进出电梯或者在集装箱内作业，则电梯和集装箱的入口高度会影响叉车类型的选择，这时应充分考虑叉车的高度是否满足在电梯或集装箱内部作业。

十、叉车的正确使用

正确合理使用叉车对于提高生产效率和降低营业费用，具有十分重大的意义。

1. 叉车驾驶员应具备的条件

选用一名合格的叉车驾驶员是使用叉车的重要保证。合格的叉车驾驶员应具备下列条件：

（1）上岗前经过专门的技术培训。叉车驾驶员必须经过安全教育和技术培训，通过基本理论学习和实际操作驾驶技术的训练，考核合格后，方能驾驶叉车进行装卸作业。

（2）熟悉有关规章制度和安全操作规程，并且严格遵守，不得有任何违反。无数教训证明：安全事故的发生绝大部分是由于操作违章所造成的。

（3）懂得日常保养和维护工作，并认真负责、贯彻执行。定人定车的承包责任制有利于叉车的日常养护。

（4）叉车驾驶员应该是专职人员，在驾驶叉车时必须聚精会神，专心一致。管理部门应经常对驾驶员进行各种教育，考核其工作业绩，以提高其劳动效率、工作质量和安全行车意识。

2. 叉车安全驾驶操作规程

因为平衡重式叉车是物流生产中使用最为广泛的叉车，所以我们着重介绍平衡重式叉车的安全操作规程。安全操作规程主要包括检查车辆、起步、行驶和装卸四个部分。

（1）检查车辆：

1）叉车作业前，应检查外观，加注燃料、润滑油和冷却水。

2）检查起动、运转及制动性能。

3）检查灯光、音响信号是否齐全。

4）叉车运行过程中应检查压力、温度是否正常。

5）叉车运行后应检查密封件，有问题时及时更换。

6）电动式叉车除应检查以上内容外，还应按电动式叉车的有关检查内容，对电动式叉车的电路进行检查。

（2）起步：

1）起步前，观察四周，确认无妨碍行车安全的障碍后，先鸣笛，后起步。

2）气压制动的车辆，制动气压表读数须达到规定值方可起步。

3）叉车在载物起步时，驾驶员应先确认所载货物是否平衡安全。

4）起步时须缓慢平稳起步。

（3）行驶：

1）行驶时，货叉底端距地高度应保持 300～400mm，门架须后倾。

2）行驶时不得将货架升得太高。进出作业现场或行驶途中，要注意上空有无障碍物刮碰。载物行驶时，如货架升得太高，还会增加叉车总体中心高度，影响叉车的稳定性。

3）卸货后应先降落货叉至正常的位置后再行驶。

4）转弯时，如附近有行人或车辆，应先发出信号，并严禁高速急转弯。高速急转弯会导致车辆失去横向稳定性而倾翻。

5）内燃式叉车在下坡时严禁熄火滑行。

6）非特殊情况，禁止载物行驶中急制动。

7）载物行驶在坡度超过 7°和用高于一档的速度上下坡时，非特殊情况不得使用制动器。

8）叉车在运行时要遵守企业内交通规则，必须与前面的车辆保持一定的安全距离。

9）叉车行驶时，载荷必须处在不妨碍行驶的最低位置，门架要适当后倾。除堆垛或装车外，不得升高载荷。在搬运庞大物件时，物件挡住驾驶员的视线时，应倒开叉车。

10）叉车由后轮控制转向，所以必须时刻注意车后的摆幅，避免初学者驾驶时经常出现的转弯过急现象。

11）禁止在坡道上转弯，也不应横跨坡度行驶。

（4）装卸：

1）叉载货物时，应按需要调整两货叉间距，使两货叉负荷均衡，不得偏斜，物品的一面应贴靠挡货架；叉载的重量应符合载荷中心曲线标志牌上的规定。

2）载物高度不得遮挡驾驶员的视线。

3）在物品的装卸过程中，必须用制动器制动叉车。

4）货叉在接近或撤离物品时，车速应缓慢平稳，注意车轮不要碾压物品，以免碾压物蹦起伤人。

5）货叉叉货时，应尽可能深地叉入载荷下面，还要注意叉尖不能碰到其他货物或物件。应采用最小的门架后倾来稳定载荷，以免载荷向后滑动。放下载荷时可使门架少量前倾，以便于安放载荷和抽出货叉。

6）禁止高速叉取货物和用叉头向坚硬物体碰撞。

7）叉车作业时，禁止人员站在货叉上。

8）叉车叉取货物时，禁止人员站在货叉周围以免货物倒塌伤人。

9）禁止用货叉举升人员从事高处作业，以免货物倒塌伤人。

10）不准用制动惯性放物品。

11）不准在码头岸边直接叉装船上货物。

12）禁止使用单叉作业。

13）禁止超载作业。

3．电动式叉车蓄电池的充电

电动式叉车的蓄电池是牵引型蓄电池，其容量大，达 200～500A·h。在电动式叉车上使用的蓄电池组，输出电压是 24～48V。

经常使用的是酸性蓄电池，电解质浓度是 27%～37%的硫酸水溶液，正极板是活性物质二氧化铅，负极板是海绵状铅。

严格按照操作技术规程进行充电，既能保证叉车保持良好的技术状态，提高工作效率，又能延长蓄电池使用寿命。这是使用蓄电池最重要的一环，凡是使用蓄电池工业车辆的物流部门都必须注意这一点。要做到这一点必须：有一支精通技术，并能认真贯彻操作规程的充电技术力量；建立科学的技术管理制度，完善充电及其配套的各项设施。

电动式叉车的充电分为初次充电和日常充电。

（1）初次充电。将已经配好的 20℃的电解液注入蓄电池内，高出极板 15～20mm，此时蓄电池和电解液的温度会急剧上升，需静置 6h 待温度下降到 30℃左右，方可充电。充电时由于有大量的气体产生，因此应把加液孔盖打开，便于排气，以防蓄电池爆炸。初次充电分为两个阶段进行。第一阶段，以蓄电池容量的 10%为充电电流，如蓄电池容量为 500A·h 的充电电流为 500×10%=50A；电压设置为（2.5×电瓶只数）V，当充到单只电压达 2.4V 时转入第二阶段，第一阶段一般需要 22～30h。第二阶段，以第一阶段充电电流的 1/2 继续充电（即 500×10%÷2=25A），直至充入电量为额定容量的 4.5～5 倍为止，第二阶段一般需要 30～40h。

（2）日常充电。日常充电同样分两个阶段进行，充电电流与初次充电相同，只是第一阶段为 7～12h，第二阶段为 3～5h。

4．使用蓄电池应注意的问题

在一辆 12t 的电动式叉车的成本中，蓄电池费用占 17%～20%。而在此营运费用中，蓄电池和充电的费用又占 25%以上。合理使用蓄电池（合理充电和放电），可使蓄电池维持较长的寿命，充放电在 600～700 次以上，在一般情况下可使用 2～3 年。但如果使用不当，往往使用一年就需报废更新。

（1）蓄电池应随购随用。未使用过的新蓄电池允许保存期为一年，超期会影响容量和使用寿命。蓄电池保管应在 0～30℃的干燥通风之处。

（2）新蓄电池（或经干藏后再使用的电池）在使用前要进行"初次充电"，之后要进行"正常充电"。对于充电的电压、容量、时间、电解液比重和温度等都有明确的操作技术规程，必须严格遵守。充电既要充足，又不能过充。

（3）必须按照额定容量放电，不得超负荷放电。例如，行车电机与油泵电机同时工作就会使蓄电池放电量过大。

（4）不要过放电，即放电到一定的程度不能再继续使用。放电后的蓄电池应在短时间内及时充电（最长不超过 12h），切忌长期搁置不管。

（5）电解液的比重、温度和容量与蓄电池的充放电有密切关系，要经常检查控制。如在使用过程中，由于蒸发原因，电解液减少，比重增大，就必须及时加注蒸馏水。

十一、叉车的维修保养

良好的维修保养不仅是保证叉车良好技术状态的必要条件，还是防止叉车过早磨损、延长叉车使用寿命和提高经济效益的有效手段。

叉车的维修保养分为日常保养、定期保养和大修保养。

1．日常保养

日常保养应由驾驶员每日进行。一般应在使用前检查，出车中检查和使用后保养。日常保养的主要内容有：

（1）清洁擦拭门架、液压缸、车体等外露部分的油污灰尘，保持叉车外部清洁。

（2）检查各部位紧固件，如螺钉、螺母和开口销等，如有松动或缺少，应紧固配齐。

（3）检查电气线路接头的紧固情况，擦拭打磨各接触器的触头，保持接触良好。

（4）检查制动油、液压油是否充足，并进行加油和注润滑油。

（5）检查蓄电池内电解液比重和液面高度是否正常。

2. 定期保养

叉车的定期保养包括一级保养和二级保养。一级保养每月进行一次，作业内容是除日常保养作业项目外，以清洁、润滑、紧固为主，并检查有关制动、操纵等安全部件。二级保养（停机）每半年进行一次，其作业内容是除一级保养项目外，以检查、调整为主，并拆检轮胎，进行轮胎换位。

3. 大修保养

大修保养每 2~3 年进行一次。

知识拓展

中国十大叉车品牌

中国十大叉车品牌见表1-6。

表1-6 中国十大叉车品牌

品牌 logo	生产厂家	生产厂家简介
Linde	林德（中国）叉车有限公司	1993年成立于厦门，是林德物料搬运在亚洲的生产、销售、服务及技术支持基地，总投资17亿元人民币，占地面积22万 m^2，林德（中国）向市场提供全系列的平衡重及仓储等叉车，专业的、全方位的服务，最优化的物料搬运综合解决方案及物流方案设计及咨询
HELI	安徽合力股份有限公司	安徽合力股份有限公司系安徽叉车集团有限责任公司核心控股子公司，1996年在上海证券交易所上市，注册资本5.14亿元，拥有国家级企业技术中心，先后被认定为国家创新型企业、国家火炬计划重点高新技术企业、安徽省工程机械建设（合肥）基地龙头企业
TOYOTA 丰田叉车 BT	丰田产业车辆（上海）有限公司	丰田产业车辆（上海）有限公司是由丰田自动织机2003年投资成立，是中国丰田产业车辆的总经销商，为用户提供全方位的服务。丰田叉车已经在中国建立了一套完整的运营系统，包括叉车组装厂、销售和服务中心
HC	杭叉集团股份有限公司	杭叉集团是中国目前最大的叉车研发制造集团之一。杭叉集团前身杭州叉车总厂是原国家生产叉车的重点企业，2000年通过改制成为股份制企业，是中国制造业500强、中国民营企业500强、中国大企业集团竞争力500强、中国机械工业100强，获全国五一劳动奖状和全国机械行业文明单位等称号
DALONG 大隆电工机械	无锡大隆电工机械厂	无锡大隆电工机械厂创建于1970年，现属私营独资企业。1978年引进瑞典BT公司样机试制成功，开始生产小型电动搬运车辆，填补了国内轻小型电动托盘搬运机械的空白。工厂现有金属切削、锻压、电气、烘漆、起重运输等130余台生产设备。工厂在上海、北京、广州、南京等地设有办事处和销售服务点
HYSTER	上海海斯特叉车制造有限公司	公司生产各类叉车、物料输送设备及零部件，销售自产产品，提供自产产品的租赁业务。海斯特是全球领先的叉车设计者与制造者，是享誉全球80多年的著名叉车品牌之一

（续）

品牌 logo	生产厂家	生产厂家简介
maximal	浙江美科斯叉车有限公司	始建于 2006 年，科技创新是美科斯快速发展强劲的推动力，迄今已申报国家发明、实用新型及外观专利达 60 余项，正是多年来坚持走科技创新之路所取得的丰硕成果，2011 年成功被评定为"国家重点扶持的高新技术企业"。美科斯总投资规模 4.2 亿元人民币，占地面积 130 000m^2，以物流装卸搬运机械为主导产品，年设计产能为 30 000 台，可实现产值 25 亿元人民币
DOOSAN	斗山叉车（烟台）有限公司	自 1968 年生产第一台叉车以来，斗山叉车一直致力于制造和提供世界一流的产品和服务，通过与卡特彼勒等高端制造商先期的技术合作，提高了自身的设计能力，并在 1993 年开始进行斗山叉车独有的模型设计，从而满足市场对高端产品的需求
TCM（安徽）机械有限公司	TCM（安徽）机械有限公司	TCM（安徽）机械有限公司是由隶属日立集团的日本 TCM 株式会社出资兴建的日本独资企业。公司成立于 2006 年 12 月，注册资本 35 亿日元，总部坐落于安徽省合肥市经济技术开发区，专业生产并销售高质量、高性能的各种叉车、装载机、港口机械、建设机械、农业机械、物流专用设备等及其零部件
Tailift	台励福机器设备（青岛）有限公司	1992 年扎根中国大陆，着力于叉车的研发和生产，台励福机器设备（青岛）有限公司是经过国家批准定点生产叉车、CNC 转塔式数控冲床、摇臂钻床等机器设备。台励福拥有强大的技术团队，陆续开发了拥有国际先进技术水准的窄道式 NA2.0 叉车、万向横移式叉车

【同步测试】

一、选择题

1. 托盘是一种（　　），它与叉车共同使用形成的有效装卸系统，大大促进了装卸活动的效率。
   A．集装器具　　　　B．大盘子　　　　C．运输工具　　　　D．储存工具
2. 一般所说的托盘主要是指（　　），它是使用量最大的一种托盘。
   A．柱式托盘　　　　B．箱式托盘　　　　C．平托盘　　　　D．轮式托盘
3. 一般可以堆 4～5 个高的托盘是（　　）。
   A．平托盘　　　　B．箱式托盘　　　　C．轮式托盘　　　　D．柱式托盘
4. 在托盘货物的堆码方式中，各层之间咬合作用差，容易发生塌垛的是（　　）。
   A．重叠式　　　　B．纵横交错式　　　　C．正反交错式　　　　D．旋转交错式
5. 下列托盘尺寸标准中，属于我国标准的是（　　）。
   A．1 100mm×1 100mm　　　　B．1 140mm×1 140mm
   C．800mm×1 000mm　　　　D．1 067mm×1 067mm
6. 下列托盘规格中属于欧洲托盘规格的是（　　）。
   A．1 100mm×1 100mm　　　　B．1 140mm×1 140mm
   C．800mm×1 200mm　　　　D．1 219mm×1 016mm
7. 下列描述中，（　　）不是叉车的特点。
   A．有很强的通用性　　　　B．具有装卸和搬运双重功能

C. 有很强的灵活性　　　　　　　　　D. 机动性较差

8. 叉车是流通领域最常用的具有装卸、搬运双重功能的机械。其中（　　）应用最广泛，占叉车总量的80%左右。

　　A. 集装箱式叉车　　B. 前移式叉车　　C. 平衡重式叉车　　D. 侧面式叉车

9. 下列关于我国内燃平衡重式叉车标准对叉车制动性能做出规定的描述中，（　　）是错误的。

　　A. 如果采用脚制动，叉车车速为20km/h，空载行驶时，紧急制动的制动距离不大于3m
　　B. 如果采用脚制动，叉车车速为10km/h，满载运行时，紧急制动的制动距离不大于3m
　　C. 如果采用手制动，空载行驶时能在20%的下坡上停住
　　D. 如果采用手制动，满载行驶时能在15%的上坡上停住

10. 高货位拣选式叉车一般适于高层货架仓库使用，它起升高度可达（　　）。

　　A. 8m　　　　　B. 10m　　　　　C. 13m　　　　　D. 15m

11. 适于搬运空心的筒状货物的叉车属具是（　　）。

　　A. 货叉　　　　B. 夹持器　　　　C. 串杆　　　　D. 倾斜叉架

12. 适合于窄通道作业，利于搬运长条形货物的叉车是（　　）。

　　A. 平衡重式叉车　　　　　　　　　B. 前移式叉车
　　C. 插腿式叉车　　　　　　　　　　D. 侧面式叉车

13. 我国叉车标准规定叉车应进行的四种稳定性试验中不包括（　　）。

　　A. 满载码垛时的横向稳定性　　　　B. 满载码垛时的纵向稳定性
　　C. 满载行驶时的横向稳定性　　　　D. 满载行驶时的纵向稳定性

二、问答题

1. 什么是托盘？
2. 与其他的集装单元化设备相比较，托盘的特点有哪些？
3. ISO规定的托盘规格有哪些？
4. 在物流活动中，叉车能完成哪些作业？
5. 按照动力装置的不同，叉车可分为哪两类？这两类叉车各有何优缺点？
6. 叉车的主要技术性能参数是什么？
7. 不同类型的叉车都应用在哪些场合？
8. 和其他的物流机械设备相比较，叉车有何特点？
9. 平衡重式叉车在结构上与货车有何区别？请解释存在这些区别的原因。

【知识应用】

货物组托设计训练

西安新杰家电配销有限公司（以下简称新杰公司）成立于2016年8月，是一家主要从事家电产品仓储销售的企业。其供应商为国内多个家电生产厂家，客户则主要为一些同城家电批发商。2016年10月15日10时许，新杰公司订购的货物到达仓储中心卸货区，等待入库。其货物明细见表1-7。

表 1-7　新杰公司入库通知单

编号：P2016515R01　　　　　　　　　　　　　　　　业务单号：R20160515-01

序　号	供应商	商品名称	单位	数量	单价/元	金额/元
1	Lenovo 电脑公司	Lenovo 显示器	台	24	1 100.00	26 400.00
2	方正电脑公司	方正显示器	台	12	800.00	9 600.00
总计		人民币大写：叁万陆仟圆整				36 000.00
经办人：			部门主管：			

方正显示器的包装规格为 600mm×400mm×200mm，Lenovo 显示器的包装规格为 526mm×388mm×172mm，请选择适宜的标准托盘对上述货物进行组托设计，并画出奇数层和偶数层的码放俯视图。

项目二　上架储存作业

仓库在接收货物入库之后，应将货物存入适当的位置，并进行合理的保管、养护，以确保货物的质量完好和数量无误。一般配送中心为了提高仓库的利用率，都将货物存储在货架上，所以需要进行上架储存作业。上架储存作业需要借助哪些物流设施与设备呢？本项目的任务就是学习如何管理和使用好配送中心上架储存所用到的物流设施与设备——仓库、货架、自动化立体仓库、堆垛机等，并能够对这些物流设施与设备进行适当的维护保养。完成本项目的学习后，应该达到以下的学习目标：

【知识目标】熟悉各类货架的作用、功能和分类，掌握常用货架的结构特点与用途；掌握自动化立体仓库的基本情况、组成、分类、优点和应用中应注意的问题以及未来发展的趋势；掌握堆垛起重机的分类、作用和工作特点。

【能力目标】培养学生对仓储设施、设备的兴趣，并能正确使用、维护仓储设施、设备；具有管理仓储设施、设备的能力；能够正确使用货架；能够操作自动化立体仓库中的设备，进行货物的出入库作业。

任务一　仓库的使用

【任务描述】

仓库是进行仓储活动最为重要的设施，一个国家、一个地区、一个企业的物流系统中需要有各种各样的仓库，它们的结构形态各异，服务范围与对象也有着较大的差异，通过本任务的学习，学习者应能够根据货物的不同，选用合适的仓库；根据货物的特性选择储存区域及储位，对货物进行适宜的保管及养护，并能根据某个仓库的基本数据计算仓储设施的参数。

【知识学习】

一、仓库的概念

仓库是保管、储存物品的建筑物和场所的总称，如库房、货棚、货场等。仓库的种类很多，由于各种仓库所处的地位不同，所承担的储存任务不同，储存货物的品种规格繁多、性能各异，因此我们可按照仓库的营运形态、保管条件、建筑结构、功能等的不同，将仓库分为不同的类型。

二、仓库的种类

1. 根据营运形态分类

（1）自用仓库。自用仓库是指各生产或流通企业，为了本企业物流业务的需要而修建的附属仓库。这类仓库只储存本企业的原材料、燃料、产品或货物。一般工厂、企业、商店的仓库以及部队的后勤仓库，多属于这一类。

（2）营业仓库。营业仓库是指专门为了经营储运业务而修建的仓库，是面向社会服务的或以一个部门的物流业务为主，兼营其他部门的物流业务，如商业、货物、外贸等系统的储运公司的仓库等。营业仓库由仓库所有人独立经营或者由分工的仓库管理部门独立核算经营。

（3）公共仓库。公共仓库属于公共服务的配套设施，是为社会物流服务的仓库，如铁路车站的货场仓库，港口的码头仓库，公路货场的货栈仓库等。与前两种仓库相比，公共仓库的使用频率更高。

2. 根据保管条件分类

（1）普通仓库。普通仓库是指常温下的一般仓库，用于存放对于仓库没有特殊的要求，只要求具有通用的库房和堆场的一般性货物，如一般的金属材料仓库、机电产品仓库等。普通仓库设施较为简单，但储藏的货物种类繁杂，作业过程和保管方法、要求均不同。普通仓库如图 2-1 所示。

图 2-1　普通仓库

（2）保温仓库。保温仓库是指用于储存对湿度、温度等有特殊要求的仓库，包括恒温、恒湿及冷藏库等，如水果、肉类等储存。这类仓库在建筑上要有隔热、防寒、密封等功能，并配备专门的设备，如空调、制冷机等。保温仓库如图 2-2 所示。

（3）特种仓库。特种仓库是指用来储存危险品的仓库（如石油库、化学危险品库等）以及用于专门储藏粮食的粮仓等。储藏物单一，保管方法一致，但需要特殊的保管条件。特种仓库如图 2-3 所示。

图 2-2 保温仓库

a)   b)

图 2-3 特种仓库

a) 危险品仓库　b) 粮库

（4）水上仓库。水上仓库是指漂浮在水面的储藏货物的趸船、囤船、浮驳或其他水上建筑，或者在划定水面保管木材的特定水域，以及沉浸在水下保管货物的水域。近年来由于国际运输油轮的超大型化，许多港口因水深限制大型船舶不能直接进港卸油，往往采用在深水区设立大型水面油库作为仓库转驳运油。水上仓库如图 2-4 所示。

图 2-4 水上仓库

（5）气调仓库。气调仓库是指用于存放要求控制库内氧气和二氧化碳浓度的货物的仓库。气调仓库如图 2-5 所示。

图 2-5　气调仓库

3．根据建筑结构分类

（1）平房仓库。通常一层的仓库简称平房仓库，其结构简单，建筑费用低廉，人工操作比较方便。平房仓库如图 2-6 所示。

图 2-6　平房仓库

（2）楼房仓库。楼房仓库是指二层及二层以上的仓库，它可以减少土地的占用面积。物品层间移动需要借助设备才能完成，因此进出库作业可采用机械化或半机械化的方式进行操作，楼房层间物品可依靠垂直运输机械移动，也可以依靠坡道相连。楼房仓库如图 2-7 所示。

图 2-7　楼房仓库

(3）罐式仓库。罐式仓库的构造特殊，呈球形或者圆柱形，主要用来储存石油、天然气或液体化工品。罐式仓库如图 2-8 所示。

图 2-8　罐式仓库

（4）简易仓库。简易仓库的构造简单、造价低廉，一般是在仓库不足而又不能及时建库的情况下采用的临时代用办法，包括一些固定或活动的简易货棚等。简易仓库如图 2-9 所示。

图 2-9　简易仓库

（5）高层货架仓库。高层货架仓库本身是平房结构，但其顶很高，内部设施层数多，具有可保管 10 层以上托盘的仓库棚。在作业方面，高层货架仓库主要使用电子计算机控制，使用堆垛机、起重机等装卸搬运机械设备自动运转，能实现机械化和自动化操作。高层货架仓库也称为自动化立体库或者无人仓库，如图 2-10 所示。

图 2-10　高层货架仓库

4．根据功能分类

（1）储存仓库。储存仓库主要对货物进行保管，以解决生产和消费的不均衡，如季节生产的大米储存到第二年卖。

（2）流通仓库。流通仓库除具有保管功能之外，还能进行流通加工、装配、包装、理货以及配送功能，具有周转快、高附加值、时间性强的特点，从而减少了在连接生产和消费的流通过程中，货物因停滞而花费的费用。

（3）配送中心。配送中心是向市场或直接向消费者配送货物的仓库。作为配送中心的仓库往往具有存货种类众多、存货量较少的特点，要进行货物包装拆除、配货组合等作业，一般还开展配送业务。

（4）保税仓库（保税货场）。保税仓库（保税货场）是指经海关批准，在海关监管下，专供存放未办理关税手续而入境或过境货物的场所。也就是说，保税仓库是获得海关许可的能长期储存外国货物的本国国土上的仓库；同样，保税货场是获得海关许可的能装卸或搬运外国货物并暂时存放的场所。

> **问题与思考**：列举常见的普通货物、冷藏货物、危险货物和需要气调存储的货物，并说明它们需要怎样的仓库储存。

三、仓库的功能

仓库在物流系统中扮演着极为重要的角色，其最基本的功能是储存和保管货物。为了满足市场少批量多样化需求，仓库还担负着流通加工、拣选、配送和信息服务等功能。以系统的观点来看待仓库，仓库应该具备如下功能：

1．储存和保管的功能

仓库具有一定的空间，用于储存物品，并根据储存物品的特性配备相应的设备，以保持储存物品的完好性。例如：储存挥发性溶剂的仓库，必须设有通风设备，以防止空气中挥发性物质含量过高而引起爆炸；储存精密仪器的仓库，需防潮、防尘、恒温，因此，应设立空调、恒温设施等设备。在仓库作业时，还有一个基本要求，就是防止搬运和堆放时碰坏、压坏物品，从而要求搬运器具和操作方法不断改进和完善，使仓库真正起到储存和保管的作用。

2．调节供需的功能

现代化大生产的形式多种多样，从生产和消费的连续性来看，每种产品都有不同的特点，有些产品的生产是均衡的，而消费是不均衡的，还有一些产品生产是不均衡的，而消费却是均衡的。要使生产和消费协调起来，这就需要仓库从中进行调节。

3．调节货物运输能力的功能

各种运输工具的运输能力是不一样的。船舶的运输能力很大，海运船一般是万吨级，内河船舶也有几百吨至几千吨的。火车的运输能力较小，每节车皮能装运 30～60t，一列火车的运量最多几千吨。汽车的运输能力很小，一般每辆车装 4～10t。他们之间的运输衔接是很困难的，这种运输能力的差异，也是需要通过仓库进行调节和衔接的。

4. 配送和流通加工的功能

现代仓库的功能已处在由保管型向流通型转变的过程之中，即仓库由储存、保管货物的中心向流通、销售的中心转变。仓库不仅要有储存、保管货物的设备，而且还要增加分拣、配套、捆绑、流通加工、信息处理等设施。这样，既扩大了仓库的经营范围，提高了物质的综合利用率，又方便了消费，提高了服务质量。

5. 信息传递的功能

伴随着以上功能的改变，导致了仓库对信息传递的要求。在处理仓库活动有关的各项事务时，需要依靠计算机和互联网，通过电子数据交换（EDI）和条形码技术来提高仓储物品信息的传输速度，及时而又准确地了解仓储信息，如仓库利用水平、进出库的频率、仓库的运输情况、顾客的需求以及仓库人员的配置等。

6. 产品生命周期的支持功能

根据美国供应链管理专业协会（原美国物流管理协会）2002年1月发布的物流定义：在供应链运作中，以满足客户要求为目的，对货物、服务和相关信息在产出地和销售地之间实现高效率和低成本的正向和逆向的流动与储存所进行的计划执行和控制的过程。从物流定义可以看出，现代物流包括了产品从"生"到"死"的整个生产、流通和服务的过程。因此，仓储系统应对产品生命周期提供支持。

7. 退货管理中心的功能

随着强制性质量标准的贯彻和环保法规约束力度加大，如德国的托普佛法（Topfer Law）就规定了制造商和配送商要负责进行包装材料的回收，这必然导致退货逆向物流和再循环回收等逆向物流的产生。逆向物流与传统供应链方向相反，是要将最终顾客持有的不合格产品、废旧物品回收到供应链上的各个节点。在逆向物流中，仓库又承担了退货管理中心的职能，负责及时准确定位问题货物，通知所有相关方面和发现退回货物的潜在价值，为企业增加预算外或抢救性收入，同时改进退货处理过程，控制可能发生的偏差，评估并最终改善处理绩效等。

四、仓库的参数

在仓库的规划和使用中，经常要运用一些反映仓库能力及工作状态的参数，现将主要参数简述如下：

1. 仓库建筑系数

仓库建筑系数是各种仓库建筑物实际占地面积与库区总面积之比。

$$仓库建筑系数 = \frac{仓库建筑物实际占地面积}{库区总面积} \times 100\%$$

该参数反映库房及用于仓库管理的建筑物在库区内排列的疏密程度，反映总占地面积中库房比例高低。

2. 仓库建筑面积

仓库建筑面积是仓库建筑实际占地面积,用仓库外墙线所围成的平面面积来计量。多层仓库建筑面积是每层的平面面积之和。

其中,除去墙、柱等无法利用的面积之后称有效面积,有效面积从理论上来讲,都是可以利用的面积。但是,可利用的面积中,有一些是无法直接进行生产活动的面积,如楼梯等,除去这一部分面积的剩余面积称使用面积。

3. 仓库建筑平面系数

仓库建筑平面系数是衡量使用面积所占比例的参数。

$$仓库建筑平面系数 = \frac{仓库使用面积}{仓库建筑面积} \times 100\%$$

4. 仓库面积利用率

仓库面积利用率是仓库使用面积中实际存放货物面积所占比例的衡量参数。

$$仓库面积利用率 = \frac{堆存货物面积}{仓库使用面积} \times 100\%$$

这个参数表示实际使用面积被有效利用的程度,也对应衡量出非保管面积所占比重。

5. 仓库高度利用率

仓库高度利用率是反映仓库空间高度被有效利用程度的指标。

$$仓库高度利用率 = \frac{货垛或货架平均高度}{仓库有效高度} \times 100\%$$

这个参数和仓库面积利用率参数所起的作用是一样的,即衡量仓库有效利用程度。仓库中可以采取多种技术措施来提高这一利用程度。

6. 仓容

仓容是指仓库中可以存放货物的最大数量,以重量单位(t)表示。仓容大小取决于面积大小及单位面积承载货物重量的能力以及货物的安全要求。

$$仓容 = 仓库使用面积 \times 单位面积存储定额$$

仓容反映的是仓库的最大存储能力,是衡量流通生产力的重要参数。

7. 仓容利用率

仓容利用率是指实际库容量与仓容之比的百分率,一般以年平均值为考核计算依据,反映库容利用的高低。

$$仓容利用率 = \frac{实际库容量}{仓容} \times 100\%$$

8. 仓库有效容积

仓库有效容积是指仓库有效面积与有效高度的乘积。以往的仓库指标,主要描述平面利用的情况,按仓容指标的计算方法,与仓库高度关系不大,而有时仓容并不能反映仓库容积利用情况。随着高层平房仓库及立体仓库的出现，面积利用指标已不能完全反映仓库的技术经济情况。仓库有效容积则是描述仓库立体能力和利用情况的指标。

$$仓库有效面积=仓库有效面积×有效平均高度$$

9．仓库容积利用率

仓库容积利用率是指仓库有效容积中实际使用的容积所占的比率。

$$仓容容积利用率=\frac{仓库实际使用的容积}{仓库有效容积}×100\%$$

10．仓库周转次数

仓库周转次数是年入库总量或年出库总量与年平均库存之比，反映仓库动态情况，是生产性仓库和流通性仓库的重要指标。在年入（出）库总量一定情况下，提高周转次数，则可降低静态库存的数量，从而用较小的仓库完成较大的任务。

$$周转次数=\frac{年入（出）库总量}{年平均库存}$$

> **问题与思考**：粮库与配送中心绩效评价的考核指标侧重应有何不同？

五、仓储设备的分类和特点

在物流系统中，仓库扮演着极为重要的角色，具备很多重要功能。同时，仓储活动也离不开仓储设备的支持。仓储设备是指仓库进行生产和辅助生产作业以及保证安全作业所必需的各种机械设备的总称。

1．仓储设备的分类

按照功能的不同，仓储设备可分为储存设备（货架）、物料搬运设备、分拣设备、计量设备、货物保养设备、检验维修设备、安全设备等。

按照作业方式的不同，仓储设备可分为搬运机械设备（叉车、输送机等）、起重吊装机械设备（桥式起重机、龙门起重机等）和存取设备（巷道堆垛起重机、装卸堆垛机器人等）。

按照使用范围的不同，仓储设备可分为专用机械设备和通用机械设备。

按照作业形式的不同，仓储设备可分为固定式机械设备和流动式机械设备。

2．仓储设备的特点

仓储设备是在特定环境中完成特定的物流作业，它们在结构、外形和功能上差异很大，同时又具有下列一些共性：

（1）仓储设备一般在物流结点内工作，其作业场所固定，工作范围相对较小，运行路线比较固定。

（2）对安全性、节能性、环保性和经济性的要求高。

（3）机械化、自动化程度高。

（4）专业化、标准化程度高。

任务二　货架的使用

【任务描述】

货架泛指存放货物的架子,在仓储中占有非常重要的地位,为了改善仓储环境和条件,货架不仅要有一定的数量,而且要具有多种功能。通过完成货架的使用学习任务,学习者应达到能够根据货物的不同,选用合适的货架进行存储的能力,只有选用合适的货架,才能有效提高仓库的存储空间。

【知识学习】

一、货架的概念

在仓储设备中,货架是指专门用于存放成件物品的保管设备,根据 GB/T18354—2006《物流术语》,货架是指用立柱、隔板或横梁等组成的立体储存物品的设施。货架在仓库中占有非常重要的地位,随着现代工业的迅猛发展,物流量的大幅度增加,为实现仓库的现代化管理,改善仓库的功能,不仅要求货架数量多,而且要求其具有多功能,并能实现机械化、自动化要求。

二、货架的作用

货架在现代物流活动中,起着相当重要的作用。仓库管理能否实现现代化,与货架的种类、功能有直接的关系。货架的作用及功能主要体现在以下几方面:

(1)货架是一种架式结构物,可充分利用仓库空间,提高库容利用率,扩大仓库储存能力。

(2)存入货架中的货物,互不挤压,货物损耗小,可完整保证货物本身的功能,减少货物的损失。

(3)货架中的货物,存取方便,便于清点及计量,可做到先进先出。

(4)保证存储货物的质量,可以采取防潮、防尘、防盗、防破坏等措施,以提高货物存储质量。

(5)很多新型货架的结构及功能有利于实现仓库的机械化及自动化管理。

三、货架的分类

1. 按货架的发展分类

(1)传统货架,包括层架、层格式货架、抽屉式货架、橱柜主货架、U形架、悬臂架、栅架、鞍架、气罐钢筒架、轮胎专用货架等。

(2) 新型货架，包括旋转式货架、移动式货架、装配式货架、调节式货架、托盘式货架、进入式货架、高层货架、阁楼式货架、重力式货架、臂挂式货架等。

2. 按货架的适用性分类

按货架的适用性，可分为通用货架与专用货架。

3. 按货架的制造材料分类

按货架的制造材料，可分为钢货架、钢筋混凝土货架、钢与钢筋混凝土混合式货架、木制货架、钢木合制货架等。

4. 按货架的封闭程度分类

按货架的封闭程度，可分为敞开式货架、半封闭式货架、封闭式货架等。

5. 按结构特点分类

按货架的结构特点，可分为层架、层格架、橱架、抽屉架、悬臂架、栅架等。

6. 按货架的可动性分类

按货架的可动性，可分为固定式货架、移动式货架、旋转式货架、组合货架、可调式货架、流动储存货架等。

7. 按货架结构分类

（1）整体结构式：货架直接支撑仓库屋顶和围墙。

（2）分体结构式：货架与建筑物分为两个独立系统。

8. 按货架的载货方式分类

按货架的载货方式，可分为悬臂式货架、橱柜式货架、棚板式货架。

9. 按货架的构造分类

（1）组合可拆卸式货架。

（2）固定式货架，包括单元式货架、一般式货架、流动式货架、贯通式货架。

10. 按货架高度分类

（1）低层货架：高度在 5m 以下。

（2）中层货架：高度在 5～15m 之间。

（3）高层货架：高度在 15m 以上。

11. 按货架载重量分类

（1）重型货架：每层货架载重量在 500kg 以上。

（2）中型货架：每层货架（或搁板）载重量在 150～500kg 之间。

（3）轻型货架：每层货架载重量在 150kg 以下。

四、各种货架

（一）层架

1. 结构与种类

层架是由主柱、横梁、层板构成，架子本身分为数层，层间用于存放货物。层架如

图 2-11 所示。

图 2-11 层架

层架应用广泛，种类繁多，一般可进一步划分如下：

（1）按层架存放货物的重量级，可将层架分为重型层架、中型层架和轻型层架三种。层架的尺寸规格可在很大范围内变动，一般而言，轻型层架主要是进行人工装货取货操作，规格尺寸及承载能力都与人的搬运能力相适应，高度一般在 2.4m 以下，厚度在 0.6m 以下；中、重型层架尺寸则要大得多，高度可达 4.5m，厚度可达 1.2m，宽度可达 3m。几种常见的轻型层架如图 2-12 所示。轻型层架尺寸及最大允许荷重见表 2-1。

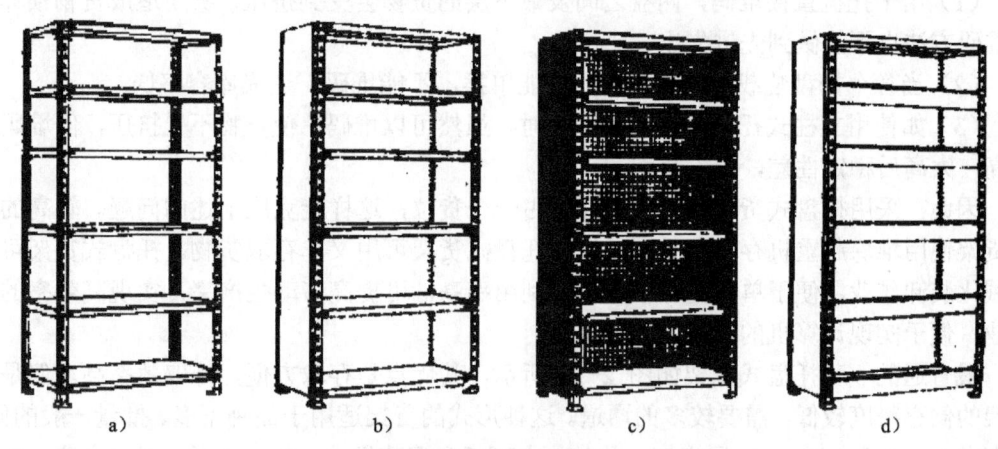

图 2-12 各种轻型层架

a）开放型 b）半开放型 c）金属网型 d）前挡板型

表 2-1 轻型层架尺寸及最大允许荷重 （单位：kg）

厚/mm \ 宽/mm	900	1 200	1 500	1 800
150	100	100	150	150
300	150	150	150	150
600	150	150	150	200

（2）按层架结构方式，可将层架分为装配式、固定式及半固定式三种。装配式多用于轻型层架，采用轻钢结构，较机动灵活；固定式层架坚固、结实，承载能力强，用于重、中型层架。

（3）按层架封闭程度，可将层架分为开放型、半开放型、金属网型、前挡板型若干种。

（4）按层板安装方式，可将层架分为固定层高及可变层高两种类型。

2. 特点及用途

层架具有结构简单、省料、适用性强等特点，便于作业的收发，但存放货物数量有限。

中、重型层架一般采用固定式，坚固、结实，承载能力强；能储存大件或中、重型货物，配合叉车等使用；能充分利用仓容面积，提高仓储能力。

轻型层架一般采用装配式，较灵活机动，结构简单，承载能力较差；适于人工存取轻型或小件货物；存放货物数量有限，是人工作业仓库的主要储存设备。

（二）托盘式货架

1. 结构与种类

托盘式货架俗称横梁式货架，或称货位式货架，通常为重型货架，在国内的各种仓储货架系统中最为常见，是存放装有托盘货物的货架。托盘式货架所用材质多为钢材结构，也可用钢筋混凝土结构；可做单排型连接，也可做双排型连接。托盘式货架的尺寸大小，视仓库的大小及托盘尺寸的大小而定。

2. 特点及用途

用托盘装载货物，如将托盘直接堆码，存在以下问题：

（1）用平托盘直接堆码，两盘之间及最下层的货物会受到挤压，甚至造成货物损坏，这种堆码方法也不能做到先进先出。

（2）当各个托盘装载不同货物时，只能单摆，不能堆码，造成库容率低。

（3）如使用立柱式托盘或框架式托盘时，虽然可以堆码，使货物不受挤压，但堆码不能太高，太高后稳定性差，不安全。

因此，采用托盘式货架，每一个托盘占一个货位，这样能克服上述的问题。较高的托盘式货架使用堆垛起重机存取货物，较低的托盘式货架可用叉车存取货物。托盘式货架可实现机械化装卸作业，便于单元化存取，库容利用率高，可提高劳动生产率，实现高效率的存取作业，便于实现计算机的管理和控制。

最普通的一种托盘式货架如图 2-13 所示，其优点是存取方便，拣取效率高。但是这种货架的储存密度较低，需要较多的通道。这种形式的货架适用于品种不多、批量一般的储存，层高在 6m 以下，以 3～5 层为宜。此外，它可任意调整组合，施工简易，经济实惠，出入库不受先后顺序的影响，一般的叉车都可使用。

图 2-13 托盘式货架

在选用托盘式货架时，应考虑存储单元的尺寸、重量和堆放层数，以便决定支柱和横梁尺寸。图 2-13 所示的托盘式货架为一般的托盘堆放方式，一个横梁开口存放两个托盘。

（三）层格式货架

1．结构与种类

层格式货架的结构与种类和层架类似，区别在于某些层甚至整体每层中用间隔板分成若干个格，如图 2-14 所示。

图 2-14　层格式货架

2．特点及用途

一般来说，层格式货架每格原则上只能放一种物品。物品不易混淆，但存放数量不大。其缺点是层间光线暗，存放数量少。层格式货架主要用于规格复杂多样，必须互相间隔开的物品。

（四）抽屉式货架

1．结构与种类

抽屉式货架与层格式货架类似，区别在于层格中有抽屉，如图 2-15 所示。

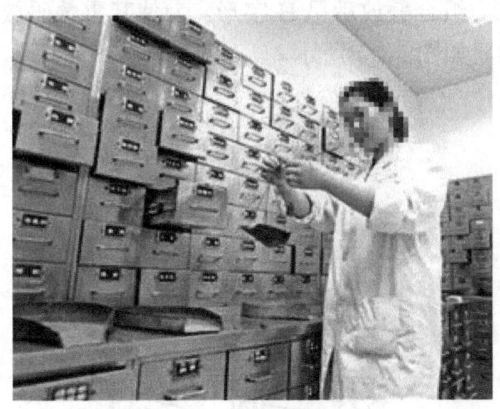

图 2-15　抽屉式货架

2. 特点及用途

抽屉式货架属于封闭式货架的一种，具有防尘、防湿、避光的作用。抽屉式货架用于比较贵重的小件物品的存放，或用于怕尘土、怕湿等的贵重物品，如刀具、量具、精密仪器、药品等物品的存放。

（五）橱柜式货架

1. 结构与种类

橱柜式货架在层格式货架或层架的前面装有橱门，上下左右及后面均封闭起来，门可以是开关式，也可以是左右拉开式或卷帘式。门的材质有木质、玻璃质、钢质，也可用各种纱门，如图 2-16 所示。

图 2-16　橱柜式货架

2. 特点及用途

橱柜式货架也属于封闭式货架的一种。其特点及用途和抽屉式货架相似，用于存放贵重物品、文件、文物及精密配件等物品。

（六）U 形架（H 形架）

1. 结构与种类

U 形架外形呈 U 字形，组合叠放后呈 H 字形。为使其重叠码放和便于吊装作业，在架的两边上端设有吊钩形角顶，如图 2-17 所示。

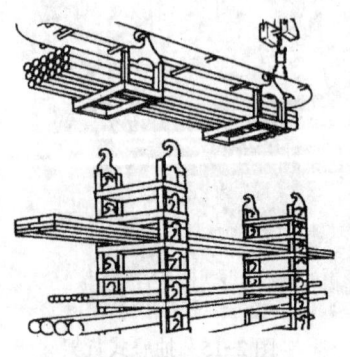

图 2-17　U 形货架

2. 特点及用途

U形架结构简单，但强度很高，价格较低，码放时可叠高，因而可提高仓库的利用率。此外，U形架可随货收发，因而节省了收发时的倒装手续，可实现机械化操作，可做到定量存放，主要用于存放量大的管材、型材、棒材等大型长尺寸金属材料、建筑塑料等。

（七）悬臂式货架

1. 结构与种类

悬臂式货架是由3~4个塔形悬臂和纵梁相连而成，如图2-18所示，分单面和双面两种。悬臂式货架用金属材料制造，为防止材料碰撞或产生刻痕，在金属悬臂上垫上木质衬垫，也可用橡胶带保护。悬臂式货架的尺寸不定，一般根据所放长形材料的尺寸大小而定。

2. 特点及用途

悬臂式货架为边开式货架的一种，适于轻质的长条形材料存放，可用人力存取操作，重型悬臂式货架用于存放长条形金属材料。

图 2-18　悬臂式货架

（八）栅架

1. 结构与种类

栅架如图 2-19 所示。栅架分固定式和活动式两种，材质有用钢材焊接或铆接而成的，也有用钢质与木质混合的钢木结构，规格尺寸种类较多。

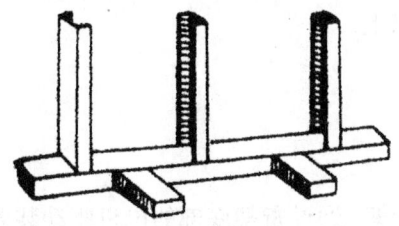

图 2-19　栅架

2. 特点及用途

栅架存取材料方便，可实现机械化作业，缺点是占地面积大，库容利用率低，主要用于存放长条形金属材料。

（九）驶入式货架

1. 结构与种类

驶入式货架又称进车式货架，其结构如图 2-20 所示。这种货架采用钢质结构。钢柱上一定位置有向外伸出的水平突出构件。当托盘送入时，突出的构件将托盘底部的两个边拖住。使托盘本身起架子横梁作用。当架上没有放托盘货物时。货架正面便成了无横梁状态，这时就形成了若干通道，可方便地出入叉车等作业车辆。

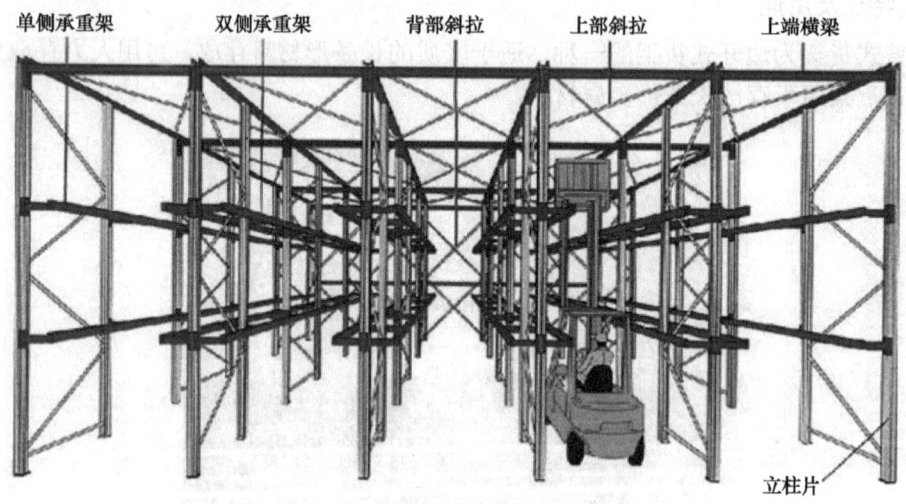

图 2-20　驶入式货架

2. 特点及用途

驶入式货架的特点是叉车直接驶入货架进行作业。叉车与架子的正面成垂直方向驶入，在最内部设有卸放托盘货载的位置，取货时再从外向内依次取货。驶入式货架能起到保管场所及叉车通道的双重作用，但叉车只能从架子的正面驶入。这样一来，虽然可提高库容率及空间利用率，但是很难实现先进先出。因此，每一巷道只宜保管同一品种货物，并且只适用于保管少品种、大批量以及不受保管时间限制的货物。驶入式货架是高密度存放货物的重要货架，库容利用率可达 90%以上。

（十）移动式货架

1. 结构与种类

移动式货架又叫动力式货架，通过货架底部的电机驱动装置，可在水平直线导轨上移动。移动式货架一般设有控制装置和开关，在 30s 内使货架移动，叉车可进入存取货物，如图 2-21

所示。此外，这种货架有变频控制功能，可控制驱动和停止时的速度，以防止货架上的物品抖动、倾斜或倾倒。在其适当位置还安装有定位用的光电传感器和可制动的齿轮电动机，提高了定位精度。

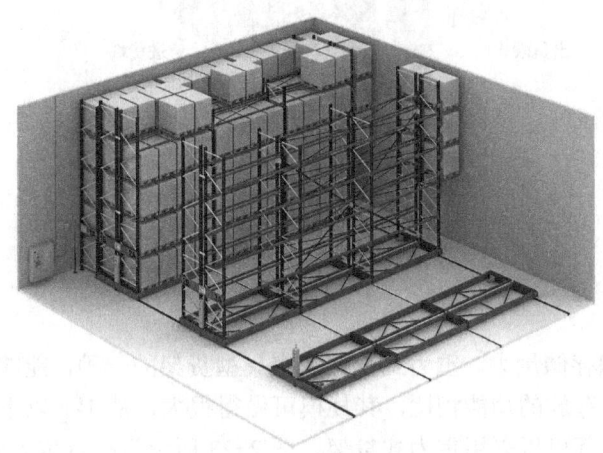

图 2-21　移动式货架

2．特点及用途

（1）比一般固定式货架储存量大很多，节省空间。
（2）适合保管少品种、大批量、进出频率低的货物。
（3）节省地板面积，地面使用率达 80%。
（4）可直接存取每一项货品，不受先进先出的限制。
（5）高度可达 12m，单位面积的储存量可达托盘式货架的 2 倍左右。
（6）成本高、施工慢。

（十一）重力式货架

1．结构与种类

重力式货架又称流动式货架，是现代物流系统中的一种应用广泛的设备。其原理是利用货体的自重，使货体在有一定高度差的通道上，从高向低处运动，从而完成进货、储存、出库的作业。

重力式货架和一般层架从正面看基本相似，但是其深度比一般层架深得多，类似许多层架密集靠放。每一层隔板成前端（出货端）低、后端（进货端）高，形成一定坡度。有一定坡度的隔板可制成滑道形式，货体顺滑道从高处向低处滑动，也可制成滑轨、辊子或滚轮，以提高货体的运动性能，同时尽量将坡度做得小一些。

图 2-22 所示的是一个带滚轮滑道的重力式货架，这种货架的滚轮结构有固定式和托起式两种。固定式滚轮一旦装上之后，不再可变。托起式则可在不需滚动时，将滚轮落入槽内，货体则托放于槽板上，以保持货体稳定。需要使货体运动时，只要给槽内软管充气，使之鼓胀，则将滚轮托起，使货体离开槽板而置于滚轮之上，这样货体便在自重作用下沿滚轮向低端运动。这种货架的一侧通道作为存放用，另一侧通道作为取货用。

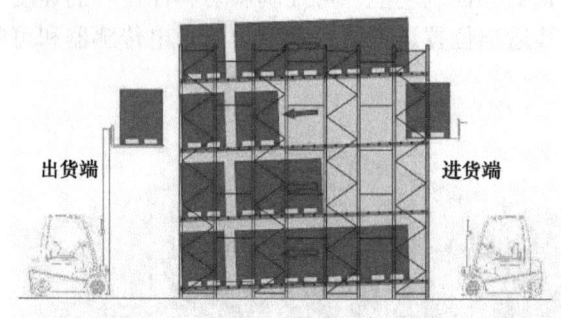

图 2-22 重力式货架

2．特点与用途

（1）单位库房面积存储量大。重力式货架是密集型货架的一种，能够大规模密集存放货物。与移动式货架密集存放的功能相比，其规模可做得很大，从 1kg 以下的轻体小件物到集装托盘乃至小型集装箱都可以采用重力式货架。图 2-23 所示为托盘重力式货架。

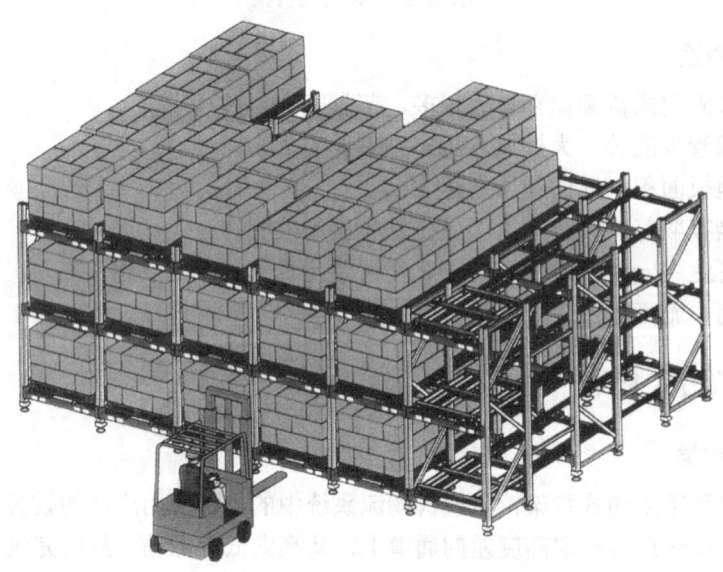

图 2-23 托盘重力式货架

由于密集程度很高，减少了通道数量，可有效节约仓库的面积。由普通货架改为重力式货架后，仓库面积可节省近 50%。

（2）固定了出入库位置，减少了出入库工具的运行距离。采用普通货架出入库时，搬运工具如叉车、作业车需要在通道中穿行，易出差错且工具运行线路难以规划，运行距离也长，采用重力式货架后，叉车运行距离可缩短 1/3。

（3）由于入库作业和出库作业完全分离，两种作业可各自向专业化、高效率方向发展。而且在出入库时，工具不互相交叉，不互相干扰，事故率降低，安全性增加。

（4）和进入式货架等密集存储方式不同，重力式货架可以保证先进先出，因而符合仓库管理现代化的要求。

（5）重力式货架和一般货架比，大大缩小了作业面，有利于进行拣选活动。

> 问题与思考：在重力式货架应用中要注意什么？

（十二）阁楼式货架

1．结构与种类

阁楼式货架结构有两种，一种为底层货架承重上部搭置楼板，形成一层新的库面，另一种是由立柱承重，上部搭置楼板形成库面。有的阁楼式货架二层库面为地堆式（如图 2-24 所示），而有的阁楼式货架在二层库面上也设置了货架（如图 2-25 所示）。

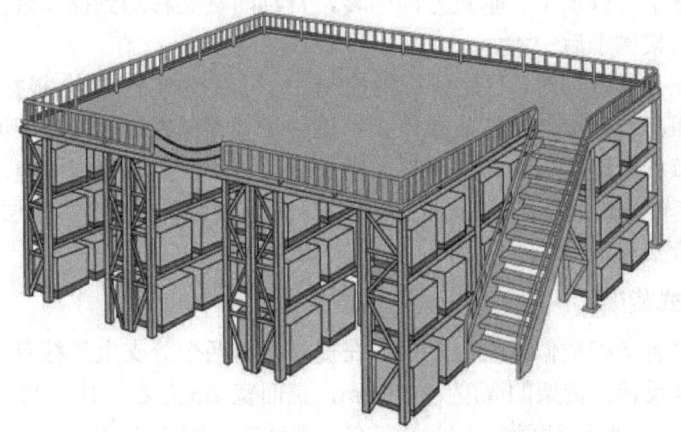

图 2-24　阁楼式货架（二层库面为地堆式）

图 2-25　阁楼式货架（二层库面设货架）

2．特点及用途

阁楼式货架是在已有的仓库工作场地上面建造楼阁，在楼阁上面放置货架或直接放置货物，将原有的平房库改为两层的楼库，货物提升可用输送机、提升机、电动葫芦，也可用升降台。在阁楼上面可用轻型小车或托盘牵引车进行货物的堆码。这种货架的特点是充分利用空间，一般用于旧库改造。

一般的旧库，库内有效高度为 4～5m，如果安装一般货架或者就地堆放货物，在操作上受人的高度所限，只能利用 2m 左右。采用阁楼式货架后，可几乎成倍提高原有仓库利用率，缺点是存取作业效率低。

阁楼式货架主要用于存放储存期较长的中小件货物。

（十三）旋转式货架

旋转式货架又称回转式货架，它是为适应目前生产及生活资料由少品种、大批量向多品种、小批量转变而发展起来的一类现代化保管储存货架。这种货架的出现，可以解决由于货物品种迅猛增加所带来的拣选作业工作量大、劳动强度高、系统日益复杂的问题。

按照货物的拣选方式，可以把货架归纳为以下两种：①货物存放在固定的货架内，操作者进行取货；②货架可以水平、垂直方向回转，货物随货架移动到操作者面前，而后被操作者选取。旋转式货架属于后一种。

旋转式货架在存取货物时，可用计算机控制，也可用控制盘控制，根据下达的货格指令，使货格以最近的距离自动旋转至拣货点停止。这种货架存储密度大，货架间不设通道，和固定式货架比，可节省占地面积 30%～50%。由于货架转动，拣货路线简捷，拣货效率高，拣选差错少。根据旋转方式的不同，旋转式货架可分为垂直旋转式货架、多层水平旋转式货架、整体水平旋转式货架三种。

1. 垂直旋转式货架

（1）结构：这种货架类似垂直提升机，在提升机的两个分支上悬挂有成排的货格，提升机可正转，也可以反转。货架的高度为 2～6m，正面宽 2m 左右，10～30 层不等，单元货位载重为 100～400kg，回转速度为 6m/min 左右。其结构如图 2-26 所示。

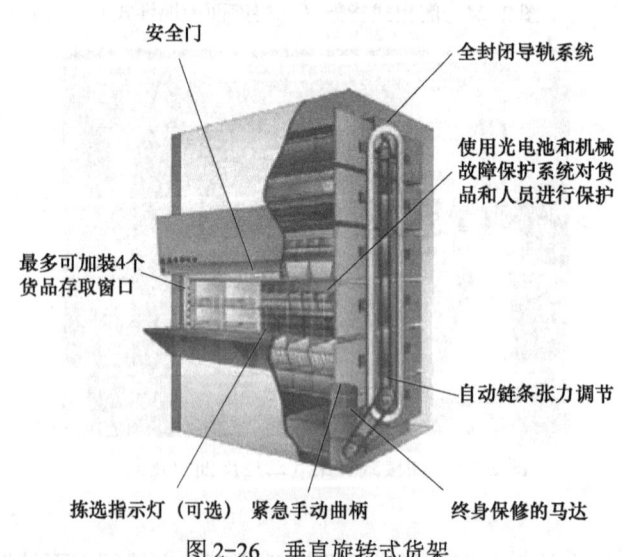

图 2-26　垂直旋转式货架

（2）特点及用途：垂直旋转式货架属于拣选型货架。占地面积小，存放的品种多，最多可达 1 200 种。另外，该种货架货格的小隔板可以拆除，这样可以灵活地存储各种长度、尺寸的货物。在货架的正面及背面均设置拣选台面，可以方便地安排出入库作业。在旋转控制上用有编号的开关按键即可以轻松地操作，也可以利用计算机操作控制，形成联动系统，将指令要求的货层经最短的路程送至挑选的位置。

垂直旋转式货架主要适用于多品种、拣选频率高的货物。如取消货格，改成支架可用于存取成卷的货物，如地毯、纸卷、塑料布等的存取。

2．多层水平旋转式货架

（1）结构：此种货架的长度为10～20m，高度为2～3.5m，单元货位载重为200～250kg，回转速度为20～30m/min。

（2）特点及用途：多层水平旋转式货架如图2-27所示，它是一种拣选型货架。这种货架各层可以独立旋转，每层都有各自的轨道。用计算机操作时，可以同时执行几个命令，使各层货物从近到远，有序地到达拣选点，拣选效率很高。

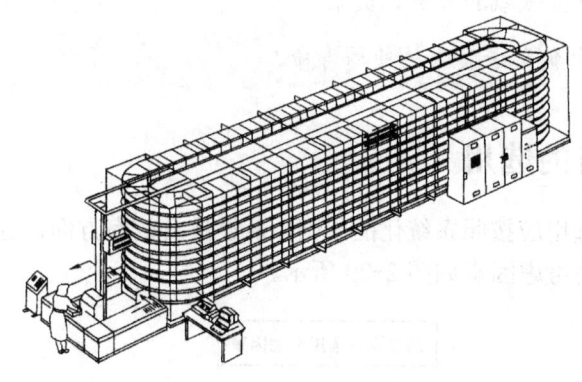

图2-27 多层水平旋转式货架

此外，这种货架储存货物品种多，可达2 000种，主要用于出入库频率高、多品种拣选的配送中心等场所。

3．整体水平旋转式货架

这种货架有多排货架联结，每排货架又有若干层货格，货架做整体水平式旋转，每旋转一次，便有一排架达到拣货面，可对这一排的各层进行拣货。其结构如图2-28所示。

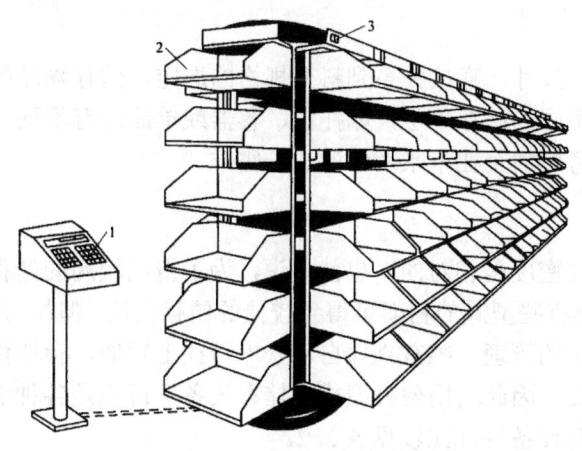

图2-28 整体水平旋转式货架

这种货架每排可放置同种物品,但包装单位不同,如上部货格放置小包装、下部货格放置大包装,拣选时不再计数,只取一个需要数量的包装即可;也可以在一排货架不同货格放置互相配套物品,一次拣选可在一排上将相关物品拣出;这种货架还可做小型分货式货架,每排不同货格放置同种货物,旋转到拣选面后,将货物按各用户分货要求拣出,分放到各用户的指定货位,使拣选、分货结合起来。

所以,整体水平旋转式货架主要是拣选型,也可看成是拣选、分货一体化的货架。这种货架旋转时动力消耗大,不大适于拣选频率太高的作业,所放置的货物主要是各种包装单位的货物,种类的容量受货架长度制约。整体水平旋转式货架也可制成长度很长的货架,可增大存储容量,但由于动力消耗大,拣选等待时间长,不适于随机拣选,在需要成组拣选或可按顺序拣选时可以采用。这类货架规模越大、长度越长,则其拣选功能便逐渐向分货功能转化,成为适用于小型分货领域的分货式货架。

> 问题与思考:如何延长货架的使用寿命?

五、储存设备的选用

一般储存设备的选用应按照系统化的原则,从经济及效率方面,综合考虑各项因素,选择最适用的类型。选用考虑因素如图 2-29 所示。

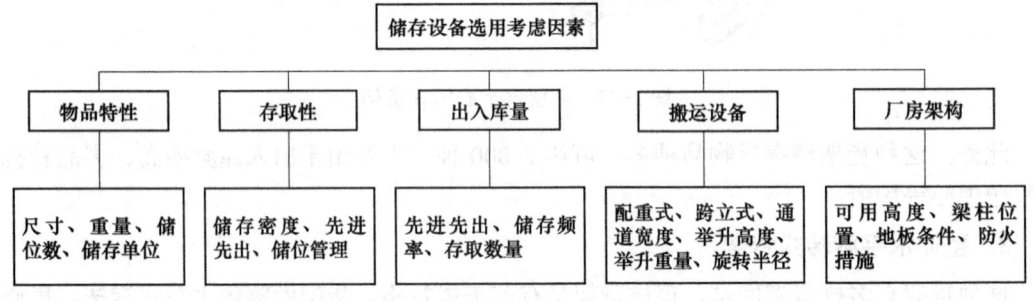

图 2-29 储存设备选用考虑因素

1. 物品特性

储存物品的外形、尺寸,直接关系到料架规格的选定,储存物品的重量则直接影响到选用何种强度的料架。不同的储存单位,如托盘、容器或单品均有不同的料架选用类型。在预估总储位数时,必须考虑到企业未来两年的成长需求。

2. 存取性

一般存取性与储存密度是相对的。也就是说,为了得到较高的储存密度,则必须相对牺牲物品的存取性。虽然有些型式的料架可得到较佳的储存密度,但相对其储位管理较为复杂,也常无法做到先进先出的管理。唯有立体自动仓库可往上发展,存取性与储存密度俱佳,但相对投资成本较为昂贵。因此选用何种型式的储存设备,可说是各种因素的折中,也是一种策略的应用。不同储存设备特性比较见表 2-2。

表2-2 储存设备特性表

比较项目	托盘货架	驶入式货架	移动式货架	自动化立体仓库
货架占用面积	大	小	小	小
储存密度	低	高	高	高
空间利用	普通	很好	非常好	非常好
存取性	非常好	差	好	非常好
先进先出	可	不可	可	可
通道数	多	少	少	多
单位纵深货位数	1	最多15	1	2
堆叠高度/m	6	10	10	14
出入库能力	中	小	小	大

3. 出入库量

某些型式的货架虽有很好的储存密度，但出入库量却不高，适合于低频率的作业。出入库量的高低是非常重要的数据，也是货架设备型式选用的考虑重点。不同的储存单位、出入库频率与其相适应的储存设备类型的参考数据见表2-3。

表2-3 储存设备以出入库量区分

储存单位	高频率	中频率	低频率
托盘	重力托盘式货架（20～30托盘/h） 立体自动仓库（30托盘/h） 水平旋转自动货架（10～60s/单位）	托盘式流动货架（10～15托盘/h）	驶入式货架（10托盘/h以下） 驶出式货架 移动式货架
容器	容器流动货架 轻负载自动仓库（30～50箱/h） 水平旋转自动仓库（20～40s/单位） 垂直旋转自动仓库（20～30s/单位）	轻型货架（中量型）	抽屉式流动货架
单品	单品自动拣取系统	轻型货架（轻量型）	抽屉式货架

4. 搬运设备

仓库的存取作业是用搬运设备来完成的。叉车是一般的通用搬运设备，而货架的通道宽度，会直接影响叉车的选用型式。所以，货架通道宽度的选择应该根据叉车的作业通道宽度来选择。

5. 厂房架构

仓库厂房的架构也会影响储存设备的选用，仓库可用高度会限制货架高度，梁柱位置会影响货架长度，货架的类型选用也要考虑仓库地板条件与防火措施等因素。

仓库通常使用的货架与仓库建筑比较，结构简单、制造容易且灵活性很大，所以是很容易采用的。现代仓库中的某些货架已逐渐向高科技发展。货架的地位也由从属于仓库，变成了仓库从属于货架。当前使用的货架，从技术水平最低的一般层架到自动化货架，在很广的领域中发展，因而适用领域极广。

任务三　自动化立体仓库的使用

【任务描述】

自动化立体仓库是当前仓储技术水平较高的形式,在中国应用非常广泛,包括工业生产领域、物流领域、商品制造领域、军事应用等。自动化立体仓库技术是现代物流技术的核心,它集自动化立体仓库及规划、管理、机械、电气于一体,是一门综合性的技术。自动化立体仓库的最大高度已达40多米,最大库存量可达数万甚至10多万个货物单元,可以做到无人操纵按计划入库和出库的全自动化控制,并且对于仓库的管理可以实现计算机网络管理。

通过完成自动化立体仓库的使用任务,学习者应了解自动化立体仓库的基本构成;知道自动化立体仓库的优势;掌握自动化立体仓库的基本工作原理;能够掌握自动化立体仓库的操作方法,熟悉自动化立体仓库的工作流程;了解自动化立体仓库的发展前景。

【知识学习】

一、自动化立体仓库的概念

自动化立体仓库又称自动仓储系统(Automated Storage and Retrieval System,简称AS/RS)是指不用人工直接处理,能自动储存和取出物料的系统。它采用高层货架储存货物,是用起重、装卸、运输机械设备进行货物出库和入库作业的系统,主要通过高层货架充分利用空间进行存取货物,所以还可称为"自动化高架仓库系统"。图2-30为海尔集团的自动化立体仓库。

图2-30　海尔集团的自动化立体库

高层货架一般用钢材制作,也可用钢筋混凝土制作。常用的物料搬运设备有巷道式堆垛机、桥式堆垛机、高架叉车、辊子输送机、链式输送机、升降机、自动导向车等。

自动仓储系统的出现和发展是第二次世界大战以后生产和技术发展的结果。20 世纪 50 年代初,美国出现了采用桥式堆垛起重机的仓库,20 世纪 50 年代末至 20 世纪 60 年代初,出现了驾驶员操作的巷道式堆垛起重机,1963 年美国首先在仓库业务中采用计算机控制,建立了第一座计算机控制的自动化立体仓库。此后,自动仓储系统在美国和欧洲得到迅速发展。20 世纪 60 年代中期以后,日本开始兴建自动化立体仓库,而且发展速度越来越快。

我国对自动化立体仓库及其专用的物流搬运设备的研究开发并不晚,早在 1963 年就开发试制成功了第一台桥式堆垛起重机。20 世纪 70 年代中期,我国开始开发研究采用巷道式堆垛起重机和高架叉车的自动化立体仓库。1980 年,我国第一座自行研制完成的自动化立体仓库投产。之后,自动化立体仓库在我国得到了迅速发展。据不完全统计,我国自动化立体仓库数量已超过 2 500 座。自动化立体仓库由于具有很高的空间利用率、很强的入出库能力、采用计算机进行控制管理而利于企业实施现代化管理等特点,已成为企业物流和生产管理不可缺少的技术,越来越受到企业的重视。

二、自动化立体仓库的分类

(一)按建筑形式分类

1. 整体式

货架既是储存货物的构件,又是建筑承重构件,它上部支撑屋盖,四面围上保温墙板就形成了仓库建筑物。这种结构无论在材料消耗、施工量还是仓库空间利用方面,都是比较经济合理的。这种结构重量轻、整体性好,对抗震也特别有利。

2. 分离式

在仓库建筑物内独立地建起货架,货架与建筑物是分开的。这种形式适用于利用原有建筑物作库房,当仓库高度在 12m 以下和地面荷载不大时,采用这种形式还是比较方便的。由于这种仓库可以先建库房后立货架,所以施工安装比较灵活、方便。

高层货架仓库的建筑形式如图 2-31 所示。

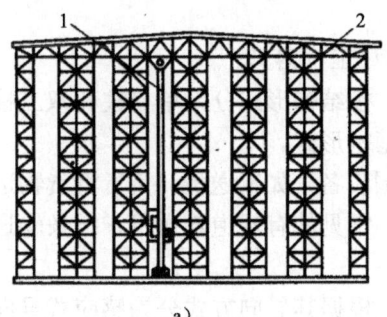
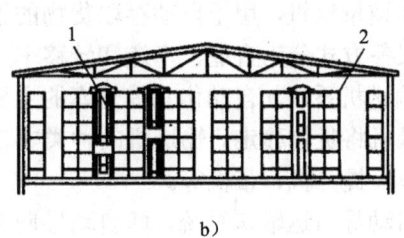

图 2-31 高层货架仓库的建筑形式

a)整体式 b)分离式

1—堆垛机 2—货架

（二）按库房高度分类

按库房高度的不同，可将自动化立体仓库分为高层、中层和低层三种。一般 5m 以下为低层，5~12m 为中层，12m 以上为高层。

在自动化立体仓库高度上，国外一般认为 10~20m 较佳，最高可达 40~45m。美国绝大多数仓库高度为 13~18m，18m 以上的只占 10%，30m 以上的更少。瑞士的推荐高度为 15~16m。为了减少建库成本，瑞典各公司在 1975 年后，倾向于建造 8m 高的高架库。日本由于多地震的原因，自动化立体仓库一般比较矮，规模也较小。1972 年后简易自动化立体仓库得到发展。日本单层建筑高 7~8m，改建成生产工序型自动化仓库，价格便宜，工作可靠，容易操作，便于中小企业采用，近年来它的数量有较大增加。

我国现行建筑设计防火规范将货架高度超过 7m 的机械化或自动化控制的高架库定义为高架仓库（即立体仓库）。

（三）按库房容量分类

高层货架仓库的库容量一般以所能储存货物的单元托盘数表示。一般库容量在 2 000 托盘以下为小型库；库容量在 2 000~5 000 托盘的为中型库；库容量在 5 000 托盘以上的为大型库。目前高层货架仓库的最大库容量已达十多万个托盘。

（四）按仓库作业的控制方式分类

按仓库作业的控制方式不同，可将自动化立体仓库分为手动控制、远距离控制和电子计算机控制。手动控制包括手动和半自动两种，远距离控制包括单机自动和远距离集中控制两种，电子计算机控制包括离线控制、在线控制和计算机在线实时控制三种。

三、自动化立体仓库的基本组成

自动化立体仓库的基本组成包括：

（1）高层货架，用于存储货物的钢结构，目前主要有焊接式货架和组合式货架两种基本形式。

（2）托盘（货箱），用于承载货物的器具，亦称工位器具。

（3）巷道堆垛机，用于自动存取货物的设备。按结构形式分为单立柱和双立柱两种基本形式；按服务方式分为直道、弯道和转移车三种基本形式。

（4）输送机系统，自动化立体仓库的主要外围设备，如输送机，负责将货物运送到堆垛机或从堆垛机将货物移走。输送机的种类非常多，常见的有辊道输送机、链条输送机、升降台、分配车、提升机、带机等。

（5）自动导引运输车系统，即自动导向小车，根据其导向方式分为感应式导向小车和激光导向小车。

（6）自动控制系统，是驱动自动化立体仓库系统各设备的自动控制系统。目前以采用现场总线方式为控制模式的自动控制系统为主。

（7）库存信息管理系统，亦称中央计算机管理系统，是自动化立体仓库系统的核心。目前典型的自动化立体仓库系统均采用大型的数据库系统（如 Oracle、Sybase 等）构筑典型的客户机/服务器体系，可以与其他系统（如 ERP 系统等）联网或集成。

四、自动化立体仓库的特点

自动化立体仓库出现以后，获得了迅速的发展，这主要是因为该种仓库具有一系列突出的优点，在整个企业的物流系统中具有重要的作用，但同时也有其自身的缺点存在。

1. 自动化立体仓库的主要优点

（1）采用高层货架，立体储存，能有效地利用空间，减少占地面积，降低土地购置费用。

用人工存取货物的仓库，货架高 2m 左右。用叉车的仓库可达 3~4m，但所需通道要 3m 多宽，用这种仓库储存机电零件，单位面积储存量一般为 0.3~0.5t/m^2。而自动化立体仓库目前最高的已经达到 40 多米，它的单位面积储存量比普通的仓库高得多。一座货架 15m 高的自动化立体仓库，储存机电零件和外协件，其单位面积储存量可达 2~15t/m^2，是普通货架仓库的 4~50 倍。对于一座拥有 6 000 个货位的仓库，如果托盘尺寸为 800mm×1 200mm，则普通的货架仓库高 5.5m，需占地 3 609m^2，而 30 米高的自动化立体仓库，占地面积仅 399m^2。

（2）仓库作业全部实现机械化和自动化，能大大节省人力，实现"无人化仓库"，减少劳动力费用支出。

（3）改善工作条件，减轻劳动强度，减少收发差错，提高作业效率。

（4）采用托盘式货箱储存货物，货物的破损率显著降低；库内容易进行温度、湿度控制，有利于货物的保管。

（5）货位集中，便于控制与管理，特别是利用计算机，不但能实现全部作业过程的自动控制，而且能进行信息处理，实现库存物品的"先入先出"，并有利于防止货物和物料的丢失和损坏。

总之，由于自动仓储系统这一新技术的出现，使有关仓储的传统观念发生了根本性的改变。原来那种固定货位、人工搬运和码放、人工管理、以储存为主的仓储作业已改变为优化选择货位，按需要实现先入先出的机械化、自动化仓库作业。在这种仓库里，在储存的同时可以对货物进行跟踪以及必要的拣选和组配，并根据整个企业生产的需要，有计划地将库存货物按指定的数量和时间要求送到恰当地点，以满足均衡生产的需求。从整个企业物流的宏观角度看，货物在仓库中短时间的逗留只是物流中的一个环节，在完成拣选、组配以后，将继续流动。自动化立体仓库本身是整个企业物流的一部分，是它的一个子系统。用形象化一些的比喻说法，可以说，使"静态仓库"变成了"动态仓库"。

2. 自动化立体仓库的缺点

（1）结构复杂，配套设备多，需要大量的基建和设备投资。

（2）高层货架要使用大量的钢材，货架安装精度要求高，施工比较困难，施工周期长。

（3）控制系统一旦发生故障，整个仓库将处于瘫痪状态，收发作业就会中断。

（4）储存货物的品种受到一定限制，对长大笨重货物必须单独设立储存系统。

（5）对仓库管理人员和技术人员的素质要求较高，这些人员必须经过专门培训。

五、自动化立体仓库系统的发展趋势

1．自动化技术不断提高

随着控制器（PLC、运动控制卡）和通信技术的不断发展，现有的自动化立体仓库控制系统主要以 PLC 作为控制核心，并采用计算机管理与 PLC 进行数据交换，随着互联网+时代的到来，云计算、大数据等技术都将促使立体仓库自动化技术水平不断提高。

2．与工艺流程结合更为紧密

自动化立体仓库与生产企业的工艺流程密切结合，成为生产物流的一个组成部分。例如，柔性加工系统中的自动化仓库就是一个典型例子。在配送中心，自动化仓库与物品的拣选、配送相结合成为配送中心的一个组成部分。

3．储存货物品种多样化

大到长 6m 以上、重 4~10t 的钢板、钢管等长大件，小到电子元器件的自动化立体仓库，还有专门用作汽车储存的自动化立体仓库等均已出现。

4．提高仓库出入库周转率

除管理因素外，技术上主要是提高物料搬运设备的工作速度。巷道堆垛机的起升速度已达 90m/min，运行速度为 240m/min，货叉伸缩速度达 30m/min。在有的高度较大的自动化立体仓库中，采用上下两层分别用巷道堆垛机进行搬运作业的方法来提高出入库能力。

5．提高仓库运转的可靠性与安全性并降低噪声

在自动控制与信息传输中采用高可靠性的硬、软件，增强抗干扰能力；采用自动消防系统，货架涂刷耐火涂层；开发新的、更可靠的检测与认址器件；采用低噪声车轮和传动元件等。

6．专家系统的应用

近年来随着人工智能技术的迅猛发展，使得专家系统运用到自动化立体仓库的控制系统中成为可能。专家系统在自动化立体仓库中主要可用于仓库的设计、搬运系统的设计和储运设备的选用等方面。例如，使用专家系统可以确定堆垛机的行走路线和运行方案，控制管理堆垛机进行出库、入库操作并确定最佳参数、缩短作业时间。

任务四　巷道堆垛机的使用

【任务描述】

作为自动化立体仓库的核心物流设备，巷道堆垛机是随着自动化立体仓库的出现而发展起来的专用起重机。它是自动化立体仓库中应用最广泛的物料搬运设备之一，也是物流仓储系统中最重要的设备之一。通过完成巷道堆垛机的使用任务，学习者应能够识别常见堆垛机的类型；了解堆垛机的构成，熟悉巷道堆垛机的工作原理；能够操作堆垛机对货物进行入库与出库作业；对于堆垛机，要进行合理的维护，防治堆垛机因维护或保管不善而损坏。

【知识学习】

一、巷道堆垛起重机的概念

巷道堆垛起重机是自动化立体仓库中最重要的运输设备之一,简称巷道堆垛机,它是随着自动化立体仓库的出现而发展起来的专用起重机。巷道堆垛机如图 2-32 所示,它的主要用途是在高层货架的巷道内来回穿梭运行,将位于巷道口的货物存入货格;或者相反,取出货格内的货物运送到巷道口。这种使用工艺对巷道堆垛机在结构和性能上提出了一系列严格的要求。图 2-33 为叉车及巷道堆垛起重机占用通道宽度的比较。

图 2-32 巷道堆垛机

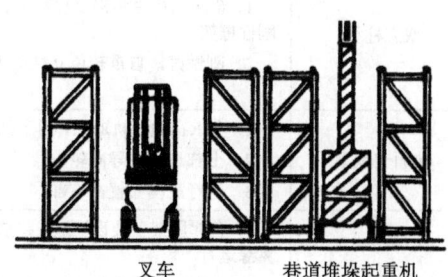

图 2-33 叉车及巷道堆垛起重机占用通道宽度的比较

轨道巷道堆垛起重机的额定重量一般为几十公斤到几吨,其中 0.5t 的使用最多。它的行走速度一般为 4~124m/min,提升速度一般为 3~30m/min。

二、巷道堆垛起重机的特点

(1)整机结构高而窄。采用巷道堆垛起重机的自动化立体仓库很高,而货架巷道又非常狭窄,起重机宽度一般和所搬运的单元货物的宽度相等。

(2)起重机金属结构设计除需满足强度要求外,还应有足够的刚性和精度。制动时机架顶端水平位移一般要求不超过 20mm,而且振动衰减时间要短。机架立柱上升降导轨的不垂直度应严格控制,一般全长不应超过 5mm。

(3)起重机配备有特殊的取货装置,常用的有伸缩货叉或者伸缩平板,能向两侧货格伸出,以存取货物。

(4)起重机的电力拖动系统要同时满足快速、平稳、准确和安全四方面要求:

1)快速:工作速度高、起动制动快、尽量缩短搬运时间。

2)平稳:起动制动要平稳,以防止货物单元在货台上发生滑移或者装在托盘上的货物发生倒塌,减少金属结构的动载荷;保证驾驶员舒适和起重机上的电子元件免受冲击振动。

3）准确：起重机的电力拖动系统应能保证起重机与货台准确地停靠在指定的位置。停准偏差一般不超过10mm。这就要求起重机具有良好的低速特性。

4）安全：必须配备齐全的安全装置，并在电气控制上采取一系列保护措施。对于自动控制的巷道堆垛起重机尤其要这样。

三、巷道堆垛起重机的分类与作用

巷道堆垛起重机通常按其金属结构型式、运行支承方式和取货作业方式进行分类，见表2-4。

表2-4 巷道堆垛起重机的分类与作用

分类		特点	作用
按金属结构型式分类	单立柱型	1. 金属结构由一根立柱和上、下横梁组成（或仅有下横梁） 2. 自重较轻，但刚性较差	一般用于起重量2t以下，起升高度不大于16m的仓库
	双立柱型	1. 金属结构由两根立柱和上、下横梁组成一个刚性框架 2. 刚性好，自重较单立柱型大	1. 能适用于各种起升高度的仓库 2. 起重量可达5t或更大 3. 适用于高速运行，能够快速起动、制动
按运行支承方式分类	地面支承型	1. 支承在地面轨道上，用下部车轮支承和驱动 2. 上部设水平导向轮 3. 运行机构布置在下部	1. 适用于各种起重机和起升高度的仓库 2. 用途最广
	悬挂型	1. 仓库屋架下装设轨道，起重机悬挂于轨道下翼缘运行 2. 仓库货下部设导轨，起重机下部设水平导向轮靠在导轨上防止摆动过大 3. 运行机构设在上部	1. 适用于起重量较小、起升高度较低（不大于15m）的仓库 2. 便于从一个巷道转移到另一个巷道 3. 使用较少
	货架支承型	1. 巷道两侧货格顶部敷设轨道，起重机支承在两侧轨道上运行 2. 仓库货架下部设导轨，起重机下部设水平导向轮靠在导轨上防止摆动过大 3. 运行机构设在起重机上部	1. 适用于起重量和起升高度均较小的仓库 2. 使用很少
按取货作业方式分类	单元型	1. 以整个货物单元出入库 2. 起重机载货台配备有叉取货物的装置 3. 自动控制时，起重机上无驾驶员	1. 适用于整个货物单元出入库的作业，或者"货到人"的拣选作业 2. 使用最广泛
	拣选型	1. 起重机上设驾驶室，由驾驶员从货物单元中拣选一部分货物出库 2. 载货台上可以不设叉取装置，直接由驾驶员手工操作取货 3. 全自动拣选式堆垛起重机用自动取货装置拣选	1. 适用于"人到货"的拣选作业 2. 大多为手动与半自动控制 3. 全自动拣选式堆垛起重机使用极少

四、巷道堆垛起重机的结构组成

巷道堆垛起重机由起升机构、运行机构、载货台及取货装置、机架、电气部分（包括电力拖动系统和控制方式）、安全保护装置等组成。

（一）起升机构

起升机构由电动机、制动器、减速机、滚筒或链轮以及柔性件组成。常用的柔性件有钢丝绳和起重链两种。除了一般的齿轮减速机外，由于需要比较大的速比，因而蜗轮蜗杆减速机和行星减速机的使用也不少。起重链传动装置多数装在上部，通常配有平衡重块，以减小提升功率。为了使起升机构结构紧凑，常常使用带制动器的电机。起升机构的工作速度一般为 15～25m/min，最高可达 45m/min。但不管选用多大的工作速度，都应备有一慢速档，一般为 3～5m/min，主要是使运动机构能平稳准确地停在规定位置，以便存取货物。

（二）运行机构

运行机构由电机、联轴节、制动器、减速箱和行走轮组成。按运行机构所在位置的不同可以分为地面运行式、上部运行式、中间运行式等，其中地面运行式使用最广泛。这种方式一般用两个或四个车轮，沿敷设在地面上的单轨运行。在起重机的顶部有两组水平轮沿着固定在屋架下弦上的轨道导向。如果起重机车轮与金属结构通过垂直小轴铰接，起重机就可以走弯道，从一个巷道转移到另一个巷道工作。上部运行式起重机又可分为支撑式和悬挂式两种，前者支承在货架顶部敷设的两条轨道上运行，起重机下部有两组水平轮导向。悬挂式的起重机则是悬挂在位于巷道上方的工字钢下翼缘上运行，下部同样有水平轮导向。

起重机运行机构的工作速度视仓库长度和需要的出入库频率而选定。一般在 80m/min 以下，但最高可达 180m/min。除工作速度外，还需要一档慢速，为 4m/min，这是为了便于存取货物，保证需要的停止精度。对于自动控制的起重机，为了在近距离运行（如小于 6 个货格的距离）时缩短起重机慢速爬行时间，在工作速度和慢速之间还需加一档中速，为 20m/min。

（三）载货台及取货装置

载货台是货物单元承接装置，通过钢丝绳或链条与起升机构连接。载货台可沿立柱导轨上下升降。取货装置安装在载货台上，有驾驶室的堆垛机，驾驶室也一般装在载货台上，随载货台升降。对只需要拣选一部分货物的拣选式堆垛机，则载货台上不设取货装置，只有平台供放置盛货容器之用。

取货装置一般是货叉伸缩机构，货叉可以横向伸缩，以便向两侧货格送入（取出）货物。货叉结构常用三节伸缩式。由前叉、中间叉、固定叉以及导向滚轮等组成，货叉的传动方式主要有齿轮—齿条和齿轮—链条两种。货叉伸缩速度一般在 15m/min 以下，高的可达 30m/min，在低于 10m/min 时需配备慢速挡，在起动和制动时用。

（四）机架

机架由立柱和上、下横梁连接而成，是堆垛机的承载构件。机架有单立柱和双立柱两大类。单立柱结构的机架只有一根立柱和一根下横梁。这种结构重量比较轻，制造工时和消耗材料少，起重机运行时，驾驶员的视野比双立柱好得多，但刚度较差，一般适用于高度不到

10m、轻载荷的堆垛机。双立柱的机架由两根立柱和上、下横梁组成一个长方形框架。这种结构强度和刚性都比较好，适用于起重量较大或起升高度较高的起重机。

（五）电力拖动系统

巷道堆垛起重机的电力拖动除极个别外，都采用变速的电力拖动系统，常用的有以下几种：晶闸管供电直流调速系统、交流变极电动机换速系统、交流双电动机变速系统、晶闸管交流定子调压调速系统、涡流制动器调速系统、变频调速系统等。

（六）控制方式

1．手动控制方式

手动控制是堆垛机最基本的控制方式。这种方式是由操作人员在驾驶室内，用手柄或按钮来操作运行、起升、货叉伸缩等作业。认址、变速、对准等全靠驾驶员来完成。该方式控制设备简单、经济，但驾驶员劳动强度较大，作业效率较低，适用于出入库频率不高，规模不大的仓库。

2．半自动控制方式

半自动控制方式是由手动控制方式改进而来的，不同型号的半自动控制巷道堆垛机自动化程度也各不相同，但基本功能是：机构所配置的检测装置自动发出该机构停车信号，控制堆垛机自动停准。这种方式可显著提高堆垛机的作业效率，减轻驾驶员的劳动强度。自动停准功能是半自动控制方式的主要功能，除自动停准功能外，有的堆垛机还有自动换速、自动认址、自动完成货叉伸缩存取货物的功能。这种控制方式，其控制设备除手动操纵盘外，一般还设有简单的继电器逻辑控制装置。它具有经济实用，便于维修等优点，适用于出入库比较频繁、规模不大的仓库。

3．全自动控制方式

全自动控制方式的主要特点是堆垛机上不需要驾驶员。在堆垛机上便于地面操作的部位装有设定器，操作人员站在巷道口的地面，通过设定器，设定出入库作业方式和地址等数据。堆垛机上装有自动认址装置和运动逻辑控制装置，在操作人员设定完了，并按下起动按钮后，堆垛机开始自动运行、升降、认址、停准及存取货物等作业，实现堆垛机的自动操作。

堆垛机上的控制装置可以是电子式或继电器式的专用或通用顺序控制装置，也可使用单片微型计算机。

设定器可以采用数字按钮、选择开关、拨码开关及读卡器等。读卡器可使用专用的，在专用卡片上穿有相应于货格地址的信息孔，通过专用读卡器进行地址设定。全自动控制方式具有操作简单、作业效率高等优点，适用于出入库频率高，起重机台数不多且未配置输送机的中小规模（货位一般不超过 2 000 个）仓库。

4．远距离集中控制方式

出入库作业的控制装置和地址设定器安装在地面集中控制室内。操作人员通过设定器设定出入库地址和作业方式，并输入到地面或堆垛机上的控制装置（包括计算机）中，经过计算和判断，发出堆垛机运行的控制命令，实现堆垛机的远距离集中控制。由于地面控制装置远离巷道和堆垛机，需要配备堆垛机和地面控制室内的信息传送系统，传输方法常用的有电缆传输和感应传输两种。这种控制方式适用于出入库频繁，规模比较大，有多台起重机和输送机，有较大容量（货格数在 2 000 个以上）的仓库，特别是具有低温、黑暗、有害等特殊环境的仓库。远距离集中控制方式可以节省人力，改善劳动条件，提高仓库作业效率，但初始投资和维护费用较高。

（七）安全保护装置

由于巷道堆垛起重机是在又高又窄的巷道内快速运行的设备，所以对它的安全性必须特别重视。除一般起重机常备的安全装置与措施（如各机构的终端限位保护，缓冲电动机过热和过电流保护，控制电路的零位保护等）外，还应结合实际需要增加下列各种保护：

（1）在运行和起升方向，距终端开关一定距离处设强迫减速开关，以确保及时减速。

（2）货叉伸缩机构只有在起重机运行机构不工作和起升机构亦不工作时，才能起动。反过来，如果货叉已离开中央位置，起重机运行机构便不能起动，而起升机构只能以慢速工作。

（3）起升机构钢丝绳过载和松弛保护。

（4）断绳捕捉器。对于驾驶室随载货台升降的起重机，必须装设断绳捕捉器。

（5）下降超速保护。不论什么原因，一旦载货台下降发生超速现象，此保护装置应立刻将货台夹住。

对于自动控制的起重机，除上述各种保护措施以外，还需增设下列安全措施：

（1）货格虚实探测装置。在入库作业中，货叉将货物单元送入货格之前，先用一个机械的或者光电的探测装置检查一下该货格内有无货物。如果无货，则伸出货叉将货物存入货格，如果已有货，则报警停止进行后续的作业。

（2）空出库检测。在出库作业中，货叉伸进货格完成取货动作之后，如果在货台上检测不到有货物存在，则报警。

（3）伸叉受堵保护。货叉伸出受堵时，伸缩机构传动系统中装设的安全离合器打滑进行保护。如果延续一定时间后，货叉尚未伸到头，即报警。

（4）货物位置和外形检测。如果货物单元在载货台上位置偏差超过一定限度，或者倒塌失形，检测装置便报警，起重机不能继续工作。

（5）堆垛机停准后才能伸货叉。

（6）货叉在货格内做微升降时，用检测开关，限制微升降行程或限制其动作时间，以防止货叉微升降过度，损坏货物、机构或货架。

（7）对系统中的关键检测器件，如货位探测开关、货叉原位开关等采用软件自检措施，以及时发现并更换失灵器件。

（8）堆垛机开动前发出声光警告。

> **知识拓展**

自动货柜

自动货柜是集声、光、机、电及微型计算机管理为一体的高度自动化的仓储系统。它充分利用垂直空间，最大限度地优化了存储管理。它还可以与外部自动取送设备连接，以形成一个高效、便捷的小立体仓库。

自动货柜其外形就像一个大柜子，主要由货柜框架、升降装置、输送小车、信息控制系统四部分组成。整体布局为前后布置，充分利用现有存储面积。货柜按空间划分，大致可分为前、中、后三个部分，前部用于布置工作台及货架，中部为输送小车上下运动空间，后部为货架。自动货柜有多种产品系列，每一系列产品在长、宽方向的尺寸基本固定，而高度方向上则可延伸为多种规格，用户可根据自己的情况选择适合自己的系列规格。自动货柜最基本的存储单元就是货盘，货柜上设有许多用来放置货盘的托条，每一组托条形成一个货位，通过输送小车，货盘自由进出货位以实现货物的存取。

自动货柜特别适合于小型物品的存储及管理，由于其可通过微型计算机、条形码打印机、条形码识别器等智能工具进行管理，因此非常适合于多品种、大批量的物品管理，这些是大型货架及普通商用物流设备所不具备的。自动货柜将以其独特、实用的功能以及装饰考究的外观赢得越来越多用户的青睐。

自动货柜的工作过程：开机后，货柜内的输送小车缓慢下降以复位并寻找基点。完毕后，小车快速上升并到达工作台面。此时操作终端显示待命信息，用户可输入命令信息（如存盘、取盘、查阅存储情况等）。下面我们以存取货盘为例来描述其工作原理。要想往自动货柜内存放货盘，首先应将货盘放置在进出盘平台上，然后通过操作终端键盘输入货柜号后，操作存取货盘按键，则钩盘电机带动钩盘传动链上的钩爪将货盘送入输送小车上，在货盘被送入输送小车的过程中，货盘测高光电开关自动检测货盘的高度，下位机对此信号进行采集，若货盘超过最大允许高度时，则将该货盘退回进出盘平台；当货盘在允许高度范围内时，则经过一系列的运算后定出存放货盘的最佳位置，然后控制升降电机驱动输送小车将货盘送到经运算后所确定的货位处，再由钩盘电机驱动钩爪将货盘送入货位，同时对货盘的货位和盘号进行记忆，以备查询和取盘。若想从自动货柜内取货盘，可通过操作终端输入所要取出的货盘号，然后操作存取按键，下位机接收到该指令后，通过查询记忆数据库得出所要取出货盘所在的货位，通过控制升降电机驱动输送小车到达所要取出货盘所在的货层位置，再由钩盘电机将货盘从货层中取出送到输送小车上，再由升降电机驱动输送小车到进出盘平台口处，最后由钩盘电机将货盘送到进出盘平台上。至此，取盘过程完成。

【同步测试】

一、选择题

1. 仓库的类型很多，根据不同的标准就会有不同的分类。自用仓库、营业仓库、公用仓库是按（　　）分类的。

A. 按仓库的保管形态 B. 按仓库的功能
C. 按仓库的建筑形态 D. 按仓库的营运形态

2. 仓储活动离不开仓储设备的支持。由于仓储设备种类也很多，若按使用范围来分类，可分为（　　）。

　　A. 储存设备、分拣设备、计量设备、检验设备等
　　B. 搬运机械设备、起重吊装机械、存取设备
　　C. 固定式机械设备、流动式机械设备
　　D. 专用机械设备、通用机械设备

3. 仓库中的货架是专门用于存放（　　）的保管设备。
　　A. 箱式物品 B. 成件物品
　　C. 单元化物品 D. 单元化物品或成件物品

4. 比较贵重或怕尘土、怕湿的小件物品适合使用（　　）。
　　A. 层格式货架 B. 抽屉式货架
　　C. 悬臂式货架 D. 重力式货架

5. 适用于存放长形货物和不规则货物的货架是（　　）。
　　A. 悬臂式货架 B. 托盘式货架 C. 重力式货架 D. 层架

6. 不能保证货物先入先出的货架是（　　）。
　　A. 重力式货架 B. 移动式货架 C. 托盘式货架 D. 驶入式货架

7. 低层货架的高度在（　　）m以下。
　　A. 2 B. 3 C. 4 D. 5

8. 能保证货物的先进先出，又能使仓库的空间充分利用，而且在货物进出时叉车的行程最短，这是（　　）的优点。
　　A. 旋转式货架 B. 移动式货架 C. 重力式货架 D. 托盘式货架

9. 比较经济的自动化立体仓库的货架高度为（　　）。
　　A. 5～10m B. 10～20m C. 20～30m D. 30m以上

10. 堆垛起重机是（　　）中最重要的起重运输设备之一。
　　A. 平房仓库 B. 楼库
　　C. 自动化立体仓库 D. 半地下仓库

二、简答题

1. 仓库有哪些功能？
2. 货架的作用和功能有哪些？
3. 仓储设备有何特点？
4. 驶入式货架有何特点及用途？
5. 重力式货架的特点是什么？
6. 自动化立体仓库由哪几部分组成？
7. 自动化立体仓库有何优点？
8. 巷道堆垛机的主要用途是什么？

【知识应用】

华为的自动化立体仓库

华为自动化立体仓库融入了新的技术与创新管理理念，具有如下的亮点：

1．GTP 站台

GTP 站台采用货到人的接力式拣选模式，有效节省了人工搬运距离，提高了作业效率，站台的设计完全符合人体工程学，有效地将 PTL（电子标签）拣选模式、自动输送模式整合一体，同时具备后续业务的扩展性。

2．夹层方案设计

夹层方案设计，对料箱业务进行提前预处理，同时有效地利用了物流中心建筑的空间，提高了空间利用率，保证了入库暂存区的面积。

3．侧边拣选

侧边拣选区域实现了自动化入库、补货、PTL 拣选三位一体的立体拣选模式，采用接力拣选模式为生产线直接供料。

4．大件在线拣选

对于大件商品实现在线直接拣选，提高了作业效率，节省了离线作业的暂存场地，同时在设计时充分考虑了作业高峰期的应对策略，设计有备用暂存拣选站台。

5．特殊情况下的灾备方案

整个华为物流中心的设计采用了一二级库分级管理，确保整个供料系统可以有双重防护面对临时灾难性状况导致的供料中断，通过各功能区的并行库存管理及多站点式拣选，可以有效降低单个站点或功能区障碍导致的无法拣料，在华为项目设计伊始就充分考虑了防灾预备方案，确保整个物流中心在紧急情况下仍然可以为生产线供料。

根据本案例简要分析华为自动化立体仓库可能采用了哪些物流设备？具有哪些新的技术？

项目三　分拣配货作业

在配送中心，分拣配货是非常重要的一项作业，它是整个配送作业系统的核心业务。在配送的搬运成本中，分拣配货作业的成本约占90%，分拣配货时间占整个配送中心作业时间的30%～40%。因此，合理地使用分拣作业设备，对提高配送中心的作业效率和服务水平具有决定性的影响，掌握分拣设备的使用方法、合理有效地利用分拣设备是物流管理专业学生必须具备的能力。

分拣配货作业都是在仓库或保管货架内进行的，整个作业过程一般包括四个环节：行走、拣取、搬运和分类。拣货时，作业人员或者机器必须接触并拣取货物，因此缩短人员或设备的行走及货物的运动距离，可以提高分拣作业的效率。分拣作业操作中，分拣人员或机械首先需要确认货物的品名、规格、数量等内容是否与分拣信息传递的指示一致。在出货频率不是很高，且货物的体积小、批量少、搬运的重量在人力范围所及的情况下，可采用人工分拣方式；对于体积大、重量也大的货物，可以利用叉车等搬运机械辅助作业；对于出库频率很高的货物应采用自动分拣系统。为了提高分拣效率，配送中心或仓库是在收到多个客户的订单后，按批作业的方式进行拣取，然后根据不同的客户或送货路线分类集中。有些需要进行流通加工的货物还可根据加工方式进行分类，加工完毕后再按一定方式进行出货。分类完成后，货物经过查对、包装就可以出货、转运、送货。本项目的任务就是学习如何正确运用自动分拣设备和人工分拣设备进行货物的分拣配货作业，完成发货前的准备。完成本项目的学习后，应该达到以下的学习目标：

【知识目标】熟悉自动分拣设备的主要组成部分、分拣原理和应用；掌握电子标签拣货系统的原理与应用；了解手推车、托盘搬运车。

【能力目标】培养学生对分拣配货作业的兴趣，并能够操作自动化立体仓库的设备，进行货物的出入库作业；能够正确使用自动分拣设备和电子标签拣货系统进行货物的分拣配货作业，并且具有管理分拣设备的能力。

任务一　自动分拣设备的使用

【任务描述】

自动分拣设备是自动分拣系统中的一个主要设备，是按照预先设定的计算机指令对物品进行分拣，并将分拣出的物品送达指定地点的机械。它可以根据用户的要求、场地情况，对物品按照用户、地名、品名进行自动分拣、装箱、封箱。通过完成自动分拣设备的使用工作任务，学习者应能说出常见自动分拣设备的类别，并且掌握其工作原理；了解自动分拣系统主要组成和分拣原理；了解电子标签拣选系统；熟悉自动分拣设备的选型原则，能根据对象的不同，选用合适的自动分拣设备进行货物的分拣配货作业。

【知识学习】

一、分拣的概念

分拣是指为进行输送、配送，把很多货物按不同的品种、不同的地点和不同的单位分配到所设置的不同的场地的一种物料搬运活动，也是使物品从集中到分散的处理过程。因此，物品分拣的关键是对物品去向的识别、识别信息的处理和对物品的分流处理。

按分拣方式的不同，可将分拣分为人工分拣和自动分拣两大类。

人工分拣基本上是人工搬运，把所需的货物分门别类地送到指定的地点，或利用最简单的器具和手推车等进行搬运。这种分拣方法劳动强度大，分拣效率低，差错率高。

自动分拣是指货物从进入分拣系统开始至送到指定的分配位置为止，都是按照人们的指令靠自动设置来完成的。这种设置由接收分拣信息的控制设置、计算机网络、搬运设置、分支设置、缓冲站等构成。除了用终端的键盘、鼠标或其他方式控制装置输入分拣指示信息的作业外，由于全部采用自动控制作业，因此，分拣处理能力较大，分拣分类数量也较大。

二、自动分拣系统的主要组成和分拣原理

自动分拣系统类型很多，但其主要组成部分基本相仿，大体上由进货输入输送机、分拣指令设定装置、合流输送机、送喂料输送机、分拣传送装置及分拣机构、分拣卸货道口、计算机控制系统七部分组成。自动分拣系统的组成如图3-1所示。

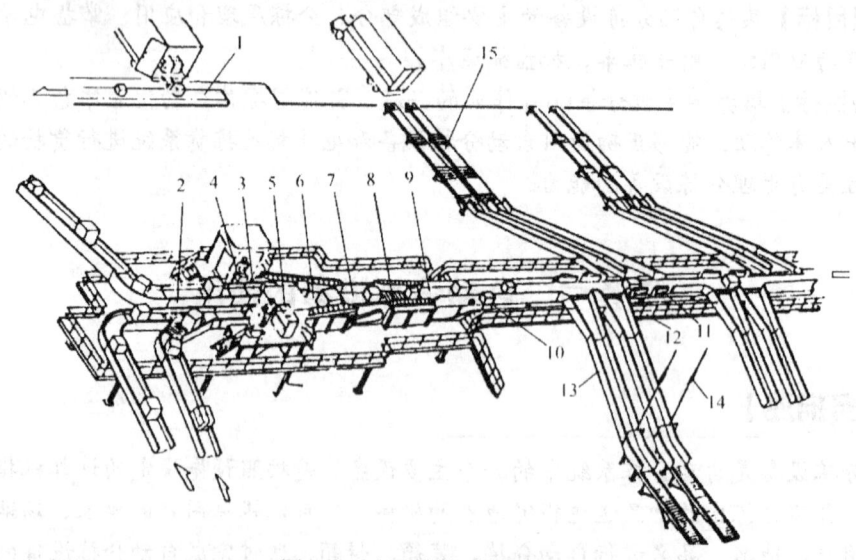

图3-1　自动分拣系统的组成

1—输入输送机　2—辊道合流输送机　3—进货装置　4—键盘输入　5—微机信息处理机
6—带合流输送机　7—中继输送机　8—定位装置　9—钢带分拣机　10—激光扫描器
11—括板推出器　12—取出辊道输送机　13—滑道　14—起吊装置　15—伸缩辊道输送机

1. 进货输入输送机

卡车送来的货物放在收货输送机上，经检查验货后，送入分拣系统。

为了满足物流中心吞吐量大的要求，提高自动分拣机的分拣量，往往采用多条输送带组成的收货输送机系统，以供几辆、几十辆乃至百余辆卡车同时卸货。这些输送机多是滚柱式和胶带式输送机。例如，连锁零售业的配送中心以分配商品为主，大多采用由几条滚柱式输送机组成的收货系统。而在货物集散中心，往往沿卸货站台设置胶带式输送机，待验货后，放在输送机上进入分拣系统。

值得一提的是，有些配送中心使用了伸缩式输送机，该输送机能伸入卡车车厢内，从而大大减轻了工人搬运作业的劳动强度，如图 3-2 所示。

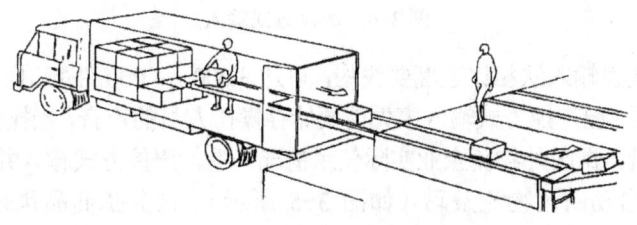

图 3-2　伸缩式输送机的使用

2. 分拣指令设定装置

分拣指令设定装置通常是在待分拣货物的外包装上贴上或打印上表明货物品种、规格、数量、货位、货主、到达目的地等内容的标签。货物在进入分拣机前，由分拣指令设定装置把分拣信息（如配送目的地、客户户名等）输入计算机中央控制器，控制装置根据标签上的代码，在货物到达分叉处时，正确引导货物的流向。当货物出库时，标签可以引导货物流向指定的输送机的分支上，以便集中发运。在自动分拣系统中，分拣信息转变为分拣指令的方式有以下几种：

（1）人工键盘输入（如图 3-3 所示）。操作者一边看货物包装上粘贴的标签或书写的号码，一边在键盘上输入信息。一般键盘上有 0~9 数字键和重复、修正等键。键盘输入方式操作简便、费用低、限制条件少，但操作员必须注意力集中，劳动强度大，所以易出差错（看错、按错，据国外研究资料显示，差错率为 1/300），而且键入的速度一般只能达到 1 000~1 500 件/h，效率较低。

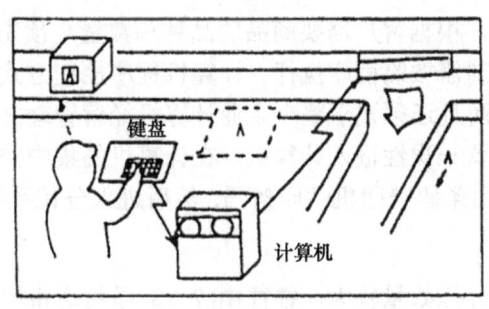

图 3-3　人工键盘输入

（2）声控方式输入（如图 3-4 所示）。首先需将操作者的声音预先输入到控制器计算机中，当货物经过设定装置时，操作员将包装上的标签代码依次读出，计算机将声音接收并转换为分拣信息，发出指令，传送到分拣系统的各执行机构。

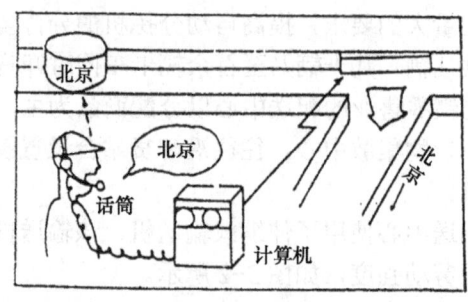

图 3-4　声控方式输入

声音输入法与键盘输入法相比速度要快些，可达 3 000～4 000 件/h，操作人员比较省力，双手空出来可手口并用。但声控方式输入事先需要储存操作人员的声音，当操作人员偶尔因咳嗽声哑时，就会发生差错。据国外物流企业实际使用情况来看，声控方式输入并不十分理想。

（3）利用激光自动阅读物流条码（如图 3-5 所示）。被分拣商品包装上贴（或印）上代表物流信息的条码，在输送带上通过激光扫描器自动识别条码上的分拣信息，输送给控制器。由于激光扫描器的扫描速度极快，能达到 100～120 次/s，来回对条形码进行扫描，故能将输送机上高速移动货物上的条形码正确读出。

激光扫描条形码方式费用较高，商品需要物流条码配合，但输入速度快，达 5 000 件/h 以上，可与输送带同步，差错率极小，规模较大的物流中心都采用这种方式。

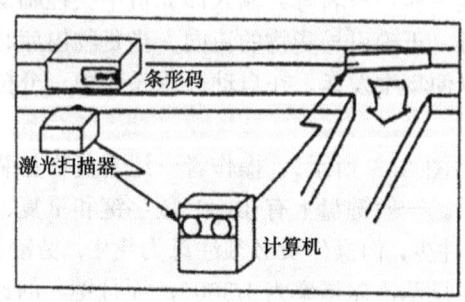

图 3-5　利用激光自动阅读物流条码

（4）计算机程序控制。根据客户需要商品的品种和数量，预先编好程序，把全部分拣信息一次性输入计算机，控制器按照程序执行。计算机程序控制方式是最先进的方式，它需要与条形码技术结合使用，而且还须置于整个企业计算机经营管理之中。一些大型的现代化配送中心把各个客户的订货单一次性输入计算机，在计算机的集中控制下，商品货箱从货架上被拣选取下，在输送带上由条码喷印机喷印条码，然后进入分拣系统，全部过程实现自动化。

3．合流输送机

大规模的分拣系统因分拣数量较大，往往由 2～3 条传送带输入被拣商品，它们在分别经过各自的分拣信号设定装置后，必须经过滚柱式输送机组成的合流装置，合流装置能让到达汇合处的货物依次通过。通常 A、B、C 三条输送机上的商品，经过合流交汇处由计算机

"合流程序控制器"按照谁先到达谁先走的原则控制，若同时到达，则按 A→B→C 的程序原则控制。

4. 送喂料输送机

货物在进入分拣机之前，先经过送喂料机构。它的作用有两个方面：一是依靠光电管的作用，使前后两货物之间保持一定的间距（最小为 250mm），均衡地进入分拣传送带；二是逐渐加快货物到分拣机主输送机的速度。

第一阶段输送机是间歇运转的，它的作用是保证货物上分拣机时，保持货物间的最小间距。由于该段输送机的传送速度为 35m/min 左右，而分拣机传送速度的驱动均采用直流电动机无级调速，为保证第二阶段货物在输送机上的速度与分拣机上的输送速度完全一致，由速度传感器将输送机的实际带速反馈到控制器，进行随机调整，这是决定自动分拣机分拣成败的关键。图 3-6 为翻盘式分拣机送喂料机构。

图 3-6 翻盘式分拣机送喂料机构的工作情况

5. 分拣传送装置及分拣机构

自动分拣机的主体包括两个部分：货物传送装置和分拣机构。前者的作用是把被分拣的货物送到设定的分拣道口位置；后者的作用是把被分拣的货物推入分拣道口。各种类型的分拣机，其主要区别就在于采用不同的传送工具（如钢带式输送机、胶带式输送机、托盘式输送机、滚柱式输送机等）和不同的分拣机构（如推出器、浮出式导轮转向器、倾盘机构等）。

6. 分拣卸货道口

分拣卸货道口是用来接纳由分拣机构送来的被分拣货物的装置，它的形式多种多样，主要取决于分拣方式和场地空间。一般采用斜滑道，其上部接口设置动力辊道，把分拣商品"拉"入斜滑道。

斜滑道可看作是暂存未被取走货物的场所。当滑道满载时，由光电管控制，阻止分拣物再进入分拣卸货道口。此时，该分拣卸货道口上的"满载指示灯"会闪烁发光，通知操作人员赶快取走滑道上的货物，消除积压现象。一般分拣系统还设有专用道口，以汇集"无法分拣"和因"满载"无法进入设定分拣卸货道口的货物，做另行处理。有些自动分拣系统使用的分拣斜滑道在不使用时可以向上吊起，以便充分利用分拣场地。

7. 计算机控制系统

计算机控制系统是向分拣机的各个执行机构传递分拣信息，并控制整个分拣系统的指挥中心。自动分拣的实施主要靠计算机控制系统把相应的分拣信号传送到相应的分拣道口,并指示起动分拣装置,把被分拣商品推入道口。

分拣机控制方式通常采用脉冲信号跟踪法。送入分拣机的货物,经过跟踪定时检测器,并根据控制箱存储器的记忆,计算出到达分拣道口的距离及相应的脉冲数。当被分拣物在输送带上移动时,安装在该输送机轴上的脉冲信号发生器产生脉冲信号并计数,当数到与控制箱算出的脉冲数相同时,立即输出起动信号,使分拣机动作,货物被迫改变移动方向,滑入相应的分拣道口。

利用自动分拣机能使分拣处理能力大大提高,分类数量大,准确率高。

三、认识几种常见的自动分拣机

在分拣系统中,分拣机是最主要的设备,在各行各业中使用十分广泛。分拣对象在重量、外形上都有很大的差别,小的可以分拣信件,大的可以分拣长度达1 500mm的大型物品,因此分拣机的种类繁多。分拣机大致可以分为以下几类:

1. 钢带推出式分拣机

钢带推出式分拣机的主体是整条的钢带输送机。按钢带的设置形式,可分为平钢带式和斜钢带式两种。下面以平钢带式为例说明钢带推出式分拣机的工作过程,如图3-7所示。

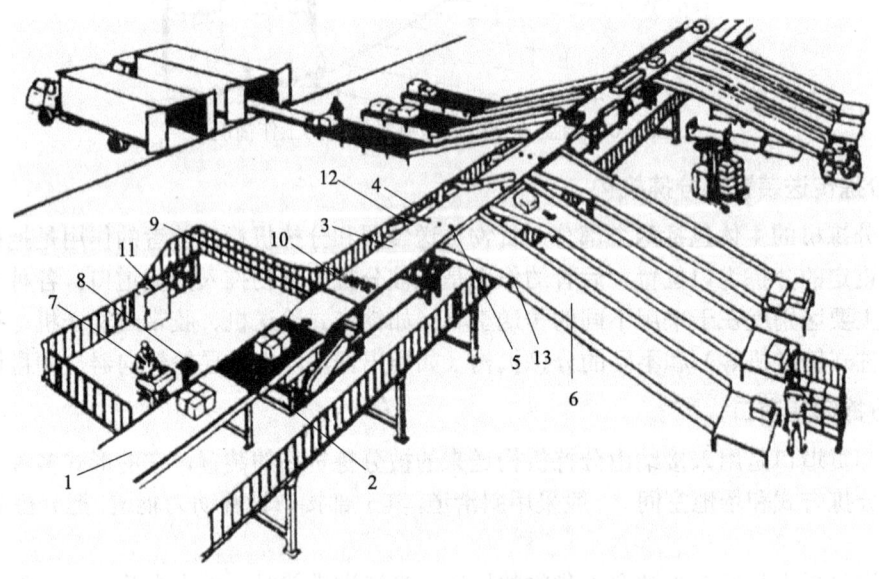

图 3-7 平钢带推出式分拣机工作简图
1—编码带 2—缓冲存储器 3—平钢带 4—导向接板 5—过渡板 6—滑道 7—编码键盘 8—监视器
9—货物探测器 10—消磁、充磁装置 11—控制柜 12—信息读出装置 13—满量检出器

分拣人员阅读编码带上的货物地址,在编码键盘上按相应的地址键,携带有地址代码信息的货物被输送至缓冲储存带上排队等待。

当控制柜中的计算机发出上货信号时,货物进入平钢带推出式分拣机。其前沿挡住货物探测器时,探测器发出货到信号。计算机控制紧靠探测器的消磁、充磁装置,首先对钢带上的遗留信息进行消磁,再将该货物的地址代码信息以磁编码的形式记录在紧挨货物前沿的钢带上,成为自携带地址信息,从而保持和货物同步运动的关系。

在分拣机每一小格滑槽的前面都设置了一个磁编码信息读出装置,用来阅读和货物同步运行的磁编码信息。当所读信息就是该格口代码时,计算机就控制推出机构,快速地将货物推出钢带,进入分拣道口,完成分拣任务。推出机构最常用的是括板式推出机构,如图 3-8 所示,括板在推出货物时做曲线运动,推出货物时括板边平行于货箱,平稳地将货箱推出,以避免损伤货物,并快速退回,让后续货物通过。括板设在钢带一侧,分拣道口设在另一侧。括板的间距即分拣道口的间距,通常根据被分拣货物的长度而定,一般为 3~4m。

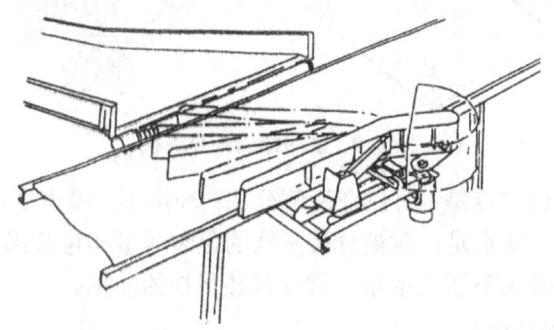

图 3-8 括板式推出机构

钢带行走速度为 60~120m/min,分拣能力视带速及被拣货物的长度而定,一般为 2 000~4 000 件/h,最大可达 6 000 件/h。实际分拣能力还取决于分拣信号设定的速度。

平钢带推出式分拣机的优点是:适用范围广,可以分拣除了易碎、超薄及易磨损钢带的包装(如带钉和打包铁皮木箱)外的各种货物,最大分拣质量可达 70kg,最小分拣质量为 1kg,分拣能力强,故在运输业的货物集散中心大多都采用这种类型的分拣机;这种类型的分拣机强度高、耐用性好,可靠性程度高,维修费用低。其缺点是:设置较多的分拣滑道较困难,系统平面布局比较困难;对货物冲击大;在同一位置只能在一侧设置分拣道口;价格较高,运营费用较高。

斜钢带推出式分拣机最大的优点是利用重力卸载,因而卸载机构比较简单,同时可设置较多的分拣滑道。

2. 胶带浮出式分拣机

胶带浮出式分拣机的主体是分段的胶带输送机。在传送胶带的下面,设置有两排旋转的滚轮,每排由 8~10 个滚轮组成,滚轮的排数也可设计为单排,主要根据被分拣货物的重量来决定单排还是双排。滚轮接收到分拣信号后立即跳起,使两排滚轮的表面高出主传送带 10mm,并根据信号要求向某侧倾斜,使原来保持直线运动的货物在一瞬间转向,实现分拣,如图 3-9 所示。

胶带宽度为 600~750mm,每一分拣道口都有滚轮,间距为 3m 左右;两侧各设分拣道口(通常与主传送带成 60°或 90°角)。这种类型的分拣机由于分拣滑道多,输送带长,一般有五条上料输送带同时上料。主传送带的速度为 100~120m/min,比上料输送带的速度快得多。该类型分拣机对货物的冲击小,适合分拣底部平坦的纸箱(一般不允许在纸箱上使用包装带)、用托盘装的货物,不能分拣很长的货物或底部不平的货物。分拣能力可达 7 500 箱/h。

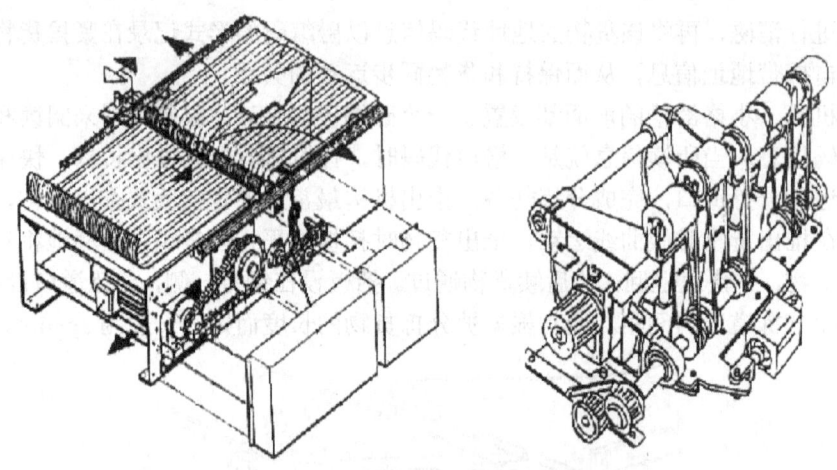

图 3-9 胶带浮出式分拣机

胶带浮出式分拣机的优点是：可以在两侧分拣；冲击小，噪声低；运行费用低，耗电少；可设置较多的分拣道口。缺点是：对被分拣货物的包装质量和包装形状要求较高，对重物或轻薄货物不能分拣，同时也不适宜木箱、软性包装货物的分拣。

3．翻盘式和翻板式分拣机

（1）翻盘式分拣机。翻盘式分拣机是由一系列的盘子组成，盘子为铰接式结构，向左或向右倾斜。装载商品的盘子行进到一定位置时，盘子倾斜，将商品翻到旁边的滑道中，为减轻商品倾倒时的冲击力，有的分拣机能控制商品以抛物线状轨迹来倾倒出商品，如图 3-10 所示。

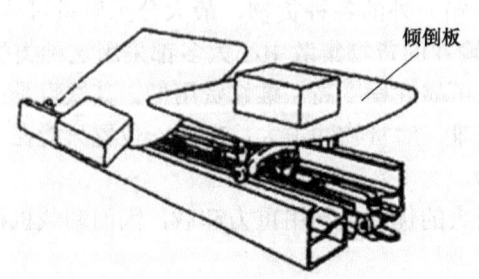

图 3-10 翻盘式分拣机

这种分拣机对分拣商品的形状和大小要求较少，以不超出盘子为限。对于长形商品可以跨越两只盘子放置，倾倒时两只盘子同时倾斜。

这种分拣机能采用环状连续输送，其占地面积较小，又由于是水平循环，使用时可以分成数段，每段设一个分拣信号输入装置，以便商品输入，而分拣排出的商品在同一滑道排出，提高了分拣能力。

（2）翻板式分拣机。翻板式分拣机与翻盘式分拣机类似，均属"倾翻型"。它的传送部分是由并列的窄状翻板所组成，翻板宽 200mm，长度为 600～900mm，由 3～6 块翻板组成一组"承载单元"，翻板的块数取决于被分拣货物的长度，为 600～2 000mm，翻板可向两侧倾翻 30°，如图 3-11 所示。

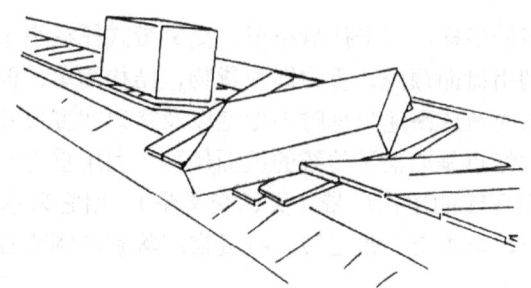

图 3-11 翻板式分拣机

在分拣货物时,每一承载单元前后的翻板陆续倾翻,使长件货物能平稳地翻入分拣道口。这类分拣机的特点是能分拣长件货物,分拣传送线也能转弯和倾斜。传送线速度最大达 150m/min,最大分拣能力达 12 000 件/h,分拣货物质量最大 75kg,最小 0.2kg;包装尺寸最大 750mm×650mm×500mm,最小 100mm×50mm×10mm。

翻盘式和翻板式分拣机的优点是:布置灵活;能从多处送入货物;分拣道口可两侧布置;道口间距极小,故可布置较多的道口,位置灵活,经济性好;能分拣极小的货物。缺点是:对货物有撞击、噪声大;营运费用高;不适合分拣较大、较重、较高的货物。

4. 滑块式分拣机

滑块式分拣机的传动装置是一条板式输送机,其板面由金属板条或管子组成,每块板条或管子上各有一枚用硬质材料制成的导向块,能沿板条做横向滑动。平时导向块停靠在输送机的一侧边上,滑块的下部有销子与板条下导向杆连接,通过计算机控制,当被分拣的货物到达指定道口时,控制器使导向块依次向道口方向移动,把货物推入分拣道口,如图 3-12 所示。

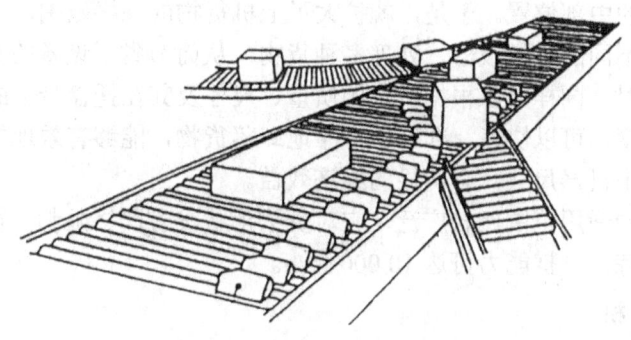

图 3-12 滑块式分拣机局部图

由于导向块可向两侧滑动,故可在分拣机两侧设置分拣道口,以节约场地空间。这类分拣机在计算机控制下,自动识别、自动采集数据、操纵导向滑块,故被称为"智能型输送机"。这类分拣机振动小,货物不容易受损,适合各种形状、体积和质量为 1~90kg 的货物。分拣能力最高达 12 000 件/h,准确率可达 99.9%,是当代最新型的高速分拣机。

5. 托盘式分拣机

托盘式分拣机是一种应用十分广泛的机型,它主要由托盘小车、驱动装置、牵引装置组成。其中托盘小车形式多种多样,有平托盘小车、交叉带式托盘小车等。

传统的平托盘小车利用盘面倾翻、重力卸载货物,结构简单,但存在着上货位置不稳、卸货时间过长的缺点,从而造成高速分拣时不稳定以及格口宽度尺寸过大。

交叉带式托盘小车的特点是取消了传统的盘面倾翻、利用重力卸落货物的结构,而在车体上设置了一条可以双向运转的短传送带(又称交叉带),用它来承接上货机运来的货物,由牵引链牵引运行到格口,再由交叉带运转,将货物卸落到左侧或右侧的格口中。交叉带式托盘分拣机如图3-13所示。

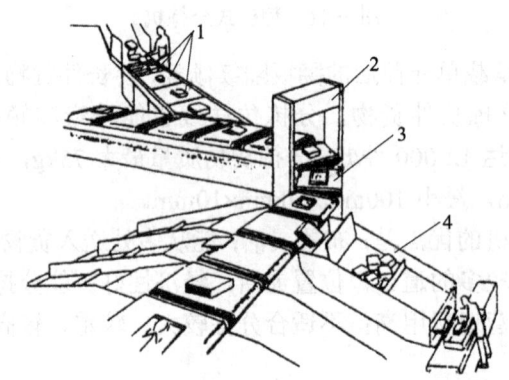

图3-13 交叉带式托盘分拣机的示意图
1—上货机 2—激光扫描器 3—交叉带式托盘小车 4—格口

交叉带式托盘分拣机有两个显著的优点:

(1)能够按照货物的质量、尺寸、位置等参数来确定托盘承接货物的起动时间、运转速度的大小和变化规律,从而摆脱了货物质量、尺寸、摩擦因数的影响,能准确地将各种规格的货物承接到托盘的中部位置。于是,就扩大了上机货物的规格范围,在业务量不大的中小型配送中心,可按不同的时间段落,处理多种货物,从而节省了设备的数量和场地。

(2)货物卸落时,同样可以根据货物的质量、尺寸及其在托盘带上的位置来确定托盘的起动时间、运转速度,可以快速、准确、可靠地卸落货物,能够有效地提高分拣速度、缩小格口宽度,从而缩小机器尺寸,有明显的经济效益。

托盘式分拣机的适用范围比较广泛,它对货物形状没有严格限制,箱类、袋类,甚至超薄形的货物都能分拣,分拣能力可达10 000件/h。

6. 悬挂式分拣机

悬挂式分拣机是用牵引链(或钢丝绳)作牵引件的分拣设备。按照有无支线,它可分为固定悬挂和推式悬挂两种机型。前者用于分拣、输送货物,只有主输送路线,吊具和牵引链是连接在一起的,后者除主输送线路外还具备储存支线,并有分拣、储存、输送货物等多种功能,如图3-14所示。

悬挂式分拣机主要由吊挂小车、输送轨道、驱动装置、张紧装置、编码装置、夹钳等组成。分拣时,货物吊夹在吊挂小车的夹钳中,通过编码装置控制,由夹钳释放机构将货物卸落到指定的搬运小车或分拣滑道上。

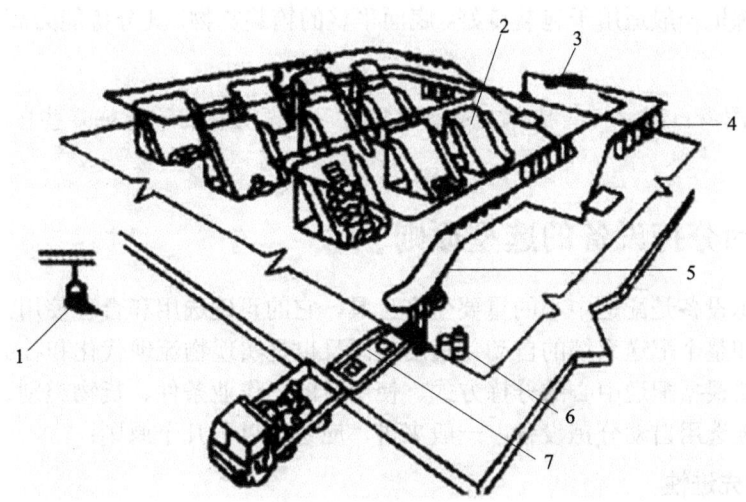

图 3-14 悬挂式分拣机

1—吊挂小车　2—格口　3—张紧装置　4—货物　5—输送轨道　6—编码台　7—传送带

悬挂式分拣机具有悬挂在空中，利用空间进行作业的特点，适合于分拣箱类、袋类货物，对包装物形状要求不高，分拣货物质量大，一般可达 100kg 以上，但缺点是该种分拣机需要专用场地。推式悬挂式分拣机具有线路布置灵活、允许线路爬升等优点，通常用于货物分拣和储存业务。

7．滚柱式分拣机

滚柱式分拣机是用于货物输送、存储与分路的分拣设备，按处理货物的流程需要，可以布置成水平形式，也可以和提升机联合使用构成立体仓库，如图 3-15 所示。

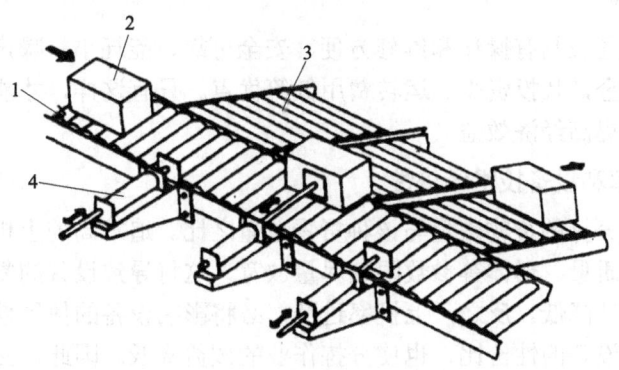

图 3-15 滚柱式分拣机局部示意图

1—滚柱机　2—货物　3—支线滚柱机　4—推送器

滚柱式分拣机的滚柱机的每组滚柱（一般由 3～4 个滚柱组成，与货物宽度或长度相当）均各自具有独立的动力，可以根据货物的存放和分路要求，由计算机控制各组滚柱的转动或停止。货物输送过程中在需要积放、分路的位置均设置光电传感器进行检测。当货物输送到需分路的位置时，光电传感器给出检测信号，由计算机控制货物下面的那组滚柱停止转动，并控制推进器动作，将货物推入相应支路，从而实现货物的分拣工作。

滚柱式分拣机一般适用于包装良好、底面平整的箱装货物，其分拣能力高但结构较复杂，价格较高。

> **问题与思考**：列举一些易碎、超薄的物品，并说明它们不能被哪些自动分拣机分拣，为什么？

四、自动分拣设备的选型原则

现代化分拣设备是配送中心的重要生产工具，它的正确选用和合理使用，不仅能提高货物的分拣速度和整个配送系统的自动化程度，而且也是实现物流现代化和社会化的重要标志之一。因此，要根据配送中心的分拣方式、使用目的、作业条件、货物类别、周围环境等条件慎重、认真地选用自动分拣设备，一般来讲，应考虑以下几个原则：

1．设备的先进性

在当前高新技术不断发展的条件下，设备的先进性是选用时必须考虑的因素之一，只有选用先进的分拣设备，才能更好地完成现代配送任务。否则，使用不久就要更新换代，就很难建立起行之有效的配送作业体系。例如，英国于20世纪60年代末期确定以斜带式分拣机作为全国标准设备，到了20世纪80年代，由于分拣货物重量、数量增加，这类设备因处理能力低而被迫改为翻板式和翻盘式分拣机，造成了很大的损失。因此，在选用分拣设备时，要尽量选用能代表该类设备发展方向的机型。同时，设备的先进性是相对的，选用先进设备不能脱离国内外实际水平和自身的现实条件，应根据实际条件，具体问题具体分析，选用有效、能满足用户要求的设备。实际上，选用分拣设备就是选用那些已被实践证明技术成熟、技术规格和指标明确，并能在性能上满足要求的分拣设备。

2．经济实用性

选用的分拣设备应具有操作和维修方便、安全可靠、能耗小、噪声低、成本低、能保证人身健康及货物安全，且投资少、运转费用低等优点。只有这样，才能节省各种费用，做到少花钱、多办事，提高经济效益。

3．兼顾上机率和设备技术经济性

上机率是上机分拣的货物数量与该种货物总量之比。追求高的上机率，必将要求上机分拣的货物的尺寸、质量、形体等参数限制尽量放宽，这将导致设备的复杂化、技术难度及制造成本增加、可靠性降低。反之，上机率过低，必将影响设备的使用效果，增加手工操作的工作量，既降低了设备的性价比，也使分拣作业的效益降低。因此，必须根据实际情况，兼顾上机率和设备技术经济性两方面因素，确定较为合理的上机率和允许上机货物参数。

4．相容性和匹配性

选用的分拣设备应与系统其他设备相匹配，并构成一个合理的物流程序，使整个系统获得最佳经济效果。我国有个别配送中心购置了非常先进的自动分拣设备，但自动分拣货物与大量的人工装卸搬运货物极不相称，因而，不可能提高分拣设备利用率，整体综合效益也不高。因此，在选用分拣设备时，必须考虑相容性和匹配性，使分拣和其他物流环节做到均衡作业，这是提高整个系统和保持货物配送作业畅通的重要条件。

5. 符合所分拣货物的基本特性

分拣货物的物理、化学性质及其外部形状、质量、包装等特性千差万别，必须根据这些基本特性来选用分拣设备，如浮出式分拣机只能分拣包装质量较高的纸箱等。这样，才能保证货物在分拣过程中不受损失，保证配送作业的安全。

6. 适应分拣方式和分拣量的需要

分拣作业的生产效率取决于分拣量的大小及设备自身的分拣能力，也与分拣方式密切相关。因此，在选择分拣设备时，首先要根据分拣方式选用不同类型的分拣设备。其次，要考虑分拣货物批量大小，若批量较大，应配备分拣能力高的大型分拣设备，并可选用多台设备；若批量较小，则宜采用分拣能力较低的中小型分拣设备。另外，还应考虑对自动化程度的要求，可选用机械化、半自动化、自动化分拣设备，这样，既能满足要求，又能保证设备的效率。在此值得注意的是不可一味地强调高技术和自动化，不结合当地的实际条件，不从实际出发，不仅不能提高效益，还可能导致重大的损失和惊人的浪费，这种事例在我国也曾出现过。在选用中应尽量避免此类现象的发生。

总之，在选用分拣设备时，要做好技术经济分析，尽量达到经济合理的要求。同时，还要考虑分拣作业方式、作业场地以及与系统匹配等综合因素，以保证分拣工作正常、安全运行，提高经济效益。

任务二　托盘搬运车的使用

【任务描述】

托盘搬运车在搬运站使用时将其承载的货叉插入托盘孔内，由人力或电力驱动液压系统来实现托盘货物的起升和下降，并由人力拉动或者直流电动机驱动行走完成搬运作业。它被广泛应用于物流、仓库、工厂、医院、学校、商场、机场、体育场馆、车站、机场等。通过完成托盘搬运车的使用任务，学习者应掌握常见的托盘搬运车的使用方法，可以根据配货对象的不同，采用合适的托盘搬运车进行货物的运输。

【知识学习】

一、托盘搬运车的含义

托盘搬运车是一种主要用于搬运托盘的物流设备，也可用于直接搬运货物。按照驱动方式一般分为手动和电动托盘搬运车两类。

（一）手动托盘搬运车

手动托盘搬运车又称"地牛"，通过人力牵引行走，手动液压起升，主要应用于需要水平搬运而地方拥挤的场合。它是托盘运输工具中最简便、最有效、最常见的装卸、搬运工具。通常其承载能力为 1～3t，超重型的可达 5t，作业通道宽度一般为 2.3～2.8m。手动托盘搬运车如图 3-16 所示。

1．工作原理

手动托盘搬运车具有三大功能：举升、搬运、放下。搬运车的货叉插入托盘后，利用人力上下按压手动控制舵柄（如图 3-17 所示），使液压装置中的柱塞被压力油顶起，柱塞又依靠连杆机构带动货叉上升，实现托盘货物的举升，举升高度一般可达 200mm。液压装置附带溢流阀，以便在提升货物超重时，提供过载保护，防止损坏液压缸。举升后货物的水平移动通过推拉控制舵柄实现。货物送到指定地点后，提起控制舵柄上的升降控制手柄按钮，液压缸回油，货叉下降，由于装置有手动缓降控制阀，能够保证托盘货物被缓慢放下。

图 3-16　手动托盘搬运车

图 3-17　手动托盘搬运车控制舵柄

2．操作方法

（1）抬起升降控制手柄，架体和机身会自动下降，到适当的位置时将手柄调至水平位置，货叉停止下降。

（2）推或拉控制舵柄以使搬运车到达托盘货物下方，也可由人工直接将货物码放在货叉上。

（3）压下升降控制手柄，上下来回按压控制舵柄，货叉就会上升，到适当的位置后停止按压。

（4）推拉控制舵柄以使搬运车到达卸货位置进行卸货。

（5）卸货时，把升降控制手柄抬起，货叉随同托盘缓慢下降至合适位置，完成卸货。

3．注意事项

（1）操作时应穿工作服、安全鞋和戴手套。

（2）使用前做一次彻底的操作检查，确保搬运车提升、放下、车轮等装置完好无损。

（3）采用液压装置的搬运车起压的高度一般应小于 200mm，且堆叠货物时，货物不能太高，以免搬运时货物掉下或搬运车发生倾覆的危险。

（4）为避免两侧受力不均，发生安全事故，应确保货叉插入托盘正中央。

（5）根据需要搬运的托盘大小选用货叉间距合适的搬运车，进入托盘底部要宽松无阻碍。

（6）用搬运车装车时，要确保货物、车门与车厢内壁保持一定的间隙，以 50～100mm 的间距为宜。

(7) 搬运和转弯时要均匀用力,以保持货物平稳,尤其是在潮湿、倾斜等不良路面,推拉时更要小心。

(8) 禁止利用搬运车运送人员。

(9) 搬运车停止不用时,应使搬运车处于制动状态。

(二)电动托盘搬运车

电动托盘搬运车又称电动托盘车或电动搬运车,是一种应用广泛的轻小型装卸搬运机械,它以蓄电池提供动力,由直流电动机驱动行走,有液压或电动提升装置,通过操纵手柄集中控制。其承载能力为 1.0~3.0t,作业通道宽度一般为 2.3~2.8m,货叉提升高度一般在 210mm 左右,适用于重载及长时间货物运转工况。其作业方便、平稳、快捷;外形小巧、操作灵活;低噪声、低污染,尤其适合食品、纺织、印刷等轻工行业使用。

根据液压提升机构动力来源的不同,电动托盘搬运车又分为半电动托盘搬运车和全电动托盘搬运车两种。半电动托盘搬运车如图 3-18a 所示,牵引装置为电动机,可实现电动行走,手动液压起升。全电动托盘搬运车如图 3-18b 所示,牵引装置为电动机,可实现电动行走、电动起升。电动托盘搬运车的特点是使用灵活,视野开阔,适用于托运距离较小,重量不大,起升高度不高的场合。通常承载能力 1.2~2.0t。

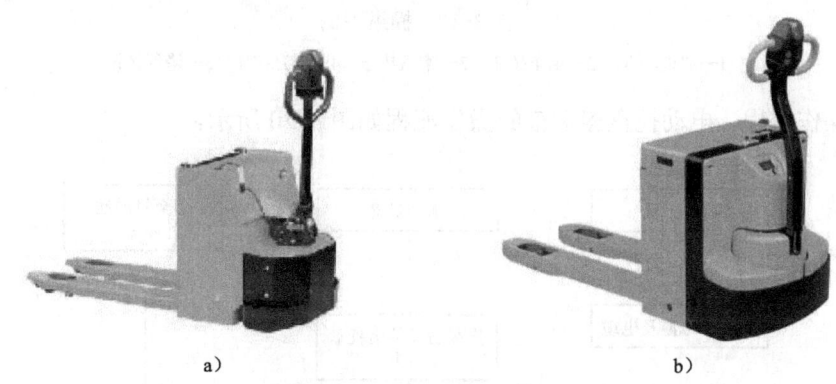

图 3-18 电动托盘搬运车
a)半电动托盘搬运车 b)全电动托盘搬运车

1. 工作原理

电动托盘搬运车主要由提升机构、行走及制动机构、连杆和平衡机构、电气控制系统等构成。

构成机构	工作原理
提升机构	半电动托盘搬运车采用的是手泵提升机构,蓄电池中的电能只供行走使用,有利于节省电能,方便操作,简化机构,其提升货叉原理类似手动托盘搬运车。 全电动托盘搬运车的提升机构采用电动控制,由蓄电池提供提升动力,通过操控手柄上的提起、放下按钮,自动实现液压油的加压和回油,以带动货叉提升和下降
行走及制动机构	电动托盘搬运车的行走机构主要包括电动机、减速器等,采用手柄控制实现无级变速,其传动简单,结构紧凑,转弯半径很小。 制动机构一般采用电动机磁盘式制动器,磁盘线圈未通电时,制动片与电动机轴留有间隙,电动机轴可以自由转动,通电后,制动片与电动机轴接触,达到制动目的。也有一些搬运车采用反电流制动,即通过改变电流方向使电动机逆向旋转实现制动。电动托盘搬运车满速满载时制动距离一般不超过 1m

(续)

构成机构	工作原理
连杆和平衡机构	电动托盘搬运车进行提升作业时，液压缸柱塞被液压油顶升后，由连杆机构推动货叉，实现平衡提升；车体后的平衡轮机构能在路面轻微不平时，使车体保持平衡
电气控制系统	电动托盘搬运车电气控制系统选用无级调整系统，起步、行走平稳，工作可靠，维护简单。前进、后退、制动全部集中于操纵手柄端部。插入钥匙，旋转两侧蝶形开关，就能从零至全速前、后行驶。放开蝶形开关，按下端部压板，车辆立即制动，停止行驶。车辆在制动状态时，蝶形开关前、后旋转无效。工作结束，停止使用时，应将钥匙开关拨向"断开"处，取出钥匙，并及时补充电量

2．操作方法

（1）操控方式。电动托盘搬运车前进、后退、提升、降低操作全部集中于操纵手柄端部，如图 3-19 所示。

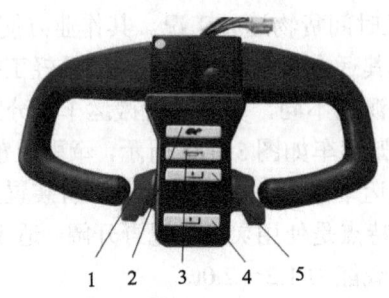

图 3-19　操纵手柄

1—前进/后退　2—倒车按钮　3—喇叭按钮　4—提升按钮　5—降低按钮

（2）操作流程。电动托盘搬运车的操作流程如图 3-20 所示。

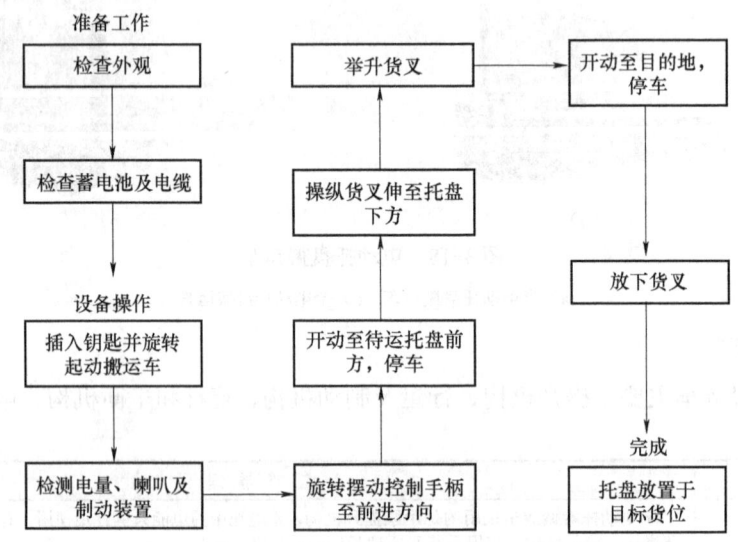

图 3-20　电动托盘搬运车的操作流程图

3．注意事项

（1）在使用电动托盘搬运车时，应特别注意及时对蓄电池进行充电并进行正确的维护。蓄电池的充电应注意方法，既要使蓄电池充足电，又不能对蓄电池过量充电。

（2）车辆使用过程中，若发现电池电量不足（可通过电源亏电指示灯、电量表和其他报警装置显示），应尽快对蓄电池进行充电，防止蓄电池过量放电。

（3）为保证人员安全，在斜坡上运送货物时，货物必须始终在斜坡的下方，即上坡时人在货物前方，下坡时人在货物后方。

（4）车辆在坡道下行时，不能断开驱动电动机的电路。

（5）车辆运行中，切勿将"前进、后退"的方向开关误当作"左、右"转向开关。

> 问题与思考：手动托盘搬运车和电动托盘搬运车应如何选择？

任务三 手推车的使用

【任务描述】

手推车轻便灵活，广泛用于仓库、物流中心、生产工厂、百货公司、货运站、机场等场所。由于一般手推车无提升能力，所以承载能力通常在 500kg 以下。手推车根据其用途及负荷能力可分为二轮手推车、多轮手推车和物流笼车三类。通过完成手推车的使用任务，学习者应了解手推车的分类及应用。

【知识学习】

一、二轮手推车

二轮手推车基本上可分为东方型与西方型两类，如图 3-21 所示。东方型结构架具有弧状或平的横板，轮子在外侧，用来搬运混装的货物非常合适，如用桶、袋、箱混装的货物。西方型结构架平行，轮子在内侧，手把呈弧状，可配合货车搬运及用于火车站。

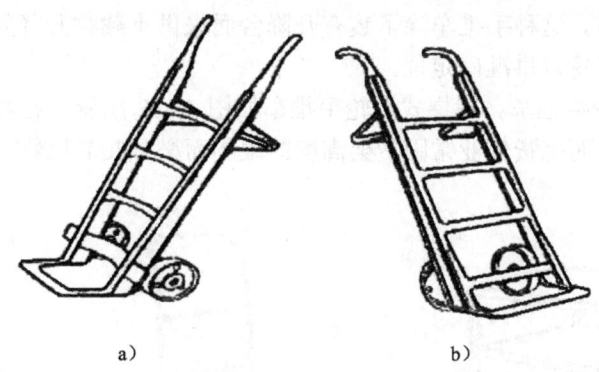

a) b)

图 3-21 二轮手推车
a）东方型 b）西方型

二、多轮手推车

多轮手推车按用途及负荷不同，有不同的尺寸和设计方式，可为木制或金属制。按脚轮布置及用途的不同来区分，有以下几种常用形式：

1．按脚轮布置区分

按脚轮布置的不同，多轮手推车可分为脚轮平置式、脚轮平衡式和六轮平衡式。

（1）脚轮平置式多轮手推车。如图3-22a所示，脚轮平置式多轮手推车一端为两固定脚轮，另一端为两旋转脚轮或附有制动装置的旋转脚轮，高度较低，适用于轻度或中度负荷。

（2）脚轮平衡式多轮手推车。如图3-22b所示，脚轮平衡式多轮手推车四轮均为旋转脚轮，灵活度很高，适用于轻度负荷。

（3）六轮平衡式多轮手推车。如图3-22c所示，六轮平衡式多轮手推车的两固定脚轮在中间，两端各有两旋转脚轮，适用于一般中、重负荷的要求。

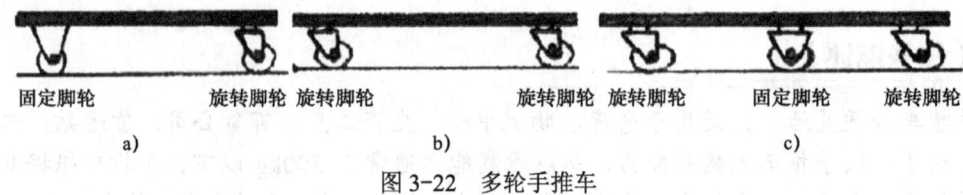

图3-22 多轮手推车
a）脚轮平置式多轮手推车 b）脚轮平衡式多轮手推车 c）六轮平衡式多轮手推车

2．按用途区分

按照用途的不同，多轮手推车可分为立体多层式、折叠式、升降式和附梯式。

（1）立体多层式多轮手推车。立体多层式多轮手推车如图3-23所示，为增加物品盛放的空间及存取的方便性，把传统的单板台面改成多层台面设计。这种手推车常用于拣货。

（2）折叠式多轮手推车。折叠式多轮手推车如图3-24所示，为方便携带，手推车的推杆常设计成可折叠方式。这种手推车因使用方便，收藏容易，故普及率高。

（3）升降式多轮手推车。升降式多轮手推车如图3-25所示，当搬运体积较小、重量较重的金属制品或在人工搬运移动吃力的搬运场合，由于场地的限制而无法使用堆高机时，便可采用升降式手推车。这种手推车除了装有升降台面来供承载物升降外，其轮子多采用耐压且附有制动定位的车轮以供准确定位。

（4）附梯式多轮手推车。附梯式多轮手推车如图3-26所示，在物流中心，手推车大多使用在拣货作业中，而拣货作业常因货架高度的限制而必须爬高取物，故在手推车旁附有梯子以方便取物。

图3-23 立体多层式多轮手推车　　　　图3-24 折叠式多轮手推车

图 3-25　升降式多轮手推车　　　　　　图 3-26　附梯式多轮手推车

3. 物流笼车

物流笼车（如图 3-27 所示）以加大放置物品的空间及可折叠收藏为考虑重点，故笼车高度一般高于 1 450mm，利用向上延伸的空间，来实现载物空间的最大化。其使用场合大都为配送中心出货前的集货及随车全程运送，故采用高强度焊接架构，表面经镀锌处理再刷漆，以延长使用寿命。为了让流程作业明了，一般附有标记位置为使用者标记用。

  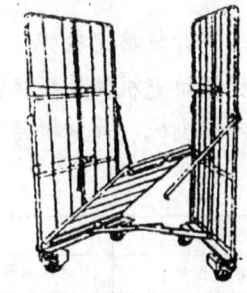

图 3-27　物流笼车

三、电子标签拣货系统

电子标签拣货系统是一种计算机辅助的无纸化的拣货系统，其原理是在每一个货位安装数字显示器，利用计算机的控制将订单信息传输到数字显示器上，拣货人员根据数字显示器所显示的数字拣货，拣完货之后按确定按钮完成拣货工作。

这种分拣方式中，电子标签取代了拣选单，在货架上显示拣选信息，以减少"寻找货品"的时间。分拣的动作仍由人力完成。电子标签具有很好的人机界面，让计算机负责烦琐的拣选顺序规划与记忆，拣选员只需要按照计算机指示执行拣选作业。电子标签有一小灯，灯亮表示该货位的货品是待拣货品。电子标签可显示拣选数量。

拣选员在货架通道行走，看见灯亮的电子标签就停下来，并按照显示的数字来拣取该货品所需的数量。电子标签设备主要包括电子标签货架、信息传送器、计算机辅助拣选台车、条码、无线通信器材等。

此种拣货技术 1977 年由美国开发研究而成，在配送中心应用较普遍。此种拣选方式可以用于批量拣选也可以应用于按单拣选方式上，但是货品品项太多时不太合适，因为成本太高，因此常被应用在 ABC 分类的 AB 类上。它是一种无纸化的拣货系统，可以即时处理，也可以批次处理。电子标签的拣货能力约为 500 件/h，而拣货正确率可以达到 99.99%，拣货的前置时间约为 1h。

电子标签拣货系统的优点：
（1）不需要任何书写。
（2）不需要按库位寻找货物。
（3）不依赖熟练作业人员。
（4）作业人员的走动路线短，能做到距离最短化。
（5）计算机系统可自动下达作业指示，作业人员无需等待。
（6）作业效率可成倍提高。
（7）作业差错率可接近于零。
（8）计算机进行实时监控，可实时反映作业状态。

> **知识拓展**

物流场合中常用的几种包装机械设备

一、计量填充机械

计量填充机械是指将待包装的物料按所需的精确量（质量、容量、数量）填充到包装容器内的机械。计量填充机械的分类见表 3-1。

表 3-1 计量填充机械的分类

类　别	工 作 原 理	特　点
容积式填充机	将产品按预定容量填充到包装容器内	结构简单，体积较小，计量速度高，计量精度低
称重式填充机	将产品按预定质量填充到包装容器内	结构复杂，体积较大，计量速度低，计量精度高
计数式填充机	将产品按预定数量填充到包装容器内	结构较复杂，计量速度较低

二、灌装机械

灌装机械的主要作用是将定量的液体物料填充到包装容器内，如用于食品领域中对啤酒、饮料、乳品和酒类等的包装，还包括洗涤剂、矿物油和农药等化工类液体的包装。包装容器主要有桶、瓶及软管等。

三、封口机械

封口机械是指在包装容器盛装产品后对容器进行封口的机械。不同的容器有不同的封口方式，如塑料袋多采用接触式加热加压或非接触式的超声波熔焊封口；麻袋、布袋及编织袋多采用缝合的方式封口；瓶类多采用压盖或旋盖封口；箱类多采用钉封或胶带封口。

四、裹包机械

裹包机械是指用挠性包装材料（如玻璃纸、塑料膜、各类复合膜、收缩膜等）进行全部或局部包装产品的包装设备。这种机械广泛用于食品、烟草、药品、日用化工品等领域。

五、捆扎装箱机械

捆扎装箱机械是利用带状或绳状捆扎材料将一个或多个包件捆扎在一起的机械。例如，对啤酒、饮料等罐装之后进行包装。

【同步测试】

一、选择题

1. 大规模的分拣系统往往由 2~3 条传送带输入被拣商品,这些商品在分别经过各自的分拣信号设定装置后,必须经过（　　）组成的合流装置,合流装置能让到达汇合处的货物依次通过。
   A. 带式输送机　　B. 链式输送机　　C. 螺旋输送机　　D. 滚柱式输送机

2. 易碎、超薄货物不适宜采用（　　）分拣机。
   A. 滚柱式　　B. 滑块式　　C. 钢带式　　D. 托盘式

3. （　　）分拣机对货物的冲击小,适合分拣底部平坦的纸箱、用托盘装的货物,不能分拣很长的货物或底部不平的货物。
   A. 翻盘式　　B. 滑块式　　C. 钢带式　　D. 胶带浮出式

4. 在自动分拣系统中,分拣信息转变为分拣指令的方式包括（　　）。
   A. 人工键盘输入　　B. 声控方式输入　　C. 计算机程序控制　　D. 以上都正确

5. 送喂料机构的作用有两个方面:一是依靠光电管的作用,使前后两货物之间保持一定的间距,该间距（　　）,均衡地进入分拣传送带;二是逐渐加快货物到分拣机主输送机的速度。
   A. ≥250mm　　B. ≤250mm　　C. ≥200mm　　D. ≤200mm

6. 翻盘式和翻板式分拣机的优点不包括（　　）。
   A. 布置灵活　　B. 对货物无撞击　　C. 能分拣极小的货物　　D. 经济性好

7. 托盘式分拣机可以用来分拣（　　）货物。
   A. 箱类　　B. 袋类　　C. 超薄　　D. 以上都正确

8. 手动托盘搬运车不具有以下（　　）功能。
   A. 举升　　B. 搬运　　C. 包装　　D. 放下

二、问答题

1. 自动分拣系统的主要组成有哪些?
2. 简述自动分拣系统各种分拣机的使用范围。
3. 选用分拣设备一般应考虑哪些原则?
4. 简述手动托盘搬运车的操作方法。
5. 简述电动托盘搬运车的操作流程。

【知识应用】

北京烟草配送中心的卷烟自动分拣

北京烟草配送中心卷烟自动分拣系统是北京市烟草公司和贵阳普天万向物流技术股份有限公司共同研究开发、设计制造的,具有完全自主知识产权的首套国产卷烟自动分拣系统。该系统包括订单优化子系统、自动备货子系统、自动补货子系统、自动分拣子系统、自动合单子系统、自动装箱子系统、总线自控子系统、计算机监控子系统、计算机信息管理子系统等九个子系统。其主要特点是：系统设计新颖、自动化程度高、分拣效率高、分拣误差率低。在研制过程中，系统解决了自动备货、自动补货、自动分拣、自动装箱、自动合单等卷烟自动分拣领域中的多项技术难题，取得了若干创新成果。

卷烟自动分拣系统于2005年3月开始方案设计，2006年5月正式投入生产运行。该系统的研制成功，为烟草公司提高了卷烟分拣能力、速度、准确率和时效性，降低了物流运营成本，改善了工人劳动条件，提高了对零售客户的服务质量，提供了一个全新有效的自动化技术平台。该系统在流程性、协调性、技术性等方面表现出来的科学内涵和严谨的系统素质，还将有力地带动和促进烟草公司内部管理水平和人员素质的提高。

现将该系统基本功能介绍如下。

1. 自动补货

自动补货是分拣与件烟库之间的桥梁，根据分拣系统的分拣计划和完成情况，自动向分拣机烟仓补货。根据系统流程，流向自动分拣区的卷烟通过条码扫描，确定卷烟流向，进入补货输送线后分流，进入自动分拣区。卷烟进入自动分拣区补货线后根据自动分拣线的补货需求再次分流。从件烟库补充过来的件烟，信息管理系统通过条码扫描器读出该件烟的条码信息，从而确定该件烟是去自动分拣区一（通道分拣处理系统）、自动分拣区二（塔式分拣处理系统）还是自动分拣区三（通道分拣处理系统），信息管理系统将该件烟的路向信息交给控制系统，由控制系统控制执行机构将该件烟送入对应的补货输送线。自动补货包括通道机自动补货和塔机自动补货。

2. 自动分拣

系统自动对订单进行分解，通道式分拣机与塔式分拣机协同作业，将相应条烟分拣到各自的传送带上，条烟进入装箱系统的缓存带上，由装箱机完成装箱作业，并将完成装箱的周转箱运送到DPS系统拣选工位，此时系统自动判断是否需DPS（Daily Production Schedule，每日生产排程）系统参与拣选，如需DPS系统参与拣选，则DPS系统指示灯亮，同时各货格中的电子标签显示拣选数量，人工按指引拣选，完成后确认；如不需DPS系统参与拣选，周转箱则直接前往分拣出口。将周转箱装到托盘上，并备货到发货暂存区，分拣完成。

3. 自动装箱、自动合单

自动装箱、自动合单负责接收从自动分拣系统（通道分拣机、塔式分拣机）分拣出来的条烟。条烟通过各自的主线传送带送到本系统的自动装箱线，由塔式分拣机分出来的条烟从上层进入，由通道分拣机分拣出来的条烟从下层进入，按订单的先后顺序进行自动装箱。然后判断该周转箱所对应的订单是否需要补充C类品牌的烟，如果配送箱需要去C类电子标签拣选区域补充C类品牌的烟，则系统控制停放器落下且升降机构落下，该配送箱直接进入电子标签拣选输送线，完成对C类品牌的烟的补充，并箱过程完成；如果配送箱不需要去C类电子标签拣选区域补充C类品牌的烟，则周转箱按信息的指令有序进入缓存线等待与电子标签合单的周转箱。

（节选自金涧、孙壮志、赵汝雄、董维富《北京烟草物流中心卷烟自动分拣系统》，中国物流与采购网）

（1）仔细阅读，用自己的话描述该配送中心的功能。

（2）自动分拣系统与传统人工分拣有什么不同？

（3）通过此案例，你认为应该了解哪些知识才能掌握分拣这一技能？

项目四 出库作业

出库作业是仓储作业管理的最后一步,也是配送中心管理的重要环节。物品的出库是指配送中心工作人员按照出库清单上所列物品的名称、规格、型号、数量等项目,组织物品出库的一系列作业。对于物品的出库,要求发货准时、保质保量。要完成出库作业,显然必须借助一定的物流机械设备,那么在完成出库作业的过程中,常常需要哪些物流机械设备呢?

本项目的任务就是掌握配送中心出库作业所需要的物流机械设备——输送设备、自动导引搬运车的使用方法,并能对这些物流机械设备进行合理的维护。完成本项目的学习后,应该达到以下的学习目标:

【知识目标】熟悉输送设备(主要是单元负载式输送机)的种类、构造和基本维护保养;掌握输送机的使用方法;掌握自动导引搬运车的概念、分类、特点、主要参数;熟悉自动导引搬运车的防碰撞技术性措施。

【能力目标】培养学生对出库作业的兴趣,并能够认识各种输送设备,能够根据货物的不同,选择不同的输送设备;能够正确使用各种输送机进行货物的搬运作业;能够操作自动导引搬运车进行货物的搬运作业;具有管理自动导引搬运车的能力。

任务一 输送设备的使用

【任务描述】

输送设备是配送中心出库作业中不可缺少的物料输送机械,任何一个现代化的配送中心都离不开输送设备,为了满足不同物料的输送需求,输送设备的种类多种多样。通过完成输送设备的使用工作任务,学习者应能够说出常见的输送设备的类别;能够根据货物的不同,选用合适的输送设备,并学会常见输送机的使用。通过在邮政配送中心、烟草物流配送中心进行实地参观,使学生对输送设备有初步的感性认识。

【知识学习】

一、输送设备的概念

输送设备是指在装货点与卸货点之间,沿着一定的线路以连续的方式均匀输送散装货物或者成件包装货物的物料搬运机械。由于货物性质的不同,与之对应的输送设备有两类:间歇性输送设备和连续性输送设备,前者主要用于集装单元货物的装卸搬运,又称单元负载式输送机,后者主要用于散装货物的装卸和搬运。

由于输送设备能在一个区间内连续搬运大量货物,搬运成本非常低廉,搬运时间比较准确，货流稳定，因此，被广泛应用于现代物流系统中。在国内外大量自动化立体仓库、物流中心、配送中心、大型货场中，除起重机械以外，其余设备大部分都是由输送设备组成的搬运系统，如进出库输送机系统、自动分拣输送机系统、自动装卸输送机系统等。整个搬运系统均由中央计算机控制，形成了一整套复杂完整的货物输送、搬运系统，大量货物的进出库、装卸、分类、分拣、识别、计量等工作均由输送机系统来完成。因此，在现代化货场和物料搬运系统中，输送机械担负着重要的作用。可以说，到目前为止，人类还没有找到一种具有运费低廉，能大量搬运货物和物料，易于实现自动化、无人化的设备来代替它。输送设备是生产加工过程中组成机械化、连续化、自动化的流水作业运输线中不可缺少的组成部分，是自动化立体仓库、配送中心、大型货场的生命线。

输送设备按照输送方向的不同，有水平和垂直搬运之分。无论以什么形式搬运，决定输送设备的主要参数是搬运物的最大宽度、长度以及最大重量。此外，单位时间的搬运量也是重要参数。

在物流中心使用最普遍的输送机是单元负载式输送机和立体输送机。单元负载式输送机输送的单元负载有托盘、纸箱或固定尺寸的物品。单元负载式输送机包括滚筒式、带式和链条式三种类型。这些输送机主要用于固定路径的货物输送。

单元负载式输送机按动力源区分，可分为重力式和动力式两种。

二、重力式输送机

重力式输送机以输送物品本身的重力为动力，使物品在倾斜（坡度一般为2%～5%）的输送机上由上往下滑动，而输送机本身不需要动力。为了控制重力式输送机上货物的速度，大倾角的输送机上一般装有制动滚子。重力式输送机的优点在于成本低，易于安装和扩充。重力式输送机主要有重力式滚轮输送机、重力式滚筒输送机和重力式滚珠输送机。

1. 重力式滚轮输送机

重力式滚轮输送机的主要特点是重量轻、易搬动、装卸方便，在转弯部分，滚轮为独立转动。

（1）应用范围。对于表面较软的物品，如布袋之类，滚轮较滚筒有较好的输送性。但是，对于底部有挖空的容器，则不宜使用重力式滚轮输送机，且若使用环境的温度在 0～38℃ 范围之外时，应与设备供应商沟通，避免出现润滑问题，影响设备的使用。

注意：为使物品输送平稳，在任何时候一个物品至少应有分布在三根轴上的四个轮子作支撑，如图 4-1 所示。

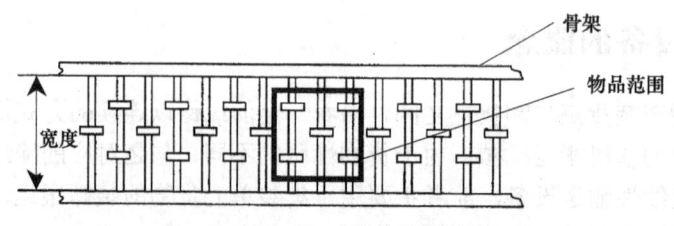

图 4-1 物品至少要有四个滚轮支撑

（2）材质选择。重力式滚轮输送机的骨架材料有钢和铝两种。铝质骨架用于负载较轻且可移动装设的情况,与钢质骨架相比,其负载能力较小。滚轮材料有钢、铝和塑料三种。钢质滚轮的负载能力为11~23kg,铝质滚轮的负载能力为4.5~18kg,塑料滚轮的负载能力在10kg以下。

(3)尺寸规格。重力式滚轮输送机常用的内缘宽度(图4-2中W_1)有300mm、500mm和600mm,标准长度为1.5m、2m和3m。每单位长度的滚轮数由经验决定,一般来说,较小的物品要求输送机有更多的滚轮。滚轮排列由于其每一排滚轮数及交错排列不同而有多种形式的组成,如图4-2所示。常用的标准重力式滚轮输送机的骨架是由两支60mm×25mm的型钢组成的。

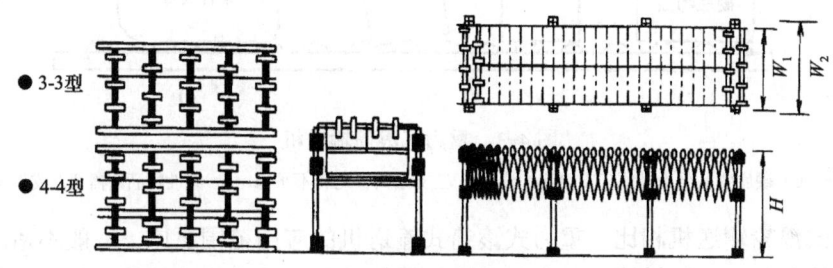

图4-2 滚轮排列

骨架的强度与负载大小和支脚的距离有关。在选择重力式滚轮输送机时应根据载荷大小计算骨架变形量,当超过变形量时应增加支脚或使用不同的支撑方式。一般情况下,大部分生产厂家均会提供骨架允许变形量的表,见表4-1。

表4-1 骨架允许变形量

支撑距离/mm	每50kg负载变形量/mm	
	钢质骨架	铝质骨架
1 500	0.326	0.602
3 000	2.414	5.284

输送机的倾斜度与输送物品的重量和表面条件有关。对于纸箱,倾斜度为1:40。物品表面结实、光滑需要的倾斜角度较小,表面较软的物品则需要较大的倾斜角。最终选择多大倾斜角,根据具体经验和实际情况来决定。这种重力式滚轮输送机,在没有减速装置的条件下,最长为15m。

根据实际需要,重力式滚轮输送机可组合成直线式、转弯式和分支式三种。转弯式有45°和90°。转弯式的滚轮平均倾斜角只有直线式的1/2。为了保持物品的方向性和平稳性,转弯内侧半径尺寸最小应等于物品的最大长度,物品比输送机宽度两边各小50mm。

在选择包装箱时,应根据滚轮输送机标准宽度来设定物品包装箱的长度和宽度。

2. 重力式滚筒输送机

重力式滚筒输送机的特点就在于滚筒、轴、轴承、骨架、支撑架等组件的组合非常多样,如图4-3a所示,可满足各种不同的应用需求。选择组合的方式,需考虑输送的物品特性、安装的环境及设备成本等条件。物品特性会影响输送稳定性,为了运输稳定,一般至少需有三支滚筒(柔性物则最少需要四支)同时接触物品,否则会出现货物倾斜、卡住而使输送中断,如图 4-3b、c、d 所示。

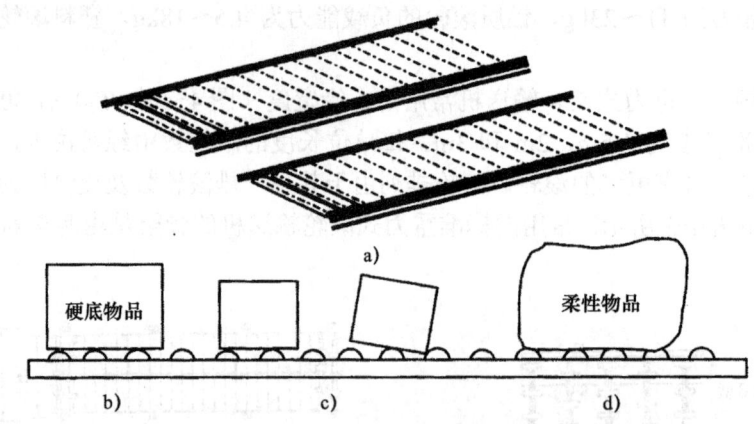

图 4-3 重力式滚筒输送机

a) 简图 b) 硬底物品至少需要三支滚筒 c) 少于三支滚筒输送将不平稳 d) 柔性物品则需要四支以上滚筒

与重力式滚轮输送机相比，重力式滚筒式输送机的应用范围更广。一般不适用于重力式滚轮输送机的负载，如塑料篮、容器、桶形物等均适用于重力式滚筒输送机。但是重力式滚筒输送机比较重，不适用于需经常移动或拆装的场合，且若使用环境的温度在 0~65℃ 范围之外时，需考虑特殊的润滑，在高温环境下使用最好安装相应的滚筒散热装置。

重力式滚筒输送机的负载能力是由轴承负载能力及滚筒的宽度决定的。轴承负载能力是由经验公式及实验测试而定。我们需知道，大部分制造商均会提供输送机负载能力的分布表，见表 4-2，可依据滚筒、骨架、支撑架的组合方式而定。

表 4-2 输送机负载能力的分布表

输送物品	建议形式	倾斜角度/(°)	说　明
木箱	滚轮或滚筒	2~8	12 寸⊖宽，10 轮/尺⊖
硬纸箱	滚轮或滚筒	2~12	18 寸宽，16~18 轮/尺
薄纸箱	滚轮	5~15	12 寸宽，15~20 轮/尺
布袋	滚轮	5~20	较密的滚轮间距

3. 重力式滚珠输送机

重力式滚珠输送机上装有可自由转动的万向滚珠，用于传送具有较硬表面的物品，如图 4-4 所示。重力式滚珠输送机使用时不需要润滑，不能用于灰尘较多的环境中，需要定期维护，清理灰尘和杂质。

重力式滚珠输送机不适合传送底部较软的物品，如湿的纸箱或者是桶状物及篮子等。使用重力式滚珠输送机来移动物品所需的力量大小与物品的重量及物品表面硬度有关系。表面越硬的物品越

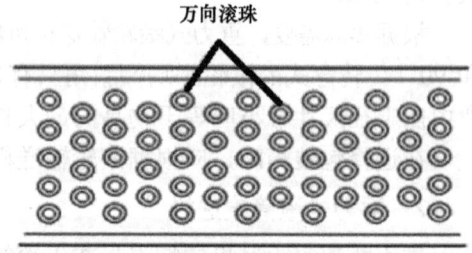

图 4-4 重力式滚珠输送机

⊖ 非法定计量单位，1 寸=0.033 m。

⊖ 非法定计量单位，1 尺=0.33 m。

容易移动,所需的力量通常为负载重量的 5%~15%。

> **问题与思考**:重力式滚筒输送机在输送货物时需要考虑哪些因素?

三、动力式输送机

动力式输送机通常是由电动机提供动力。动力式输送机根据驱动介质的不同有链条输送、滚筒输送和带式输送。在实际选用时可根据物品特性来选择动力式输送机的类型。如果物品有不规则表面,如邮包之类,只能选用动力式带式输送机;一般规则物品,如纸箱、托盘,则可选用动力式链条输送机或动力式滚筒输送机;为了间隔控制物品、储积释放和精确定位等,则选用动力式带式输送机;如果物品重量较大,则选用动力式滚筒输送机。此外,物品的分类与储积也多采用动力式滚筒输送机。

1. 动力式链条输送机

图 4-5 所示为动力式链条输送机,主要用于输送单元负载,如栈板、料箱,也可利用承载托板来输送其他形状物品。动力式链条输送机按照输送链条所添装置附件的变化,可产生多种应用形式(滑动式、推杆式、滚动式、推板式、推块式……),在物流中心里多用滑动式和滚动式的动力式链条输送机。

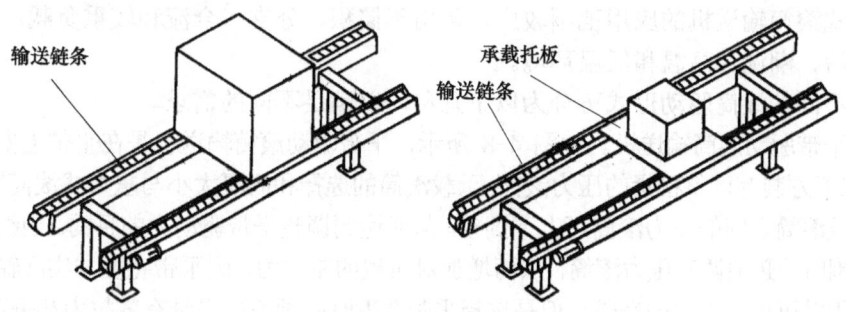

图 4-5 动力式链条输送机

(1)滑动式链条输送机。图 4-6 所示为滑动式链条输送机,由链条直接承载货物,且链条两边板片直接在导轨上滑行。因为摩擦力大,故滑行导轨应采用摩擦因数小而且耐磨的材料。这种输送机适用于轻物品的短距离输送。

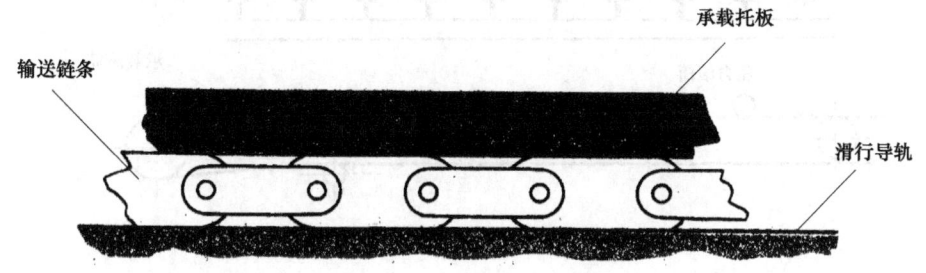

图 4-6 滑动式链条输送机输送方式

这种输送机虽然结构简单、维护容易、造价低,但噪声大、动力损耗大、承载能力小。为此,逐渐被滚动式链条输送机所取代。

（2）滚动式链条输送机。图4-7所示为滚动式链条输送机，是在输送链条上加装具有较高承载力的滚子来承载货物，链条是以滚子来与轨道滚动滑行，由于是滚动摩擦，摩擦阻力小，动力损耗低，承载能力大。滚子材料一般为钢，有时为了降低噪声，也会采用耐磨的工程塑料制造。

这种输送机输送形状不规则物品时必须使用承载托板并加装承载托板的回收装置，输送速度较慢，构造简单、易维护。常用于自动化立体仓库前段及配送、包装等区域。

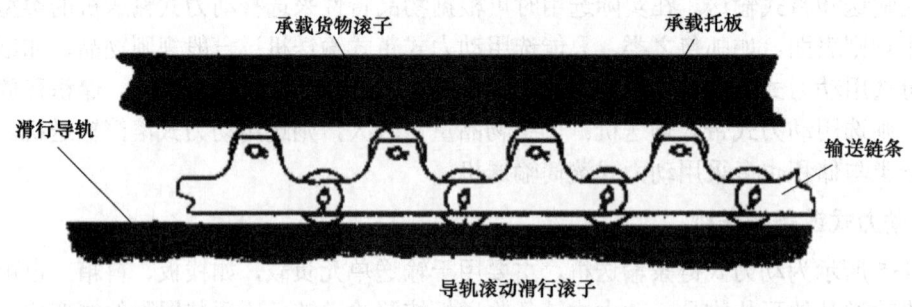

图4-7 滚动式链条输送机

2．动力式滚筒输送机

动力式滚筒输送机的应用范围较广，常用于储积、分支、合流和较重负载；此外，也广泛用于油污、潮湿、高温和低温环境。

根据不同的滚筒驱动形式可分为以下几种，以满足不同的需求。

（1）平带驱动滚筒输送机。如图4-8所示，平带驱动滚筒输送机是在平带上安装了许多承载滚筒，在下方装有调整松紧的压力滚筒。承载滚筒的选择和间隔大小与重力式滚筒输送机相同。位于两承载滚筒之间的压力滚筒可上下调整，从而达到调整平带驱动力的目的。当纸箱被输送到分支点范围时，必须调高压力滚筒，从而增加对负载的驱动力。因平带宽度与实际输送物品的表面无关，所以可选用较窄的平带。但是选择平带宽度时必须考虑平带有效拉力和每英寸⊖宽度的负载能力。在使用时，根据负载，并对照带生产厂家提供带拉力等有关数据进行选择。

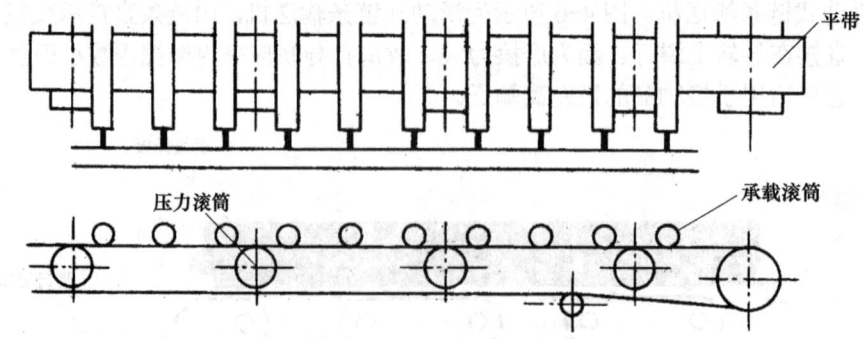

图4-8 平带驱动滚筒输送机

注意：平带驱动滚筒输送机的最大倾斜角是5°，如果大于此角度，则输送物品需经过测试后方可使用。

⊖ 非法定计量单位，1in=0.025 4m。

(2) V带驱动滚筒输送机。如图4-9所示，V带的驱动方式与平带驱动方式相同，只是将平带换成V带，压力滚筒换成压力滚轮，安装于骨架的侧边。V带驱动滚筒输送机主要用于较轻负载的短距离输送，且很适合用于转弯及结合的部分。此种驱动形式最好选用一体成形的整圈V带，如果使用搭接的方式，则带强度和寿命较差。

(3) 圆带驱动滚筒输送机。如图4-10所示，圆带驱动滚筒输送机是利用电动机带动线轴，再经由线轴上的圆带驱动每支滚筒。圆带驱动滚筒输送机具有安静、干净、安全的优点。

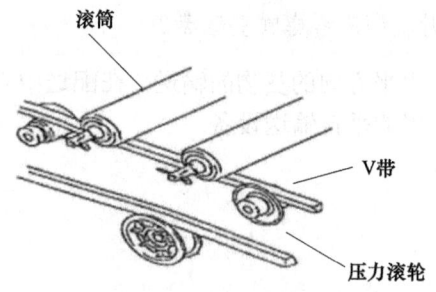

图4-9　V带驱动滚筒输送机

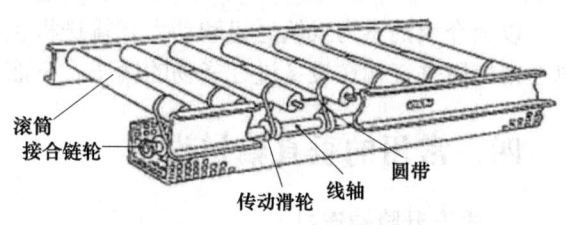

图4-10　圆带驱动滚筒输送机

(4) 链条驱动滚筒输送机。链条驱动滚筒输送机适用于较差的工况，如重负载、油污、潮湿的环境及高温、低温区域。链条驱动分为两种形式，连续式和滚筒到滚筒式。

1) 连续式。如图4-11所示，连续式链条驱动滚筒输送机是使用单一链条驱动附有链轮的滚筒，由于只使用单一链条，因此每支滚筒的链轮，只有几齿与链条接触，故不适用于输送较重负载或需频繁起动、停止的情况。

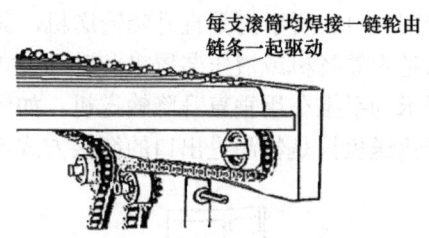

图4-11　连续式链条驱动滚筒输送机

2) 滚筒对滚筒式。如图4-12、图4-13所示，滚筒对滚筒式链条驱动滚筒输送机是在每支滚筒上焊两个链轮，链条以交错的方式连接一对对的滚筒。这种驱动形式具有较大的传动力，但因为链条的拉力及误差会积累，所以长度会有限制，一般连续链条圈数不超过80圈。

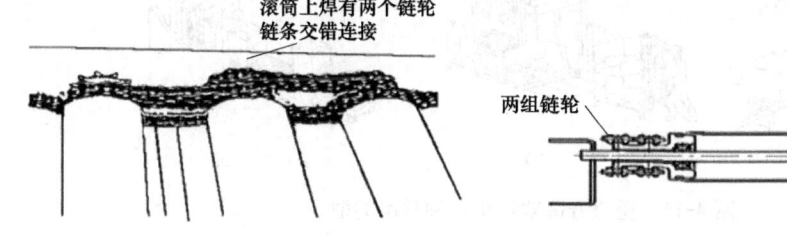

图4-12　滚筒对滚筒式链条驱动　　　图4-13　应用于滚筒对滚筒式的双链滚轮

(5) 电动滚筒输送机。如图4-14所示，电动滚筒本身拥有动力，不需要任何传动设备，使传输线更简单、清洁、安全。一般用于起停频繁的场合，但由于其价格昂贵，故在实际使用中，每隔几支没有动力的滚筒才安装一支电动滚筒。

图 4-14 电动滚筒

> **问题与思考**：动力式输送机的种类很多，选型时我们应考虑哪些因素？

以上介绍的重力式输送机和动力式输送机主要用于水平方向的货物的输送，在配送中心也经常使用垂直输送设备进行货物的输送。下面介绍常用的垂直输送设备。

四、常用的垂直输送设备

1. 垂直升降输送机

在物流中心的各楼层之间的物品搬运是非常重要的。除了一般电梯之外，还必须有专用的垂直运输设备，这样可充分利用空间。垂直输送机运动平稳，不会使物品因振动而损坏。如图 4-15 所示为垂直升降输送机，其原理与电梯类似，垂直输送物品的升降平台的上下移动是由卷扬机或液压装置来驱动的。如图 4-15a 所示为输送线用垂直升降输送机，如图 4-15b 所示为手推车用垂直升降输送机，如图 4-15c 所示为叉车用垂直升降输送机。这三种垂直升降输送机只是物品进出口的衔接方式不同而已。

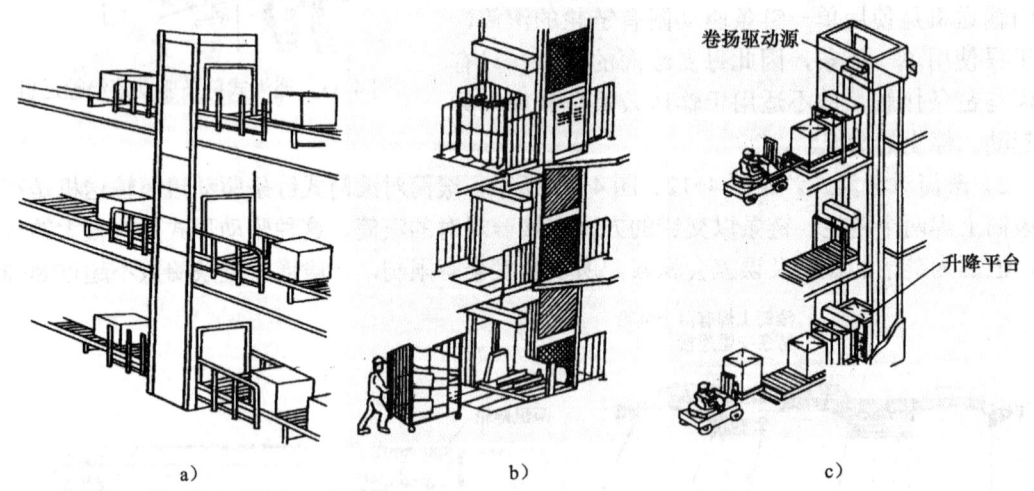

图 4-15 垂直升降输送机三种常用类型
a）输送线用 b）手推车用 c）叉车用

2. 托盘式垂直升降输送机

图 4-16 为托盘式垂直升降输送机，因为能连续输送，所以效率较高，可达 500 个/h。这种输送机节省空间和人力，运费少，承载能力大，承载范围为 50～2 000kg。

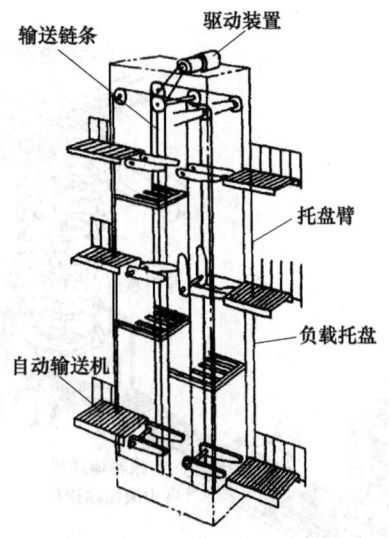

图 4-16 托盘式垂直升降输送机

3. 悬挂式输送机系统

如图 4-17 所示为悬挂式输送机系统。这个系统由导轮、导轨、从动轮、轴、支架、梁和挂物轴组成。当主动轴转动时，与主动轴交叉成一定角度（小于 15°）的从动轮一方面转动，一面又沿主动轴方向前进，从而带动与 4 个从动轮固连一起的支架移动。被输送的物品是悬挂在悬挂轴下端的。导轨支撑着导轮，主要起承载作用。主动轮是通过驱动装置的驱动来转动的。

这种输送系统主要用于服饰类等较轻物品的输送，可搬运 25～35kg 重的物品。其优点是没有噪声、平稳、安全、干净、卫生和效率较高，在物流中心里得到广泛应用。

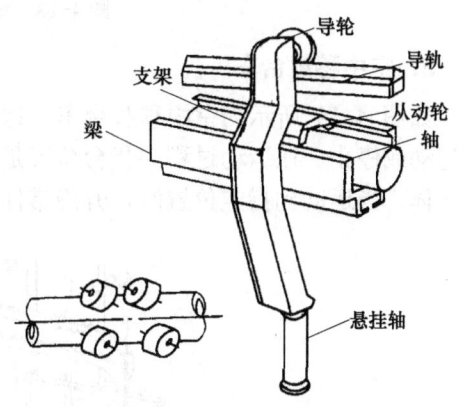

图 4-17 悬挂式输送机系统

4. 螺旋滑槽式垂直输送机

如图 4-18 所示为螺旋滑槽式垂直输送机。它利用重力及螺旋倾斜滑槽，使物品自上而下平稳滑下。因为没有驱动装置，只能向下而不能向上输送货品。

其特点是：

（1）滑槽轨道倾斜度在 12°以内，速度缓和、不损伤物品。

（2）可连续输送料箱，当料箱很多时，可存于槽内。

（3）因为没有驱动装置，所以没有噪声。

（4）结构简单，成本低，维修费用低。

这种输送机主要用于塑料箱的连续垂直运输。要求货箱的长、宽、高尺寸为 560mm×360mm×263mm 和货物质量为 2～24kg/个。输送能力为 20～100 箱/min。

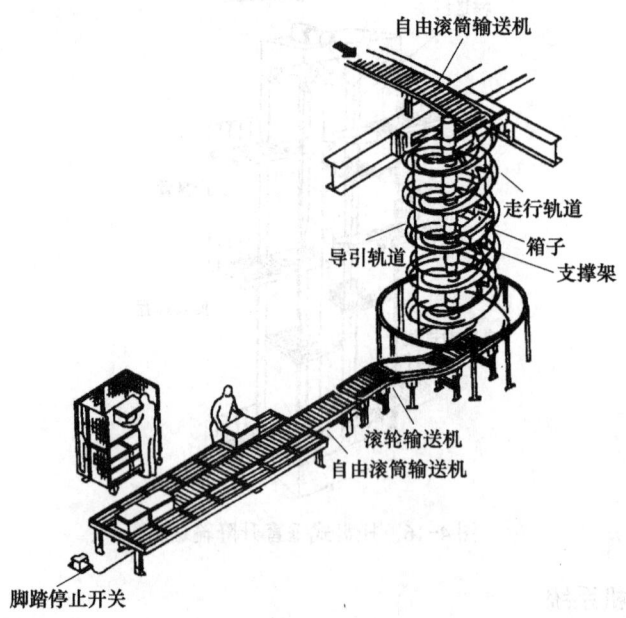

图 4-18 螺旋滑槽式垂直输送机

5．空中移载台车

如图 4-19 所示为空中移载台车。这种输送工具是悬挂在空中导轨上，按照指令在导轨上起动或停止。在运动过程中货台装置是通过卷扬机和升降带被提到最高位置，并与车体成为一体。当运动到指定位置时，升降带伸长，货台下落，进行卸货或装货。

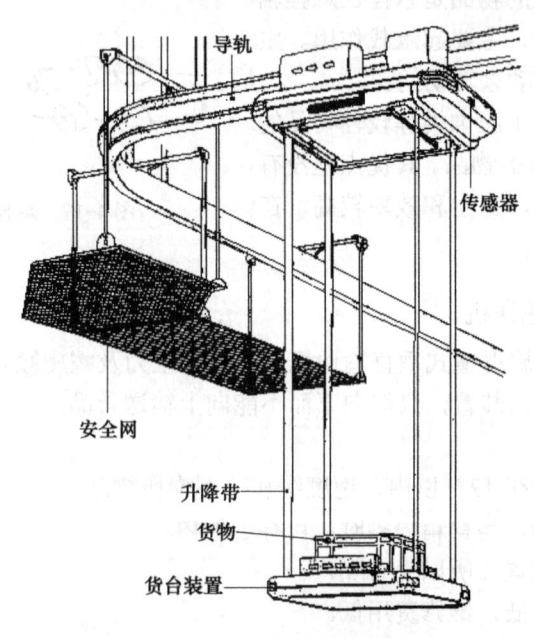

图 4-19 空中移载台车

任务二 自动导引搬运车的使用

【任务描述】

自动导引搬运车广泛应用于柔性搬运系统和自动化仓库中,以轮式移动为特征,具有行动快捷、工作效率高、结构简单、可控性强、安全性好等优点。与物料输送中常用的其他设备相比,自动导引搬运车的活动区域无需铺设轨道、支座架等固定装置,不受场地、空间和道路的限制。在自动化物流系统中,最能体现其自动性和柔性,实现高效、经济、灵活的无人化生产。

通过完成自动导引搬运车的使用工作任务,学习者应了解自动导引搬运车的概念、分类、结构、特点和相关参数;能够对自动导引搬运车有初步的了解;能够说出自动导引搬运车的种类;能够根据仓库的具体情况选择合适的自动导引搬运车;能够对自动导引搬运车进行正确的维护。

【知识学习】

一、自动导引搬运车的概念

自动导引搬运车(Automated Guided Vehicle,AGV)是指具有电磁或光学导引装置,能够按照预定的导引路线行走,具有小车运行和停车装置、安全保护装置以及各种移载功能的运输小车。

自动导引搬运车系统(Automated Guided Vehicle System,AGVS)是由管理计算机、数据传递子系统、若干辆沿导引路径行驶的自动导引搬运车、地面子系统等组成,用于及时有效地分派 AGV 到某位置完成指定动作而具有监控管理功能的系统。

二、自动导引搬运车的分类

自动导引搬运车按照导引方式的不同,可分为固定路径导引和自由路径导引。固定路径导引是在车辆的运行路线上设置导向信息媒介,如导线、色带等,由车辆的导向传感器接受线路媒体的导向信息,信息经实时处理后,控制车辆的正确行驶路线的导引方式。自由路径导引是在车辆上预先设定运行路线的坐标信息,车辆运行时,实时测出实际的车辆位置坐标,再将两者进行比较后控制车辆的导向运行。

自动导引搬运车按照运行方式的不同,可分为向前运行、前后运行和万向运行。

自动导引搬运车按照移载方式的不同,可分为链式输送机移载、辊道输送机移载、胶带输送机移载、推拉输送机移载、升降台移载、伸缩叉移载、机械手移载、手动移载等,如图 4-20 所示。

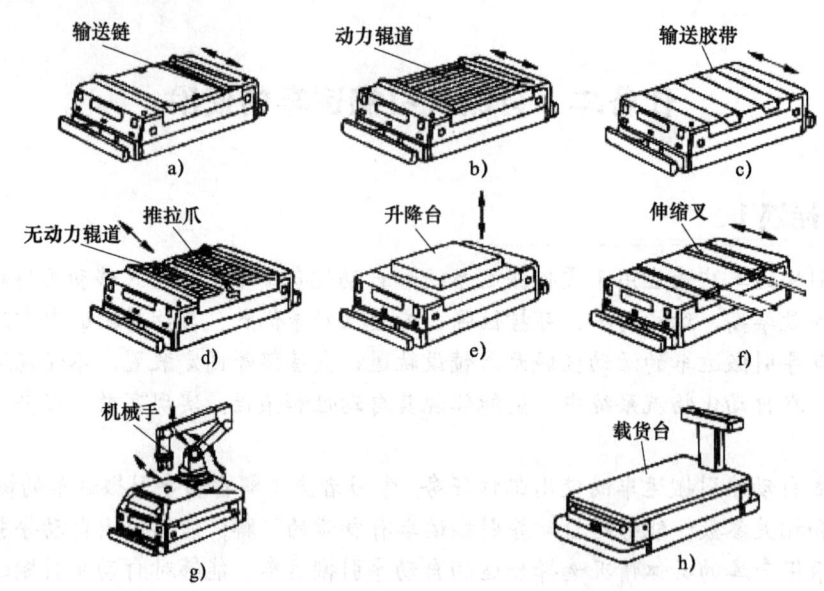

图 4-20 自动导引搬运车的移栽方式

a）链式输送机移载 b）辊道输送机移载 c）胶带输送机移载 d）推拉输送机移载 e）升降台移载
f）伸缩叉移载 g）机械手移载 h）手动移载

自动导引搬运车大多采用蓄电池供电，按照充电方式的不同，可分为交换电池式和自动充电式。交换电池式是指当电池的电荷降到指定的范围后，要求 AGV 退出服务，进入指定的充电区充电。自动充电式是指 AGV 在各个停泊位可以无时间限制地随时充电。

自动导引搬运车按照转向方式的不同，可分为舵轮转向、差速转向和独立多轮转向，如图 4-21 所示。

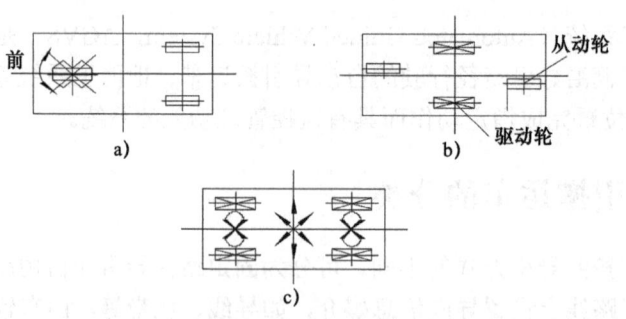

图 4-21 自动导引搬运车按转向方式分类

a）舵轮转向 b）差速转向 c）独立多轮转向

三、自动导引搬运车的应用场合

在制造业中，AGV 应用最广泛的领域是装配作业，特别是汽车的装配作业。德国用于汽车装配的 AGV 占整个 AGV 数量的 64%。近年来，电子工业是 AGV 的新兴用户，由于生产的多品种、小批量的要求，AGV 比传统的带式输送机具有更大的柔性。

在重型机械行业中，AGV 的主要用途是运送模具和原材料。由于运送物的质量较大，AGV 需要配备较大的移载装置。

在非制造业中，AGV 应用最广泛的行业是邮政业、图书馆、医院等。在邮政部门广泛采用 AGV，如将进区台的邮件送往处理区，再将处理区的邮件送往出区台。在图书馆，AGV 用于图书的入库和出库，可以自动地将图书送到指定的地点。

四、自动导引搬运车的结构简介

自动导引搬运车由机械系统、动力系统和控制系统组成，如图 4-22 所示。

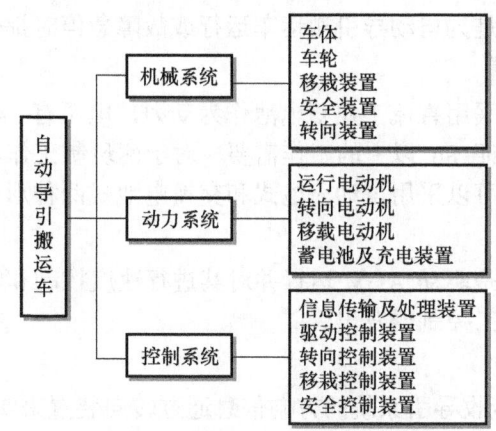

图 4-22　自动导引搬运车的结构

1. 车体

车体是自动导引搬运车的基本骨架，所有的零部件都安装在车体上。车体要有足够的强度和刚度，以满足 AGV 的运行和加速需要。车体一般由钢构件焊接而成，上面覆盖有 1～3mm 的钢板或硬铝板，板下的空间安装与驱动和转向直接有关的硬件控制系统和重量较大的部件（如蓄电池），以利于机械结构设计和降低车体重心，重心越低，越有利于抗倾翻。板上常安置移载装置、按键和显示屏等。车体的前后还安装安全挡圈、防撞挡板等。

2. 车轮与转向装置

自动导引搬运车的车轮有驱动轮、驱动转向轮、转向轮、随动轮、固定从动轮等，如图 4-23 所示。

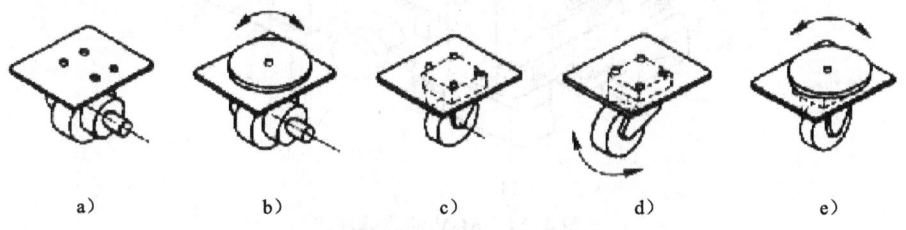

图 4-23　自动导引搬运车车轮基本结构
a）驱动轮　b）驱动转向轮　c）固定从动轮　d）随动轮　e）转向轮

在舵轮转向方式中，舵轮是驱动转向轮。舵轮偏转一定的角度即可实现转向。

差速转向方式的转向装置是一对平行同轴固定在车体中部的驱动转向轮，依靠电气调速使两轮产生不同的转速以实现转向。

独立多轮转向方式中，多个车轮前后布置在车体上，车辆运行时，各车轮都根据设定的运行路线自由偏转并实现转向。

3．移载装置

自动导引搬运车可以采用输送机、升降台、伸缩叉、机械手等多种移载装置将车辆上的货物卸到载货平台上，或将载货平台上的货物装到车辆上。

4．安全装置

安全装置的主要作用是为自动导引搬运车运行或故障急停时提供一定的安全保证。

5．蓄电池和充电装置

自动导引搬运车一般采用直流工业蓄电池作为动力，电压有 24V 和 48V 两种。蓄电池在额定电流下，一般应保证 8h 以上的工作需要，对于两班制工作环境，要求蓄电池有 17h 以上的工作能力。蓄电池可以采用自动充电式和交换电池式两种形式。

6．驱动控制装置

驱动控制装置的功能是驱动 AGV 运行并对其进行速度控制和制动控制。驱动控制装置的控制命令由计算机或人工控制器发出。

7．转向控制装置

AGV 的方向控制是接收导引系统的方向信息通过转向装置来实现的。一般情况下，AGV 被设计成三种运行方式：只能向前、向前与向后和万向运行。

8．信息传输及处理装置

信息传输及处理装置的功能是对 AGV 进行监控。监控 AGV 所处的地面状态，包括手动控制、安全装置起动、蓄电池状态、转向和驱动电动机的控制情况，然后对控制器的监控信息与地面控制器所发出的信息进行传递，以达到控制 AGV 运行的目的。

自动导引搬运车的总体结构如图 4-24 所示。

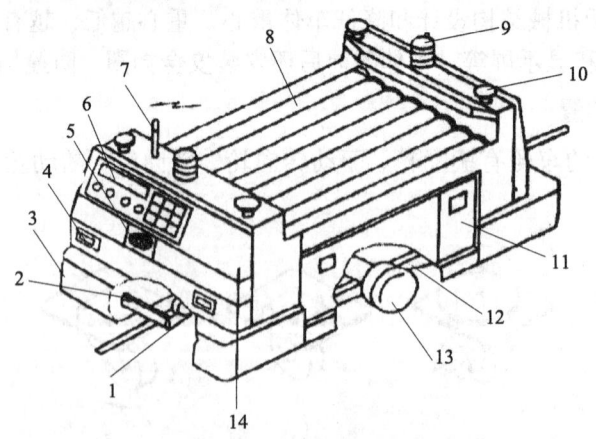

图 4-24 AGV 的总体结构

1—随动轮 2—导向传感器 3—接触缓冲器 4—接近探知器 5—警示音响 6—操作盘 7—外部通信装置
8—自动移载机构 9—警示灯 10—急停按钮 11—蓄电池组 12—车体 13—差速驱动轮 14—电控装置箱

五、自动导引搬运车的主要技术参数

1．额定载重量

额定载重量是指自动导引搬运车所能承载货物的最大重量。

2．自重

自重是指自动导引搬运车与电池加起来的总重量。

3．车体尺寸

车体尺寸是指车体的长、宽、高外形尺寸。该尺寸应该与所承载货物的尺寸和通道宽度相适应。

4．运行速度

运行速度是指自动导引搬运车在额定载重量下行驶的最大速度。它是确定车辆作业周期和搬运效率的重要参数。

5．停位精度

停位精度是指自动导引搬运车的定位精度，即车辆到达目的地处并准备自动移载时所处的位置与程序设定的位置之间所差的毫米数。

6．最小转弯半径

最小转弯半径是指自动导引搬运车在空载低速行驶、偏转程度最大时，瞬时转向中心到自动导引搬运车纵向中心线的距离。它是确定车辆弯道运行所需空间的重要参数。

7．电池电压

电池电压有两种规格，分别为 24V 和 48V。

8．工作周期

工作周期是指自动导引搬运车完成一次工作循环所需的时间。

六、自动导引搬运车的特点

自动导引搬运车的最大特点是其自动性，除此之外，柔性生产、准确生产以及机电一体化、安全性方面都有很大的优越性，具体分析如下：

1．无人驾驶

自动导引搬运车上装备有自动导向系统，可以保障系统在不需要人工操作的情况下就能沿预定的路线自动行驶，将货物从起始点输送到目的地，方便快捷。

2．柔性好

自动导引搬运车自动化程度和智能化水平高，行驶路径可以根据仓储货位要求改变而灵活改变，并且费用较传统的输送带和刚性的传送线相比非常低廉。

3．运载能力强

物载平台可以采用不同的安装结构和装卸方式，能满足不同货物的输送需求，物流系统的适应能力强。

4. 安全性能好

自动导引搬运车可装备多种声光报警系统，能通过车载障碍探测系统在碰到障碍物前自动停车。当其队列行驶或在某一区域交叉运行时，能避免相互碰撞，不存在人为差错。

5. 利用率高

由自动导引搬运车组成的物流系统不是永久性的，而是在给定的区域内设置，可以充分利用人行通道和叉车通道，从而改善仓库地面利用率，而且自动导引搬运车通过安装在地下的电缆或其他不构成障碍的地面导引物，其通道必要时可做他用。

6. 节约能源和环境保护

自动导引搬运车的驱动系统能耗小，能量利用率高，噪声低，无污染，对仓库环境没有不良影响。

7. 系统具有极高的可靠性

自动导引搬运系统由若干台自动导引搬运车组成，当一台自动导引搬运车需要维修时，其他自动导引搬运车的效率不受影响。

七、自动导引搬运车的安全措施

自动导引搬运车是无人驾驶的自动化设备，为确保车辆、各种地面设备、现场人员的安全，必须采取一定的安全保障措施。主要的安全措施是技术性措施和防碰撞技术。

1. 自动导引搬运车安全保证的技术性措施

（1）车辆的构造与功能。

1）车辆不得有作业时导致事故的外部轮廓。

2）车辆应具备在必要场所（如弯道等）确保安全的缓行速度。在一般作业场合，车辆的最大运行速度通常在 60m/min 以下。

3）车辆应设置急停按钮和警示灯。车辆的四角装着急停按钮，任何时候只要按下按钮车辆就能立即停止动作。车辆的前后装有警示灯，当小车准备起动或运行时，警示灯会不断闪烁。

4）障碍探测和接触缓冲。在车辆的前端有接近探知器和接触缓冲器。接近探知器在预定的距离内检测到障碍物，就能控制 AGV 减速直到车辆自动停止。若接近探知器未能检测到障碍物而当接触缓冲器触及障碍物时，立即发出触碰障碍物的信号，同时车辆紧急停止。

（2）货物搬运与移载。

1）车辆运行时，车上的移载装置及其上的货物必须锁紧和固牢；车辆移载时，车体不得移动。

2）自动移载时，应确保车上的移载装置与地面移载装置联动与联锁。

3）移载发生异常时，应保持停车状态直至故障消除。

（3）事故检测与紧急停车。当地面导向信息消失或中断、系统区段引导信息消失或中断、车辆导向精度超过设定范围、蓄电池所储能量低于规定的限度、载物货位异常、移载异常、锁紧部位异常和其他控制异常时，能够保证车辆紧急停止运动直至再次起动。

2. 自动导引搬运车安全保证的防碰撞技术

在自动导引搬运车系统中，采取三级防碰撞安全保护，即地面系统的防追撞区段保护，车辆上的接近障碍物探知保护和触碰障碍物的缓冲保护等。

（1）接近探知器。接近探知器设在车体的前方，常采用红外式或超声式向其前方发出遥测信号，并接收回波以进行安全确认，确认信号输入数据处理器，经分析判断后采取相应的措施。运行中，接近探知器的发射部分定时发出探测脉冲信号，随之将接受部分的停车回波选通接收门和减速回波选通接收门依次打开，用以判断车辆前方有无障碍物，若有障碍物，其距离如何，车辆应采取减速还是停车措施。

（2）接触缓冲器。接触缓冲器设在车体前方的下端，有多种结构类型，如弹性胶垫式、6 杠杆机构式、弹性薄板式和摆动撑杆式等。当接触缓冲器触及障碍物时，可以发出触及障碍物信号，使车辆紧急停止。接触缓冲器中的弹性元件可以减少车辆制动中的冲击。

自动导引搬运车一般采取接近探知器和接触缓冲器联合的安全防冲撞技术。

八、自动导引搬运车的发展展望

由于自动导引搬运车具有功能集中、系统简单、机构简单等优点，被广泛地应用在机械加工、汽车制造、港口货运、电子产品装配、造纸、发电厂、电子行业的超净车间等诸多行业。其运行速度可达到百米/分钟，运输能力可以从几千克到几十吨。自动导引搬运车是一种非常有前途的物流输送设备，尤其在柔性制造系统（FMS）和柔性装配系统（FAS）中被认为是最有效的物料运输设备。

随着电子和控制技术的发展，自动导引搬运车的技术也在不断进步，正在朝着性能更优越、更廉价、自由度更高、超大型化和微型化方向发展。其应用领域也在不断扩展。这种十几年前只是用作工厂内的物流输送设备，现在已经不仅局限于工厂之内，而是成功地应用到办公室、饭店、医院、仓储和超级市场等诸多领域，并且取得了很好的效果。因此在生产领域和生活领域自动导引搬运车的发展空间都很大，极具市场潜力。

> **知识拓展**
>
> **连续输送机**
>
> 何谓散料流通？即散装、散卸、散储、散运。在现代物流中，散料流通是一个重要的发展趋势，而散料流通的实现，必须借助于连续输送机。对于某些货物，如煤、化肥、粮食、矿砂等，采用包装流通还是散料流通，成本相差巨大。以粮食为例，采用包装流通，每吨费用约为 13.12 元，而采用散料流通，每吨费用仅为 0.93 元，此外，在作业时间与人数方面，也相差甚远。所以粮食采用散装流通，可以加快流通，提高各个环节的生产率，减少作业人员和人的劳动强度，大幅度降低流通费用，从而降低粮食的成本与价格，增强其市场竞争力。对于其他散料的流通，情况也是如此。
>
> 连续输送机是以连续、均匀、稳定的输送方式，沿着一定的线路从装货点到卸货点输送散料和成件包装货物的机械装置，具有以下特点：

（1）高效性。连续输送机的输送路线固定，加上散料具有的连续性，所以装货可以连续进行；输送过程中极少进行紧急制动和起动，因此，可以采用较高的工作速度，效率很高，而且不受距离远近的影响。

（2）自动控制性好。由于输送路线固定，动作单一，而且载荷均匀，速度稳定，所以容易实现自动控制。

（3）适应性差。一般地，一种机型只能适用于一种或几种同类型的货物，对于重量很大的货物，通常的连续输送机是不适用的。

（4）不能自行供货和取货。大多数的连续输送机不能自行供货、取货，需要配备专门的供货和取货装置。

（5）机动性差。连续输送机只能按照一定的线路输送，机动灵活性很差。

下面介绍两种常用的连续输送机。

一、带式输送机

带式输送机是由电动机作为动力，胶带为输送带，利用摩擦力连续输送货物的机械。

根据工作需要，带式输送机可做成工作位置不变的固定式和可以运行的移动式；也可做成输送方向能改变的可逆式输送机；还可做成机架伸缩以改变距离的可伸缩式输送机。

带式输送机主要用于水平方向或坡度不大的倾斜方向连续输送散粒货物，也可用于输送重量较轻的大宗成件货物。其特点是：输送货物量大、品种多、输送距离长；输送能力大、生产率高；结构简单，基建投资少，营运费用低；输送线路呈水平、倾斜布置或在水平方向、垂直方向弯曲布置，因而受地形条件限制小；工作稳定可靠；操作简单，安全可靠，易于实现自动控制。正是由于其优越的特点，使其应用场合遍及仓库、港口、车站、煤矿、工厂、建筑工地等。但是，带式输送机不能自动取货，当货流变化时，需要重新布置输送线路，输送角度不大。

二、斗式提升机

斗式提升机是一种在垂直方向或大于70°倾角的倾斜方向上输送粉粒状物品的输送设备。

斗式提升机根据牵引构件的不同，分为带斗式提升机和链斗式提升机。带斗式提升机适用于粉末或块度较小磨损性的物料，可以有很高的工作速度，但其强度较低，不能用于承载力很大、工作繁忙的场合；链斗式提升机工作速度较低，但具有很高的强度，可用于提升中等或大块度的物料，大型货场采用的卸煤机、卸矿石机及装砂机等都采用链斗式提升机。

斗式提升机在港口、仓库、粮食加工厂、油厂、食品厂等部门中得到广泛的应用。它的优点是：结构简单，外形尺寸小；占地面积小；提升高度大和输送能力强；在全封闭的机身内工作，对环境的污染小；耗用的动力小。其缺点是：过载时容易堵塞；需要均匀供料；料斗容易磨损等。

【同步测试】

一、选择题

1. 为使物品输送平稳，重力式滚轮输送机任何时候一个物品最少有分布在（　　）根轴上的（　　）个轮子支撑。

A. 3　3　　　　B. 5　3　　　　C. 5　5　　　　D. 3　5

2. 下列叙述中，（　　）不是连续输送机械的特点。

A. 高效性　　　　　　　　　　B. 自动控制性好
C. 适应性强　　　　　　　　　D. 以上都不对

3. 多台带式输送机联合工作时，开机从（　　）那台开始起动。

A. 进料端　　　B. 卸料端　　　C. 中间　　　D. 同时开机

4. AGV 是（　　）的英文缩写。

A. 装卸搬运设备　　　　　　　B. 叉车
C. 自动导引搬运车　　　　　　D. 输送机械

5. （　　）是物流领域中最常见的具有装卸、搬运双重功能的机械，并享有万能装卸机的美称。

A. 托盘搬运车　　　　　　　　B. 叉车
C. 固定式起重机　　　　　　　D. 自动引导搬运车

6. 重力式滚筒输送机在输送物品时为了运输稳定，一般至少需有（　　）支滚筒[柔性物则最少需要（　　）支]同时接触物品，否则会出现货物倾斜、卡住而使输送中断。

A. 3　4　　　　B. 2　3　　　　C. 3　5　　　　D. 4　5

7. 自动导引搬运车的蓄电池在额定电流下，一般应保证（　　）小时以上的工作需要。

A. 5　　　　　　B. 6　　　　　　C. 7　　　　　　D. 8

8. （　　）不属于自动导引搬运车的防碰撞技术。

A. 红外线　　　B. 超声波　　　C. 接触缓冲装置　　　D. 人眼观察

9. 布袋可以用（　　）输送机进行输送。

A. 重力式滚轮　　B. 重力式滚珠　　C. 重力式滚筒　　D. 动力链条式

二、简答题

1. 什么是出库作业？
2. 常用的垂直输送机有哪些？各有什么特点？
3. 简述单元负载式输送机的分类及应用。
4. 简述自动导引搬运车的结构。
5. 简述自动导引搬运车安全保证的技术性措施。

【知识应用】

自动导引搬运车（AGV）在传统造纸业中的应用

针对国内传统造纸业相对落后的物流现状，探索和开发应用于造纸行业的自动导引搬运车（AGV）系统，提高了造纸企业搬运、仓储自动化水平。

一、总体设计思想

根据造纸行业生产过程中特点，决定采用叉式 AGV 系统完成货物的运输。配备 AGV 控制台统一进行多 AGV 之间的调度协调和自身系统管理。配备人机交互终端便于使用人员进行任务管理及下达。

二、系统结构设计

该系统各组成部分之间采用无线以太网通信方式。任务管理操作终端与管理软件被分配在工作区的立式终端中，与AGV控制台之间采用无线通信方式进行数据传输。AGV控制台终端与AGV充电机被置于AGV工作区边，以便无线信号良好覆盖，与各AGV之间实现无线以太网通信。AGV充电机信号经由以太网IO模块经由通信线缆直接与AGV控制台互联。

在日常使用过程中，用户仅需对位于工作区的任务管理终端下达运输指令和相关信息，管理软件即对所产生的指令下达给AGV控制台，从而AGV控制台分配AGV执行各运输指令。AGV的运动路径规划及调度管理，以及充电调度均由AGV控制台自行完成，无需人为管理操作。

根据各任务类型的要求，设计现场AGV运输路径。由于从切纸机出来的托盘方向不一，故要根据其托盘方向，让AGV在需要时可以对托盘进行方向调转，以保证托盘运输到令包机上方向一致。

三、多AGV系统调度的设计

1. 任务分配

AGV控制台是AGV系统中的调度管理员，它向上可以与上级管理计算机相连接，向下通过无线局域网与系统中的AGV相连接，控制台可根据系统中上级管理计算机或外部配合信号情况，以及AGV系统的当前状况决定是否产生系统任务，并按一定的原则指派合适的AGV去完成任务。

2. 避碰管理

在多AGV系统中，AGV是按照各自的任务程序运行的，各AGV本身不能进行系统避碰协调，AGV系统控制台可根据系统中各AGV的位置与状态自动地发现可能发生碰撞的情况，并发出挂起指令，暂时停止低优先级AGV的运行，在碰撞的可能性消失时，能够发出指令解除AGV的挂起，允许AGV继续运行。

3. AGV充电管理

当AGV系统中的多个充电站共用一个充电机时，或AGV系统中有多个充电机时，AGV系统控制台负责协调各AGV的充电顺序与充电时间，保证系统中各AGV的电量处于较佳的状态；当系统中有优先级较高的事件发生时，控制台还可强制解除指定AGV的充电操作。

4. 控制台人工操作

在AGV控制台上，操作人员可以通过屏幕的显示观察地图、AGV的位置与状态、系统任务的运行情况等，对系统的运行进行一些相关的设置，并可以对一些特殊情况进行查看和操作。

四、AGV移载机构的设计

根据造纸行业的特点，其生产工艺过程中的产品均由托盘承载，而且托盘种类很多，因此对于AGV移载机构的设计定位为自动可调距叉式结构。对于该叉式移载设备的设计，借鉴了成熟的叉属具厂家的可调距叉属具，并在其结构上面增加了同步机构，以实现叉距调节时的双叉运动的绝对同步，从而适应托盘叉孔的精度要求。

五、AGV充电系统设计

对于该项目所应用环境和工作特点，AGV采用了镍镉电池组，并配备了地面快速充电站。

该电池及充电系统的特点为：具备24h连续运行能力；充电过程迅速；充电站施工简单。

六、项目实施前后的情况对比

项目实施之前，原有纸品运输完全由人工来完成，存在着劳动强度大、可能产生人为伤害和设备损坏问题。同时，人工运输使纸品无法被物流管理系统进行自动追溯，无法实现自动化仓储物流管理。

该项目实施后，纸品的运输完全由AGV来完成。AGV的重复工作及路径固定等特点避免了以往周边设备的意外损坏，降低了工人的工作强度。另外，AGV的高可靠性和安全性使工人可以在AGV运行区域安全工作，避免以往的意外伤害。同时，通过AGV运输纸品，实现了纸品在运输过程中可以实时被物流管理软件所监控和追踪，完全实现了与自动化仓储物流管理系统的对接。

根据本案例简要分析该项目采用了哪些先进的装卸搬运设备？对仓库的管理水平的提高有什么帮助？

学习情境二 港口企业作业

【情境描述】

港口企业的作业流程主要是由两个环节组成：装船卸船作业与堆场作业。我们按照港口企业的两个典型作业环节来进行两个项目的学习，这两个项目分别是"项目五 装船卸船作业"和"项目六 堆场作业"。

项目五 装船卸船作业

装船卸船作业是水路货物运输的重要作业内容，特别是在集装箱运输产生以后，装船卸船作业的机械化、自动化程度越来越高。在装船卸船作业过程中，要用到哪些物流机械设备呢？

存放在堆场或运输船只上的货物通常是装在集装箱（散货除外）中，用运输车辆送至堆场装卸作业区，采用岸边集装箱装卸桥、龙门起重机、门座起重机、正面吊等相关物流设备进行装卸搬运作业。本项目的任务就是学习如何正确选择、使用合适的装卸设施进行货物的装船卸船作业。完成本项目的学习后，应该达到以下的学习目标：

【知识目标】掌握集装箱的概念、结构、分类、特点和标准规格以及集装箱的选择；熟悉岸边集装箱装卸桥的应用场合、特点、结构、工作过程等；熟悉龙门起重机的应用场合、特点、结构、工作过程等；熟悉门座起重机的应用场合、特点、结构、工作过程等。

【能力目标】具有正确选用、使用和管理集装箱的能力；能够说出岸边集装箱装卸桥的功能、用途、参数；具有运用、管理起重机械设备的能力。

任务一 集装箱的认识与选择

【任务描述】

使用集装箱转运货物，可直接在发货人的仓库装货，运到收货人的仓库卸货，中途更换车、船时，无须将货物从箱内取出换装。集装箱最大的优点在于其产品的标准化以及由此建立的一整套运输体系，能够让一个载重几十吨的庞然大物实现标准化，并且以此为基础逐步实现全球范围内的船舶、港口、航线、公路、中转站、桥梁、隧道、多式联运相配套的物流系统。通过完成集装箱的认识与选择任务,学习者能识别常见的集装箱;了解集装箱的结构和分类;能识别各种类型集装箱的标志;能熟练掌握国际集装箱标准和我国集装箱标准;能根据集装货物的不同,选择合适的集装箱进行装载。

【知识学习】

一、集装箱的概念

集装箱在我国台湾和香港等地被称为货柜。其英文为 container,按英文的字面含义理解是"容器",但并非所有的容器均可称作集装箱。根据国际标准化组织(ISO)对集装箱的定义,集装箱是一种具有以下特点的运输设备:

(1) 具有耐久性,其坚固程度足以反复使用。
(2) 适合一种或多种运输方式,途中转运时箱内货物无需换装。
(3) 设有快速装卸和搬运的装置,特别便于从一种运输方式转移到另一种运输方式。
(4) 便于货物装满或卸空。
(5) 内容积为 $1m^3$ 或 $1m^3$ 以上。

以上集装箱的定义中不包括车辆及一般包装。目前,中国、日本、美国、法国等国家,都全面地引进了国际标准化组织对集装箱的定义。除了 ISO 的定义外,还有《集装箱海关公约》(CCC)、《国际集装箱公约》(CSC)、英国国家标准和北美太平洋班轮公会等对集装箱下的定义,内容基本上大同小异。我国 GB/T 1992—2006《集装箱术语》中,引用了上述定义。

二、集装箱的结构

集装箱结构如图 5-1 所示。集装箱不同于公路和铁路货车车厢,也不同于反复使用的大型包装箱,它的主要特点是有八个角件,依靠这八个十分简单,但结构和尺寸都很精确的角件,可以完成集装箱的装卸、栓固、堆码、支承等作业。集装箱的角件如图 5-2 所示。

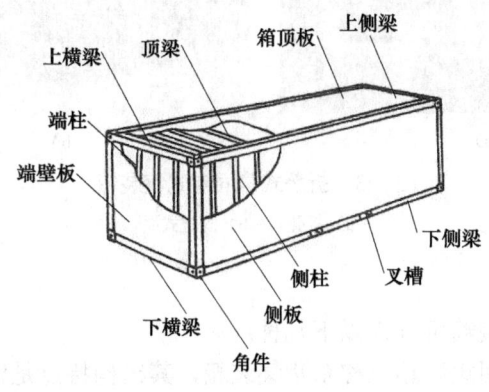

图 5-1 集装箱结构示意图

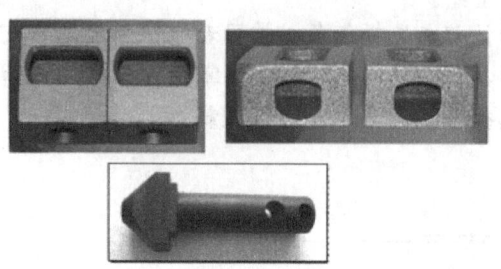

图 5-2 集装箱角件

三、集装箱的分类

1．按照制造材料分类

按箱体材料的不同，集装箱有铝合金集装箱、钢制集装箱、玻璃钢集装箱和不锈钢集装箱，各类不同材质集装箱的特点见表 5-1。

表 5-1 不同材质集装箱的特点

集 装 箱	特点与适用
铝合金集装箱	用铝合金型材和板材制成，重量轻，造价高
钢制集装箱	用钢材制成的集装箱，强度大，价格低；但重量大，防腐性能比较差
玻璃钢集装箱	用玻璃纤维和合成树脂混合在一起制成薄薄的加强塑料，用黏合剂贴在胶合板的表面上形成玻璃钢板。它具有隔热性能好，易清扫等特点
不锈钢集装箱	与钢制集装箱相比，重量较轻，防腐蚀性能高

2．按照结构分类

按照结构的不同，集装箱可分为折叠式集装箱和固定式集装箱（如图 5-3 所示）。主要部件能简单地折叠或分解，使用时可再次组合起来的集装箱称为折叠式集装箱。反之，各部件永久组合在一起的集装箱称为固定式集装箱。目前，主要使用的是固定式集装箱。

a) b)

图 5-3 折叠式与固定式集装箱

a）折叠式 b）固定式

3．按照用途分类

根据用途的不同，集装箱可分为以下几种：

（1）通用集装箱。通用集装箱也称杂货集装箱，其结构特点是常为封闭式，一般在一端或侧面设有箱门。通用集装箱用以装载除需控制温度的货物、液体货物及特种货物以外的一般杂货。它的使用范围非常广泛，在所有的集装箱中，此类集装箱所占比重最大。其中常用的有 20ft 和 40ft 两种。通用集装箱如图 5-4 所示。

图 5-4　通用集装箱

（2）敞顶集装箱。敞顶集装箱也称开顶集装箱，是一种没有刚性箱顶的集装箱。如图 5-5 所示，敞顶集装箱能从上面装卸货物。为了保持水密性，需有可折式的帆布或涂塑布制成的顶棚。敞顶集装箱适用于装载较高的大型货物和需吊装的货物。

图 5-5　敞顶集装箱

（3）保温集装箱。保温集装箱是为了运输需要冷藏或保温的货物，所有箱壁都用导热率低的隔热材料制成。保温集装箱又可分为三种：

1）冷藏集装箱。它是以运输冷冻食品为主，能保持所设定的温度的保温集装箱（如图 5-6 所示）。它分为带有冷冻机的内藏式机械冷藏集装箱和没有冷冻机的外置式机械冷藏集装箱。内藏式配备有冷冻机，外置式没有冷冻机，只有隔热结构，即在集装箱端壁上设有进气孔和出气孔，箱子装在船上，由船舶的冷冻装置供应冷气。冷藏集装箱造价较高，营运费用高，使用中应注意冷冻装置的技术状态及箱内货物所需的温度。

图 5-6　冷藏集装箱

2）隔热集装箱。它是为载运水果、蔬菜等货物，防止温度上升过大，以保持货物鲜度而具有充分隔热结构的保温集装箱。隔热集装箱通常用干冰作制冷剂,保温时间在 72h 左右。

3)通风集装箱。它是为装运水果、蔬菜等不需冷冻而具有呼吸作用的货物,在端壁和侧壁上设有通风口的集装箱。如将通风口堵住,可作为杂货集装箱使用。

(4)罐式集装箱。罐式集装箱是专门运输液体货物(如酒类、油类及液状化工品等货物)而使用的集装箱,如图 5-7 所示。它由罐体和箱体框架两部分组成,装货时由罐顶的装货孔进入,卸货时,则由排货孔流出或从顶部装货口吸出,一般为不锈钢制集装箱。

图 5-7　罐式集装箱

(5)散料集装箱。散料集装箱除了有箱门外,在箱顶部还开有 2~3 个装货口,适用于装载粉状或粒状货物。使用时要保持箱内清洁干净,两侧保持光滑,便于货物从箱门卸货。散料集装箱如图 5-8 所示。

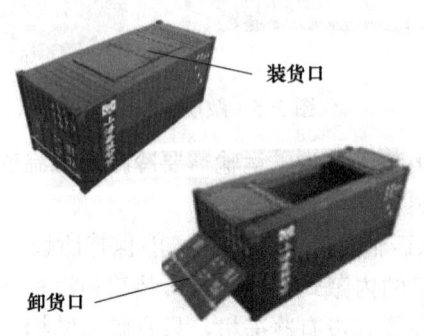

图 5-8　散料集装箱

(6)动物集装箱。动物集装箱是一种专供装运动物的集装箱。为了实现良好的通风,箱壁用金属丝网制造,侧壁下方设有清扫口和排水口,并设有喂食装置(如图 5-9 所示)。

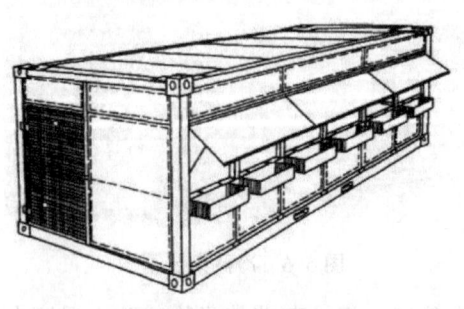

图 5-9　动物集装箱

(7)汽车集装箱。汽车集装箱是一种运输小型轿车的专用集装箱。其特点是在箱的框架内安有简易箱底,无侧壁,其高度与轿车一致,可载运一层或两层小轿车。汽车集装箱如图5-10所示。汽车集装箱一般为非国家标准集装箱。

图 5-10　汽车集装箱

(8)台架式及平台式集装箱

台架式集装箱是没有箱顶和侧壁,甚至有的连端壁也去掉而只有底板和四个角柱的集装箱。它们的主要特点是:为了保持其纵向强度,箱底较厚,箱底的强度比普通集装箱大,而其内部高度则比一般集装箱低。在下侧梁和角柱上设有系环,可把装载的货物系紧。台架集装箱没有水密性,不能装运怕水湿的货物,适合装载形状不一的货物。

台架式集装箱可分为敞侧台架式、全骨架台架式、有完整固定端壁的台架式、无端壁仅有固定角柱和底板的台架式集装箱等。

平台式集装箱是仅有底板而无上部结构的一种集装箱。该集装箱装卸作业方便,适用于装载长而重的大件货物。图 5-11 为各种台架式和平台式集装箱。此类集装箱的特点是可利用各种机械从前后、左右及上方进行装卸作业。

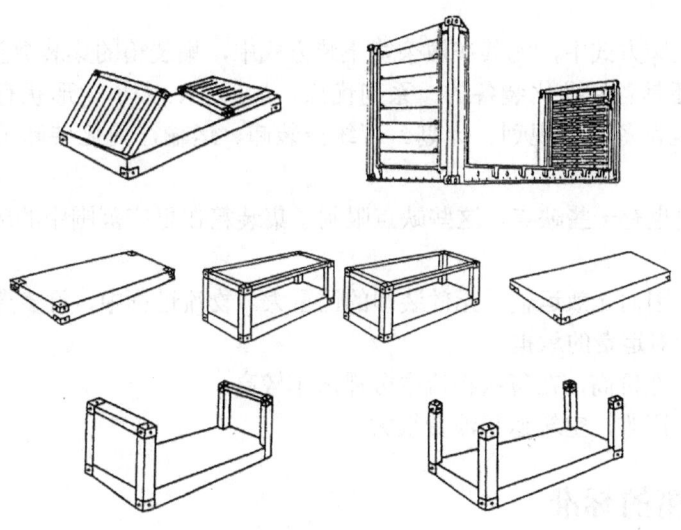

图 5-11　各种台架式和平台式集装箱

(9)服装集装箱。服装集装箱(如图 5-12 所示)的特点是在箱内上侧梁上装有许多横杆,每根横杆上垂下若干皮带扣、尼龙带扣或绳索,成衣利用衣架上的钩,直接挂在带扣或绳索上。集装箱内的服装装载属于无包装运输，它不仅节约了包装材料和包装费用，而且减少了人工劳动，提高了服装的运输质量。

图 5-12　服装集装箱

各类集装箱都是根据不同货物运输、装卸的需要设计的，针对不同的货物选用适当的集装箱是集装箱运输中非常重要的一项工作。

四、集装箱的特点

集装箱自问世以来，得到了非常迅猛的发展，这是因为集装箱自身具有其他器具不可比拟的优点。集装箱的优点如下：

（1）强度高、保护防护能力强，因而货损小。

（2）集装箱功能多，本身是一个小型的储存仓库。因此，使用集装箱，可以不再配置仓库、库房。

（3）集装箱可以重叠垛放，有利于提高单位地面的储存数量。在车站、码头等待运处，占地较少。

（4）在几种集装方式中，尤其在散杂货集装方式中，集装箱的集装数量较大。

（5）集装箱还具备标准化装备的一系列优点，如尺寸、大小、形状有一定规定，便于对装运货物和承运设备做出规划、计划。可统一装卸、运输，简化装卸工艺，通用性、互换性强。

当然，集装箱也有一些缺点，这些缺点限制了集装箱在更广范围中的应用。集装箱的缺点主要如下：

（1）自重大，因而无效运输、无效装卸的比重大。物流过程中，许多劳动消耗于箱体本身上，增加了货物对运费的承担。

（2）箱体本身造价高，在每次物流中分摊成本较高。

（3）箱体返空困难，空箱返行浪费很大。

五、集装箱的标准

为了使集装箱能够进行多种运输形式的联运，必须使集装箱在海运、陆运甚至空运的任何运输形式的运输区间都能通用，必须强化集装箱标准化。集装箱标准按照使用范围有国际标准、国家标准、地区标准和公司标准四种。

1. 国际标准集装箱

国际标准集装箱是指根据国际标准化组织（ISO）第 104 技术委员会制定的国际标准来制造的国际通用的标准集装箱。国际标准集装箱共有 15 种，国际标准集装箱的规格尺寸（ISO 668—2013）见表 5-2，其中国外普遍发展 1AA 型和 1CC 型两种大型集装箱。集装箱的宽度均为 2 438mm，高度有 4 种，分别为 2 896 mm、2 591mm、2 438mm、小于 2 438mm，长度有 5 种，分别为 13 716mm、12 192mm、9 125mm、6 058mm、2 991mm。国际上部分集装箱的内部尺寸见表 5-3。

表 5-2 国际集装箱标准（ISO 668—2013）

集装箱型号	长度 L				宽度 W				高度 H				额定总质量 R（总质量）	
	mm	公差 mm	ft	公差 in	mm	公差 mm	ft	公差 in	mm	公差 mm	ft	in	公差 in	kg	lb
1EEE	13 716	0~10	45	0~$\frac{3}{8}$	2 438	0~5	8	0~$\frac{3}{16}$	2 896	0~5	9	6	0~$\frac{3}{16}$	30 480	67 200
1EE									2 591	0~5	8	6	0~$\frac{3}{16}$		
1AAA	12 192	0~10	40	0~$\frac{3}{8}$	2 438	0~5	8	0~$\frac{3}{16}$	2 896	0~5	9	6	0~$\frac{3}{16}$	30 480	67 200
1AA									2 591	0~5	8	6	0~$\frac{3}{16}$		
1A									2 438	0~5	8		0~$\frac{3}{16}$		
1AX									<2 438		<8				
1BBB	9 125	0~10	29	11$\frac{1}{4}$	2 438	0~5	8	0~$\frac{3}{16}$	2 896	0~5	9	6	0~$\frac{3}{16}$	30 480	67 200
1BB				0~$\frac{3}{8}$					2 591	0~5	8	6	0~$\frac{3}{16}$		
1B									2 438	0~5	8		0~$\frac{3}{16}$		
1BX									<2 438		<8				
1CC	6 058	0~6	19	10$\frac{1}{2}$	2 438	0~5	8	0~$\frac{3}{16}$	2 591	0~5	8	6	0~$\frac{3}{16}$	30 480	67 200
1C				0~$\frac{1}{4}$					2 438	0~5	8		0~$\frac{3}{16}$		
1CX									<2 438		<8				
1D	2 991	0~5	9	9$\frac{3}{4}$ 0~$\frac{3}{16}$	2 438	0~5	8	0~$\frac{3}{16}$	2 438	0~5	8		0~$\frac{3}{16}$	10 160	22 400
1DX									<2 438		<8				

表 5-3 部分集装箱的内部尺寸

型号	最小内部尺寸/mm		
	高	宽	长
1EEE	集装箱外部高度−241mm	2 330	13 542
1EE			13 542
1AAA			11 998
1AA			11 998
1A			11 998
1BBB			8 931
1BB			8 931
1B			8 931
1CC			5 867
1C			5 867
1D			2 802

2．国家标准集装箱

我国从 1978 年 10 月 1 日起，实施国家标准 GB/T 1413—1978《货物集装箱外部尺寸和重量系列》。标准中规定的集装箱重量系列为 5t、10t、20t、30t 四种，其相应的型号为 5D、10D、1CC、1AA。1998 年、2008 年又相继两次修改该标准，目前有效的是 GB/T 1413—2008《系列 1 集装箱分类、尺寸和额定重量》，该标准引用了 ISO 668—1995，我国国内集装箱标准公称长度见表 5-4，通用集装箱的最小内部尺寸与门框开口尺寸见表 5-5。

表 5-4 我国国内集装箱公称长度

集装箱型号	公称长度	
	m	ft
1EEE 1EE	13.716	45
1AAA 1AA 1A 1AX	12	40
1BBB 1BB 1B 1BX	9	30
1CC 1C 1CX	6	20
1D 1DX	3	10

表 5-5 通用集装箱的最小内部尺寸与门框开口尺寸

(单位为 mm)

集装箱型号	最小内部尺寸			最小门框开口尺寸	
	高度	宽度	长度	高度	宽度
1EEE	箱体外部高度减去 241	2 330	13 542	2 566	2 286
1EE			13 542	2 261	
1AAA			11 998	2 566	
1AA			11 998	2 261	
1A			11 998	2 134	
1BBB			8 931	2 566	
1BB			8 931	2 261	
1B			8 931	2 134	
1CC			5 867	2 261	
1C			5 867	2 134	
1D			2 802	2 134	

3．地区标准集装箱

此类集装箱标准是由地区组织根据该地区的特殊情况制定的，仅适用于该地区，如根据欧洲国际铁路联盟（VIC）所制定的集装箱标准而制造的集装箱。

4．公司标准集装箱

某些大型集装箱船公司，根据本公司的具体情况和条件而制定的集装箱船公司标准，这类集装箱主要在该公司运输范围内使用。

六、集装箱的标记和识别

为了便于对国际间流通的集装箱进行识别、监督和管理，每一个集装箱都应该在适当和明显的位置印刷永久标记。国际标准化组织集装箱技术委员会（ISO/TC104）对集装箱的标记项目和位置做了规定。图 5-13 为某集装箱箱门上的标记。

集装箱的端面、侧面和顶面上有近 10 种标记，认识这些标记能够便于对集装箱进行识别与管理。集装箱标记的内容主要包括：

1．箱主代号

箱主代号是用来表示集装箱所有人的代号。箱主代号用四个拉丁字母表示。前三位由箱主自己规定，第四位规定为 U，

图 5-13 集装箱箱门上的标记

U 是集装箱这种特殊设备的设备识别码，是国际标准中海运集装箱的代号。只在国内流通使用的集装箱使用前，必须由集装箱所有人向国家集装箱管理机构登记注册；国际流通中的集装箱，在使用前需向国际集装箱局（BIC）登记注册（一个公司可以申请几个箱主代号），登记时不得与登记在先的箱主代号重复。

例如："CNCU 254161 3"，CNCU 为箱主代号，表示正利航业股份有限公司；"COSU

800121⃞5"，COSU 为箱主代号，表示中国远洋运输（集团）公司。

表 5-6 中为常见的几家运输公司的箱主代号。

表 5-6 几家运输公司的箱主代号

公司名称	中远	中海	商船三井	总统轮船	长荣	东方海外
箱主代号	CBHU	CCLU	MOLU	APLU	EMCU	OCLU

2．顺序号和核对号

顺序号是集装箱的箱号，用六位阿拉伯数字表示，如数字不足六位时，在数字前加"0"补足六位。例如"COSU 800121⃞5"，800121 为顺序号。

核对号是用于计算机核对箱主号与顺序号正确性的号码。一般位于顺序号之后，用一位阿拉伯数字表示，并加以方框醒目表示。核对号是由箱主代号的四位字母和顺序号的六位阿拉伯数字通过一定的方式计算而得。例如"COSU 800121⃞5"，其核对号为 5。

3．国家代号

国家代号用两个或三个大写拉丁字母表示，说明集装箱的登记国。例如 CN 或 PRC 表示登记国为中华人民共和国；US 或 USA 表示登记国为美国。国际标准化组织公布的国家和地区代号有 220 多个。

4．规格尺寸代号和箱型代号

规格尺寸代号和箱形代号由四位数符组成。前两位是两位阿拉伯数字，为尺寸代号，用以表示集装箱的大小。后两位由两位数符组成，用以表示集装箱的类型，箱型代号可从有关手册中查得。

5．最大总质量和箱体自重

最大总质量（MAX GROSS）又称额定质量，是集装箱的自重与最大允许装货质量之和。自重（TARE）是指集装箱的空箱质量。集装箱最大质量和自重的标记要求用公斤（kg）和磅（lb）⊖两种单位同时标出。

6．其他

根据我国 2012 年颁布的《集装箱检验规范》。若中国船级社检验合格后，还应设下列永久性徽记、标记和牌照。

（1）中国船级社徽记。

（2）国际集装箱安全公约（CSC）安全合格牌照。

（3）海关加封运输批准牌照。

（4）中国船级社检验合格钢印标记。

以上内容中，箱主代号、顺序号、核对号、最大总质量为必需标记，其余为自选标记。

集装箱代号标记的位置应分布在集装箱顶部、两侧、门端、封闭端（盲端）等 5 个面上，如图 5-14 所示。

⊖ 非法定计量单位，1lb=0.453 6kg。

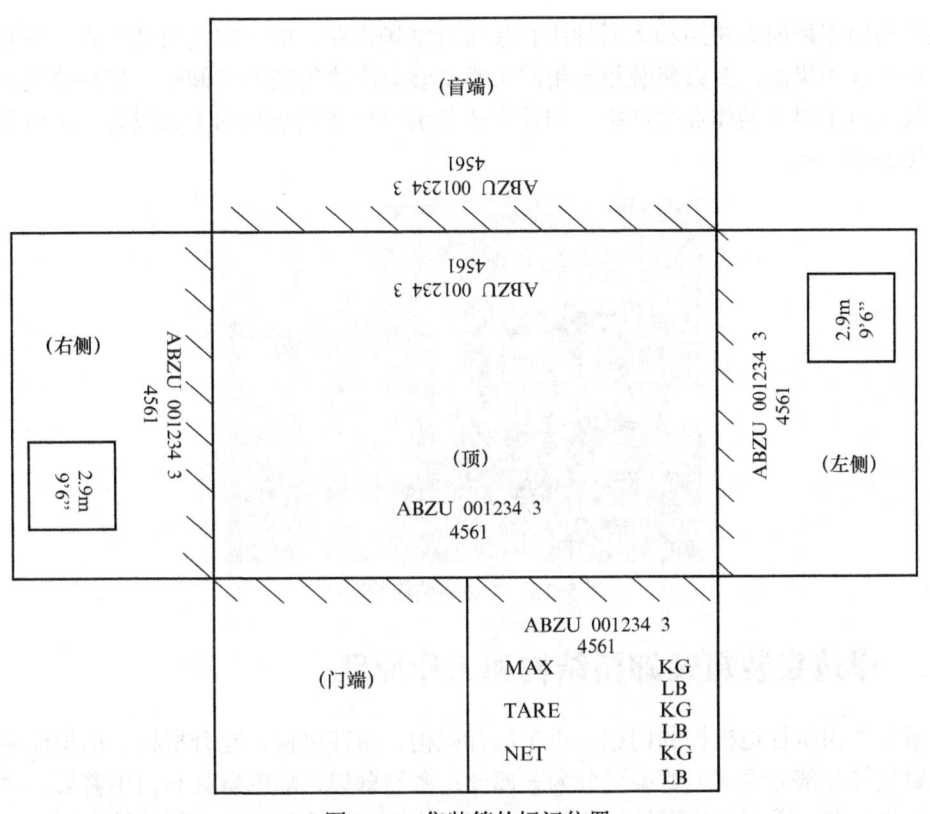

图 5-14 集装箱的标记位置

> 问题与思考：各类货物应选什么类型的集装箱装运较合适呢？

任务二　岸边集装箱装卸桥的使用

【任务描述】

岸边集装箱装卸桥是在码头前沿工作的一种专门用于集装箱船舶装卸的大型起重设备。岸边集装箱装卸桥是码头的主要装卸设备，它的工作效率直接决定了码头的生产率。通过完成岸边集装箱装卸桥的使用任务，学习者应理解岸边集装箱装卸桥的结构和工作原理；了解岸边集装箱装卸桥主要性能参数；了解不同国家的岸边集装箱装卸桥的选择习惯；了解岸边集装箱装卸桥的发展趋势。

【知识学习】

一、岸边集装箱装卸桥的概念

岸边集装箱装卸桥（简称岸桥）是集装箱船与码头前沿之间装卸集装箱的主要设备。个别码头还利用岸桥的大跨距和大后伸距直接进行堆场作业。由于它具有效率高、车船作业简便、适用性强的优点,多数集装箱专用码头都安装有岸边集装箱装卸桥。岸桥的装卸能力和速度直接决定了码头的作业生产率,因此岸桥是港口集装箱装卸的主力设备。岸边集装箱装卸桥如图 5-15 所示。

图 5-15 岸边集装箱装卸桥

二、岸边集装箱装卸桥结构和工作原理

岸桥主要由带行走机构的门架、小车运行机构、俯仰机构、起升机构、承担臂架重量的拉杆和臂架等几部分组成。臂架可分为三部分:海侧臂架、陆侧臂架和门中臂架。海侧臂架用以装卸集装箱,通过机构可进行俯仰,以便集装箱装卸桥移动时与船舶的上层建筑不发生碰撞;陆侧臂架上面设有平衡装置,以保持装卸桥平衡与稳定;门中臂架是用于连接海测和陆侧臂架的。

岸边集装箱装卸桥工作时,门架沿着与岸边平行的轨道行走,小车沿着臂架上的轨道往返于海陆两侧吊运集装箱,进行装船和卸船作业。岸桥设计时要求在 16m/s 以内的风速下可以正常作业,并要求在 50m/s 风速下保持稳定。起重量一般为 30~35t,平均装卸效率为 25~35 TEU/h,最新研制的双小车岸边集装箱装卸桥效率可以达到 60TEU/h。

三、岸边集装箱装卸桥主要性能参数

岸边集装箱装卸桥主要性能参数有:

1. 起重量

岸边集装箱装卸桥的起重量(Q)是该装卸桥的额定起重量(Q_e)和集装箱吊具的重量(W)之和。其中岸边集装箱装卸桥的额定起重量(Q_e)为集装箱的自重与所装货物允许的最大重量之和。

$$Q=Q_e+W$$

2. 外伸距

外伸距是指岸边集装箱装卸桥海侧轨道中心线向外至吊具铅垂中心线之间的最大水平距离。外伸距通常为 35~38m。

3. 内伸距

内伸距是指岸边集装箱装卸桥陆侧轨道中心线向内至吊具铅垂中心线之间的最大水平距离。内伸距通常为 8~16m。

4. 轨距

轨距是指岸边集装箱装卸桥两行走轨道中心线之间的水平距离。轨距的大小对岸边集装箱装卸桥的稳定性有很大的影响，同时，轨距的变化还会使岸边集装箱装卸桥的轮压产生相应的变化。确定此值时，要考虑到码头前沿的接运方式，如现在通常用的 16m 轨距，就是考虑了在轨距范围内能设置三股跨运车的通道。

5. 基距

基距是指同一轨道上两个主支承轴的中心线间的距离。为了保证 40ft 长的集装箱在此距离内通过，并考虑到作业时集装箱可能产生的摆动，以及大型舱盖板（14m×14m）能通过，因此，基距应在 14m 以上。

6. 起升高度

起升高度是指轨面下起升高度与轨面上起升高度之和。这一高度主要根据船舶型深、吃水、潮差及集装箱的装载状况而定。起升高度一般应保证在满载低水位时，能起吊舱底最下一层集装箱；同时，还应注意到船舶有±1m 的纵倾或 3°的横倾时可能增加的高度。一般起升高度大于 35m。

7. 净空高度

净空高度是指从地面到岸桥门架下侧的垂直距离。此高度主要取决于门架下所要通过的流动搬运机械的外形高度，如通过堆码两层的跨运车，其净空高度要在 8m 以上；如需通过堆码三层的跨运车，则净空高度应在 9m 以上。

8. 升降速度

升降速度包括起吊额定质量时匀速上升或下降的速度和空载时匀速上升或下降的速度。一般要求空载升降速度应高于满载升降速度的一倍以上（空载升降速度为 110~180m/min，满载时升降速度为 50~90m/min）。

9. 大车运行速度

大车运行速度是指岸边集装箱装卸桥起吊额定质量运行时的速度。此速度要求不能过高，通常在 25~45m/min，但要求有较好的调速和制动性能。

10. 小车运行速度

小车运行速度是指起重小车横向匀速运行时的速度。自行式小车运行速度为 150~210m/min，牵引式小车运行速度为 180~240m/min，一般情况下，小车运行时间约占整个工作循环时间的 1/4，因此，如何提高小车运行速度，是提高装卸效率的重要一环。但小车高速运行时会产生摇摆，因此要安装防摇装置。

11. 最大工作轮压

最大工作轮压是指岸边集装箱装卸桥在工作风速为 16m/s 的情况下起吊额定起重量时的

轮压。

12. 生产率

岸边集装箱装卸桥的生产率是指在一定的作业条件下进行连续的装卸船作业,在单位时间内所能装卸的集装箱数量,多以"箱/小时"(TEU/h)来表示。

> **问题与思考:** 应如何正确选择合适的岸桥呢?

知识链接: 集装箱管理

集装箱管理是集装箱运输系统中极其重要的环节,也是一项十分重要的工作。其内容包括集装箱的备箱、租赁、调运、保管、交接、发放、检验及修理等工作。做好集装箱管理,对降低集装箱运输总成本,减少置箱投资,加快集装箱的周转,提高集装箱货物的装载质量、货运质量和提高企业经济效益均具有重要意义。

一、集装箱管理业务范围

船舶代理人根据集装箱班轮公司和集装箱营运人的要求,负责码头和场站集装箱的跟踪、盘存和管理工作,办理集装箱进出口报关、报验、查询、调运、发放、起租、退租、转租、检验、修理、清洗、熏蒸、卫检等工作,并按代理协议的规定,向委托人提供有关集装箱跟踪管理的信息报告。

二、集装箱管理业务

船舶代理人应遵守有关法律和规章的规定,对集装箱进行各项管理工作。

1. 进口集装箱管理业务

船舶代理人在船舶卸毕后1个工作日内向船公司或委托人发卸船报或输入有关计算机系统;根据集装箱载货清单和理货机构的卸货记录核对进口集装箱的箱数和箱号;代船公司或委托人办理进口集装箱的箱体报关手续;办理放箱手续。

进口集装箱的发放、交接应根据提货单(交货记录)等文件内列明的集装箱交接条款,实施"集装箱设备交接单"制度。从事集装箱业务的单位必须凭集装箱管理人签发的设备交接单办理进口集装箱及集装箱设备的提还箱、出场进场手续;对集装箱的超期使用、租用或集装箱及集装箱设备的灭失和损坏应支付超期使用费、租箱费和承担赔偿责任。

2. 出口集装箱管理工作

船舶代理人根据用箱单位的要求和船公司或委托人的规定或指示,办理集装箱空箱发放调运和报关手续;根据集装箱预配清单,办理放箱手续;按货主要求提前通知有关方做好冷藏箱装箱前的预检和预冷;根据船公司的管理要求正确放箱,并监督货方正确用箱,如有误用,可以强行指令用箱人在装船前倒箱或采取处理措施。船舶装毕后1个工作日内向船公司或委托方发装船报或输入其指定的有关计算机系统。

出口集装箱的发放、交接应根据出口订舱单或出口集装箱预配清单等文件内列明的集装箱交接条款,实施"集装箱设备交接单"制度,以明确集装箱代理人、用箱人以及集装箱堆场互相的责任、权利和义务。

3. 其他集装箱管理业务

船舶代理人对进口集装箱拼箱货，应催促码头货运站及时拆箱，加速货、箱周转；联系破损集装箱的修理；安排污箱和装载危险货物集装箱的清洗；承办集装箱检验、查询、盘存、跟踪和租赁等业务；收取集装箱超期使用费等。

任务三 龙门起重机的使用

【任务描述】

龙门起重机为大型起重机，横梁和立柱的结构呈"门"字形，可以在轨道上移动，具有较大的起重量，在车站、码头、货场都有广泛使用。通过完成龙门起重机的使用任务，学习者应理解龙门起重机的结构和工作原理；了解龙门起重机的主要分类；掌握装船卸船最常见的两种集装箱龙门起重机的工作原理和优缺点；能熟练掌握集装箱龙门起重机的选择。

【知识学习】

一、龙门起重机的概念

龙门起重机又称龙门吊，其外形结构如图 5-16 所示。龙门起重机的起重机小车在主梁的轨道上行走，有的起重机小车就是一台臂架型起重机。桥架两侧的支腿一般都是刚性支腿；跨度超过 30m 时，常是一侧为刚性支腿，而另一侧为柔性支腿，这样可以避免在外载荷作用下由于侧向推力而引起附加应力，也可补偿桥架纵向的温度变形。龙门起重机的受风面积大，为防止在强风作用下滑行或翻倒，装有测风仪和与运行机构联锁的起重机夹轨器。为扩大作业范围，主梁两端可以具有外伸端，也可以是一端有悬臂，还有的两端无悬臂。

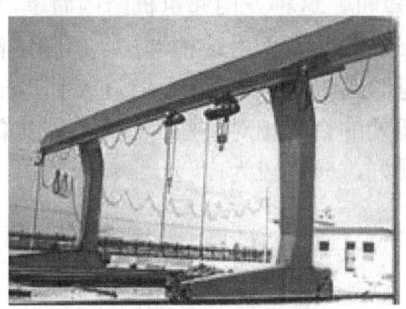

图 5-16 龙门起重机

龙门起重机的运用十分普遍。它具有场地利用率高、作业范围大、适应面广、通过性强等特点，在港口、车站、码头、库场等场所，担负着生产、装卸、安装等作业过程中的货物装卸搬运任务，是企业生产经营活动中实现机械化和自动化的重要生产力。

二、龙门起重机的类型

1. 按照门框结构分

按照门框结构分,龙门起重机可分为全门式龙门起重机(如图 5-17a、c、d 所示)、半门式龙门起重机(如图 5-17b 所示),其中全门式龙门起重机又可分为无悬臂龙门起重机(如图 5-17a 所示)、双全门式悬臂龙门起重机(如图 5-17c 所示)和全门式单悬臂龙门起重机(如图 5-17d 所示)。半门式龙门起重机一般主梁无悬臂,小车在跨度内运行并且半门式支腿有高低差,可根据使用场地的土建要求而定。双悬臂式是最合理的一种结构形式,其结构的受力和场地面积的有效利用都是合理的。单悬臂式往往是因场地的限制而被选用。

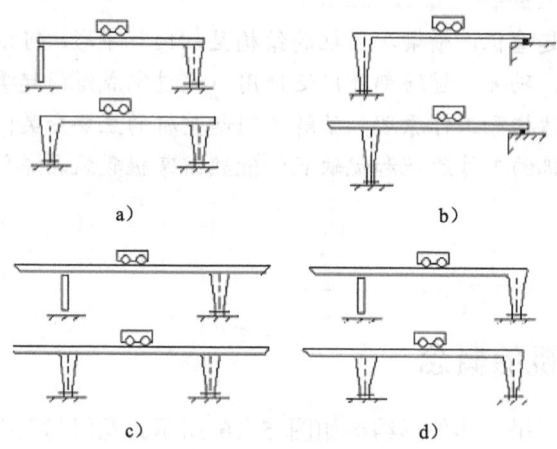

图 5-17 龙门起重机结构类型

a) 全门式无悬臂龙门起重机 b) 半门式龙门起重机 c) 全门式双悬臂龙门起重机 d) 全门式单悬臂龙门起重机

2. 按主梁结构形式分

按主梁结构形式分,龙门起重机可分为单主梁龙门起重机和双主梁龙门起重机。

图 5-16 为单主梁龙门起重机,这种龙门起重机结构简单,制造安装方便,自身质量轻。当起重量 $G \leq 50t$、跨度 $L \leq 35m$ 时,多采用这种形式。门腿结构有 L 形、C 形和八字形三种形式,单主梁龙门起重机支腿形式如图 5-18 所示。L 形制造安装方便,受力情况好,自身质量轻,但是吊运货物通过支腿处的空间相对小些;C 形有较大的横向空间,以使货物顺利通过支腿;八字形结构稳定性最好,应有较为广泛。

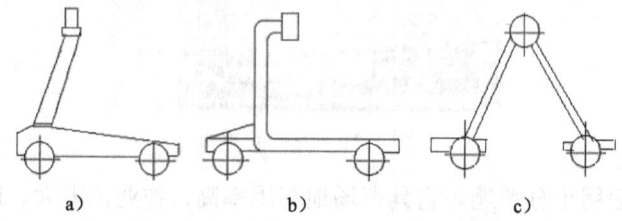

图 5-18 单主梁龙门起重机支腿形式

a) L 形 b) C 形 c) 八字形

双主梁龙门起重机如图 5-19 所示,承载能力强、跨度大、整体稳定性好、品种多。但其自身质量与相同起重量的单主梁龙门起重机相比要大一些，造价也较高。双主梁龙门起重机的主梁有箱形和桁架两种形式，目前多采用箱形结构，这是因为桁架结构重量虽比箱形结构小些，但制造费工费时，只能采用手工焊，而且所用型钢品种多，备料困难，维修保养也不如箱形结构容易。

图 5-19　双梁龙门起重机

3．按使用场合分

使用场合的不同，龙门起重机的分类如下：

（1）普通龙门起重机。这种起重机用途最广泛，可以搬运各种成件物品和散装物料，起重量在 100t 以下，跨度为 4～35m。

（2）水电站龙门起重机。这种起重机主要用来吊运和启闭闸门，也可进行安装作业，起重量达 80～500t，跨度较小，为 8～16m；起升速度较低，为 1～5m/min。这种起重机虽然不是经常吊运，但一旦使用工作却十分繁重。

（3）造船龙门起重机。这种起重机用于船台拼装船体，常备有两台起重机小车：一台有两个主钩，在桥架上翼缘的轨道上运行；另一台有一个主钩和一个副钩，在桥架下翼缘的轨道上运行，以便翻转和吊装大型的船体分段。起重量一般为 100～1 500t，跨度达 185m，起升速度为 2～15m/min，还有 0.1～0.5m/min 的微动速度。

（4）集装箱龙门起重机。这种起重机用于集装箱码头。拖挂车将岸边集装箱装卸桥从船上卸下的集装箱运到堆场或后方后，由集装箱龙门起重机堆码起来或直接装车运走，可加快岸边集装箱装卸桥或其他起重机的周转。对于堆放 3～4 层、宽 6 排的集装箱的堆场，一般用轮胎式，也有用有轨式的。集装箱龙门起重机与集装箱跨车相比，跨度和门架两侧的高度都较大。为适应港口码头的运输需要，这种起重机的工作级别较高，起升速度为 8～10m/min；跨度根据需要跨越的集装箱排数来决定，最大为 60m。

三、龙门起重机的构造

龙门起重机由机构部分、金属结构和电气设备三部分组成。

1．机构部分

龙门起重机的机构有起升机构和运行机构，运行机构又有小车运行机构和大车运行机构。起升机构和小车运行机构都装在起重机小车上。大车运行机构是用来完成吊装物件沿轨道方向移动的装置,一般采用分别驱动的方式。小车运行机构是用来完成吊装物件沿主梁方向移动的装置,小车运行机构的传动方式一般为集中驱动,即采用一台电动机同时驱动一对行走轮。

2. 金属结构

金属结构包括大车车架和小车车架。大车车架主要包括主梁、支腿及大车行走端梁等,用于安装机械及电气设备,并承受货重、自重、风力、惯性力等载荷,必需具有足够的强度和刚度。小车车架装有起重小车,用以承受货物的重量。

3. 电气设备

电气设备包括大车和小车集电器、电动机、照明设备、控制器、电气线路和各种安全保护装置等。

四、两种常见的集装箱龙门起重机

现阶段,各大港口码头最常见的集装箱龙门起重机主要有两种:

1. 轮胎式集装箱龙门起重机

轮胎式集装箱龙门起重机(简称轮胎集装箱龙门吊)是集装箱货场装卸与堆垛集装箱的高效专用机械。它的金属结构是由两条箱形主梁和两个Ⅱ形(箱型断面)支腿构成的龙门架,支承在充气的橡胶轮胎上,在货场上行走。装有集装箱吊具的起重机小车沿主梁轨道行走,用以装卸底盘车和进行堆垛,如图5-20所示。

图 5-20 轮胎式集装箱龙门起重机

轮胎式集装箱龙门起重机的主要特点是机动灵活、通用性强。它不仅能前进、后退,而且能左右转向90°,因设有转向装置,可从一个堆场转向另一个堆场进行作业。

轮胎式集装箱龙门起重机的跨距是指两侧行走轮中心线之间的距离。跨距的大小取决于所需跨越的集装箱列数和底盘车的通道宽度。根据集装箱堆场的布置,通常按跨六列集装箱和一条底盘车通道来考虑。这种规格的轮胎式集装箱龙门起重机跨距内的集装箱和车道的布置方式有两种，如图 5-21 所示。按图 5-21a 方式，底盘车通道放在中间，两边各排三列集装箱。这种布置方式与图 5-21b 所示方式相比较有许多优点，如底盘车行走距离较短、操作视线较好、找箱较容易。但是，由于车辆在箱弄内行走较困难，容易与集装箱发生碰撞，因此实际使用中往往还是采用图 5-21b 所示方式。

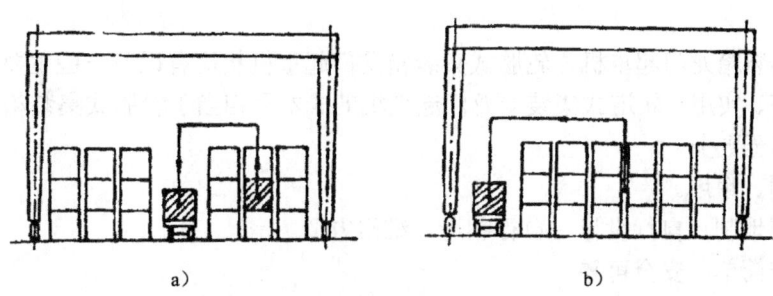

图 5-21　轮胎式集装箱龙门起重机集装箱和车道布置方式
a）底盘车通道在中间　b）底盘车通道在边上

2．轨道式集装箱龙门起重机

轨道式集装箱龙门起重机如图 5-22 所示，它是集装箱码头堆场上进行装卸、搬运和堆垛作业的一种高效的专用机械。轨道式集装箱龙门起重机是沿着场地上铺设的轨道行走的，因此，只能限制在所设轨道的某一场地范围内进行作业。轨道式集装箱龙门起重机在固定机械作业位置的能力较强，故较易实现全自动化装卸，是自动化集装箱码头比较理想的一种机械。

图 5-22　轨道式集装箱龙门起重机

与轮胎式集装箱龙门起重机相比，轨道式集装箱龙门起重机具有跨度大、堆垛层数多、可靠性强、设备投资低、易于实现全自动化等优点。其缺点主要是灵活性差。

五、集装箱龙门起重机的选择

集装箱的装卸机械是集装箱运输中的关键设备，其投资占集装箱货场总投资的三分之一以上。选择什么样的设备直接关系到集装箱运输的速度和经营成本。集装箱的装卸与一般货物装卸的主要区别体现在其多用于吞吐量大、操作频繁的集装箱货场、货运站。这些场所要求效率高，能自动摘挂箱、自动对位、具有防摇等功能。所以选择起重设备的时候，应该考虑集装箱的具体情况（大小、类型等）。通常情况下，都是在轮胎式集装箱龙门起重机和轨道式集装箱龙门起重机中选择。目前，国内外可供选择的机型很多。在现代化的集装箱货场机械选择时，人们一提起轨道式集装箱龙门起重机，俗称轨道龙门吊，不少人往往把它与落后、过时了的设备画等号。在一些人看来，只有轮胎式集装箱龙门起重机才与现代化的集装箱运输相配。

轨道式集装箱龙门起重机与轮胎式集装箱龙门起重机相比有以下一些主要优点：

（1）经济、实用。轨道式集装箱龙门起重机的成本只相当于轮胎式集装箱龙门起重机的四分之一，甚至更少。

（2）坚固、耐用。

（3）可因地制宜自行设计、自行制造，维修方便。

（4）操作简单、安全可靠。

（5）运行成本低。

（6）以电为动力，对环境没有污染。

（7）库容利用率与轮胎式集装箱龙门起重机相当，比其他任何起重机都高。

我国集装箱堆场特别是沿海港口集装箱堆场，长期以来，绝大部分采用昂贵的进口轮胎式集装箱龙门起重机；内陆铁路车站、河港码头、小型集装箱货场多采用轨道式集装箱龙门起重机，正是因为其经济、实用。如果资金充裕也会选择轮胎式集装箱龙门起重机。

所以，我们在进行集装箱龙门起重机选择的时候，应该根据自己企业的客观情况，选择合适的设备。

六、龙门起重机的特点

（1）与桥式起重机相比，龙门起重机的走行轨道直接铺设在作业场地，并且走行轨道的高度可与作业场地在同一平面上，因此龙门起重机下的货位面积、通道都能得到充分利用。

（2）龙门起重机没有固定永久性建筑物，只有走行轨道的基础埋置在地下，若货场要改建、变迁，影响不大。

（3）龙门起重机的两端可带悬臂，不仅作业面积增大，货位得到充分利用，而且汽车等短途搬运设备与铁路车辆可直接进行装卸或换装，提高了装卸效率，加速了车辆和货位的周转。

任务四　门座起重机的使用

【任务描述】

在底座上装上可以旋转的起重机，便形成了门座起重机，它广泛用于港口、码头的货物装卸，也被用于造船厂的施工和安装及大型水电站的建设工程中。通过完成龙门起重机的使用任务，学习者应理解门座起重机的结构和工作原理；了解门座起重机的主要分类；掌握水平变幅系统在门座起重机上的应用；了解门座起重机的主要性能参数。

【知识学习】

一、门座起重机概念

门座起重机又称门机,是有轨运行的臂架型起重机。由于具有较好的工作性能和独特的优越结构,门座起重机在现代的港口、车站和库场装卸设备中占据着重要的地位。门机能沿地面轨道运行,下方可通过铁路车辆或其他地面车辆。门座起重机如图5-23所示。

图 5-23 门座起重机

门座起重机是随着港口事业的发展而发展起来的。早在 1890 年,人们第一次将幅度不可变的固定式可旋转臂架型起重机装在横跨于窄码头上方的运行式半门座上,成为早期的港用半门座起重机,随着码头宽度的加大,门座和半门座起重机同时发展,并普遍采用俯仰臂架和水平变幅系统。第二次世界大战后,港用门座起重机迅速发展,并逐步推广应用到作业条件与港口相近的船台和水电站工地等处。

二、门座起重机的构造

门座起重机区别于其他起重机之处在于:它的回转部分安装在一个巨大的门架上,门架可以沿地面的轨道运行。门架又是整个起重机的承载部分,起重机工作时的全部载荷均由门架传到地面的轨道上。门座起重机由此而得名。门座起重机主要由五部分组成:

(1)结构部分:包括门架、人字架、旋转平台、驾驶室、臂架系统(臂架、拉杆、象鼻梁)等。

(2)机构部分:包括起升机构、变幅机构、旋转机构、运行机构。

(3)电气部分:一般通过电缆卷筒或地沟滑线供电,采用电力直接驱动;一般包括电线电缆、中心集电器、电动机、变压器、电阻器、控制柜、操纵台、照明等。

(4)安全装置部分:包括限位装置、超载限制器、缓冲器、防风抗滑装置等。

(5)附属装置:驾驶室、机房平台的高度超过 20m 的大型门座起重机则应当考虑安装附属的简易电梯。

三、门座起重机分类

门座起重机按用途的不同可分为三类：

（1）装卸用门座起重机：主要用于港口和露天堆料场，用抓斗或吊钩装卸。起重量一般不超过25t，不随幅度变化。工作速度较高，故生产率常是重要指标。

（2）造船用门座起重机：主要用于船台、浮船坞和舾装现场，进行船体拼接、设备舾装等吊装工作，用吊钩作为吊具。最大起重量达300t，幅度大时起重量相应减小。有多档起升速度，吊重轻时可提高起升速度。有些工作机构还备有微动装置，以满足安装要求。门座高度大者，可适应大起升高度和大幅度作业的要求，但工作速度较低，作业生产率不高。

（3）建筑安装用门座起重机：主要用在水电站进行大坝浇灌、设备和预制件吊装等，一般用吊钩。起重量和工作速度一般介于前两类起重机之间。它具有整机装拆、运输性好、吊具下放深度大、能较好地适应临时性工作和栈桥上工作等特点。

四、水平变幅系统

门座起重机大多采用水平变幅系统。

（1）重物和臂架系统各自的重心在变幅过程中几乎无垂直位移。其方法之一是靠增设活动平衡重来平衡臂架系统俯仰时的合成重心的升降变化。这种方法布置较方便，工作也较可靠，应用广泛。方法之二是靠臂架系统的机构特性来保证变幅时合成重心的移动轨迹接近水平线，无活动平衡重。

（2）为使所吊重物在变幅过程中沿着近于水平线的轨迹移动，可采用补偿法和组合臂架法。补偿法是通过特种储绳系统在变幅过程中自动收放相应起升绳，以补偿臂架升降造成的吊具垂直位移。组合臂架法是依靠组合臂架的机构特性保证臂端在变幅过程中接近水平移动。两种方法都得到广泛应用。

五、门座起重机的性能参数

门座起重机的主要性能参数包括额定起重量或额定生产率、起升高度、起升速度、变幅速度、运行速度、轨距、基距、最大幅度、最小幅度、门架净空高度、车轮直径和车轮数量、腿压、轮压。除此以外，根据不同使用条件和场合的机型，还有配套系统的技术参数。

1．起重量

门座起重机的起重量主要根据装卸货种和接卸工具的能力等因素进行选择。一般情况下，可选5t或10t起重量，随着近些年件杂货货组重量的加大，港站或库场配置的门座起重机的起重量有加大的趋势，新配置的设备的起重量都取10t或以上，原来的3t起重量的门座起重机已经逐渐被取代了。

2．幅度

门座起重机的臂幅是根据运输工具和货物接卸方式而定。例如：在港口，当船舶不装甲板货时，门座起重机的最大臂幅要求达到舱口的外侧；当船舶装甲板货时，则最大臂幅应达到船舷的外侧，以便船舶外档作业。

3．轨距

轨距有三种规格：单线门架能通行一列列车，轨距为 6m；双线门架能通行两列列车，轨距为 10.5m；三线门架能通行三列列车，轨距为 15.3m。港口码头前沿的门座起重机大多属于双线门架。

六、门座起重机的特点

1．门座起重机的优点

（1）门座起重机的工作机构具有较高的运动速度。起升速度可达 70m/min，变幅速度可达 55m/min。

（2）门座起重机的额定起重量范围很宽。一般在 5～100t，造船用门座起重机的起重量范围则更大，现已达到 120～200t。

（3）使用效率高。每昼夜可工作 22h，台时效率也很高，一般能达 100t/h 以上。这是为了适应港口装卸生产率高、作业频繁的特点。

（4）门座起重机的结构为立体的，不多占用码头、货场的面积，且具有高大的门架和较长距离的伸臂，因而具有较大的起升高度和工作幅度，能满足港口码头船舶和车辆的机械化装卸、转载以及充分使用场地的要求。

（5）门座起重机具有高速灵活、安全可靠的装卸能力，对提高生产率，减轻劳动强度都具有重大的意义。

2．门座起重机的缺点

（1）造价高，需用的钢材多。
（2）需要较大的电力供给。
（3）一般轮压较大，需要坚固的地基。
（4）附属设备多，如变电所、电缆等。

> **知识拓展**
>
> **起重机行业在竞争中所面临的压力**
>
> 由于我国经济建设力度的加大，我国工程机械行业处于蓬勃发展状态，"十二五"期间，国家对工程机械行业的发展提出了新的要求，重型机械已被定为重点发展的行业之列，这样的要求不但给起重机生产领域带来发展机遇而且也令起重机企业在行业竞争中面临种种压力。
>
> 客户个性化的需求使得起重机企业面临技术上的考验，我国重型机械的整体技术水平相较于国际先进设备尚有差距，经济的发展促使用户对设备的高技术水平需求，因此，各企业理应加大对产品技术的研发力度，促进起重设备向多样化、智能化的领域创新发展，开拓行业新的市场。
>
> 国际市场经济全球化，使得许多国外起重机企业与国内企业抢占行业市场，国外企业

设备技术先进，利用品牌效应有效地占领国内市场，这迫使国内企业不断完善自身水平，快速应对突如其来的行业波动，努力稳定市场，保持企业自身的优势并且试图超越国外企业，引领起重机行业市场，谋求更大的发展。

传统起重机设备已经逐渐被行业市场所淘汰，取而代之的是智能化的产品在市场大力推广，智能化的产品对技术水平有着较大的需求，另外，随着起重机应用领域的广泛普及，许多行业对于大型、特大型工程机械设备的需求不断增多，这便给起重机制造企业增加了技术压力，针对设备的大型化、智能化的研发，有利于带动我国起重机行业向更加广阔的领域发展。

【同步测试】

一、选择题

1. 不在龙门起重机上配备的工作机构是（　　）。
   A. 起升机构　　　B. 大车运行机构　　　C. 小车运行机构　　　D. 回转机构
2. 集装箱箱主代号由（　　）字符组成。
   A. 2个　　　B. 4个　　　C. 3个　　　D. 5个
3. 龙门起重机按门框结构的不同可分为全门式龙门起重机、半门式龙门起重机，全门式龙门起重机又可分为双悬臂龙门起重机和单悬臂龙门起重机。其中（　　）是最合理的一种结构形式，其结构的受力和场地面积的有效利用都是合理的。
   A. 全门式龙门起重机　　　　　　　B. 半门式龙门起重机
   C. 双悬臂龙门起重机　　　　　　　D. 单悬臂龙门起重机
4. 起重速度可达70米/min的起重机械是（　　）。
   A. 桥式起重机　　　B. 岸桥　　　C. 门座起重机　　　D. 流动式起重机

二、问答题

1. 简述集装箱的ISO定义。
2. 分析国际标准集装箱长度规格有哪些？
3. 龙门起重机有何特点？
4. 门座起重机的有何优越性？

三、分析题

请认真分析各类货物适合采用何种类型的集装箱进行运输，然后填写表5-7。

表5-7 集装箱的选择

货物及其特性	适合的集装箱类型	货物及其特性	适合的集装箱类型
2.5m高挖掘机一台		赛马4匹	
袋装大米20t		轿车100辆	
散装大豆130t		速冻水饺12t	
新鲜橙子30t		散装花生油60t	
高档晚礼服50t		12m长木材20根	

【知识应用】

大连港启用国内首套"会说话"岸桥

"请减速,有人登机,俯仰上极限……",在大连港集装箱码头,一条条语音提示着岸桥司机。由大连港集团自主研发的国内第一套岸桥智能化语音操作系统,经过三个月的试运行,已顺利上岗。该系统不仅使岸桥操作更智能、更安全,作业质量和效率也大幅提升。

近几年,随着港口集装箱业务迅猛发展,集装箱岸桥自动化程度成了各大集装箱码头保安全、提效率的竞争点。2016年上半年,大连港一期和三期集装箱码头联合启动了"岸桥智能化操作语音提醒系统"研发。经过9个多月的摸索与实践,首套系统在集装箱码头岸桥投用。

智能导航和语音提示在汽车上广泛应用,作为一种特殊的港口作业机械,庞大的码头岸桥如何实现?在岸桥驾驶室内,有一套触摸显示屏和语音播报系统。技术部人员表示,岸桥现在的运行状态怎么样,司机下一步该做什么操作,一条条语音会自动"说"出来。

夜间作业时,岸桥司机会有不同程度的困倦感。开启岸桥"说话"功能后,能够避免疲劳造成的操作失误,同时,语音系统还具有报警提示、司机培训等功能。下一步,大连港集团计划在轮胎吊、轨道吊、正面吊、空箱叉车等其他设备上,也增加智能语音提醒功能。

采用智能系统岸桥与传统岸桥相比有哪些优势?

项目六　堆 场 作 业

集装箱堆场的作业程序如图 6-1 所示。

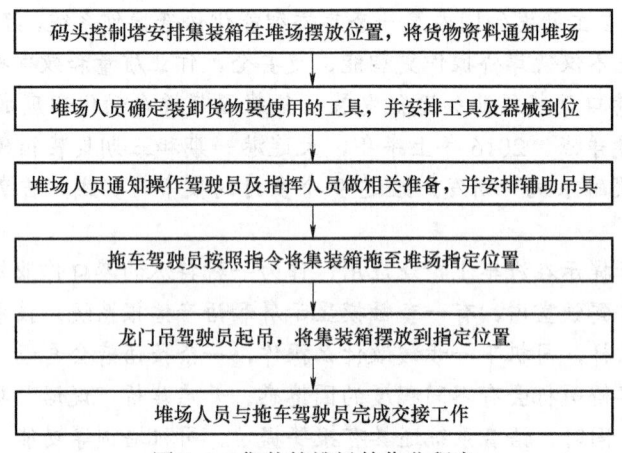

图 6-1　集装箱堆场的作业程序

码头前沿采用岸边集装箱装卸桥承担船舶的装船和卸船作业，一般由轮胎式龙门吊承担码头堆场的装卸和堆码作业，从码头前沿至堆场、堆场内箱区间的水平运输主要由集装箱卡车或者其他的集装箱专用装卸搬运机械设备来完成。本项目的任务是学习如何正确使用、维护和管理好各种起重机、集装箱跨车和正面吊等堆场设备，以保证码头堆场能按照作业程序进行正常的业务活动。完成本项目的学习后，应该达到以下学习目标：

【知识目标】熟悉桥式起重机、汽车起重机、轮胎起重机、履带起重机、集装箱跨运车、集装箱正面吊等堆场常用的机械设备的应用场合、特点、结构、工作过程。

【能力目标】能够知晓集装箱跨运车如何进行集装箱货物的搬运作业；能够知晓集装箱正面吊如何进行集装箱货物的搬运装卸作业；能够对常用的起重机、集装箱正面吊、集装箱跨运车等设备进行正确的管理和简单的维护保养。

任务一　桥式起重机的使用

【任务描述】

桥式起重机（如图 6-2 所示）广泛用在室内外仓库、厂房、码头和露天贮料场等处，它是横架于车间、仓库和料场上空，进行物料吊运的起重设备，由于它的两端搭在高大的水泥柱或者金属支架上，形状似桥而得名。通过完成桥式起重机的使用任务，学习者应能够了解桥式起重机的结构和简单的工作原理，能够对常见的桥式起重机说出其类别和适用的场所；能够根据货物的不同，选用合适的吊具完成货物的装卸搬运作业；了解桥式起重机的特点；

能够对桥式起重机进行简单的使用与维护。

图 6-2　桥式起重机

【知识学习】

一、桥式起重机的概念

桥式起重机通常称为"桥吊""天车"或"行车",是横架于车间、仓库及露天仓库的上方,用来吊运各种货物的机械设备。它放置在固定的两排钢筋混凝土栈桥上,可沿栈桥上的轨道做纵向移动,其中小车可在桥架上的小车轨道上做横向移动。这样,吊钩、抓斗等吊具就可以在一个长方体的空间内任意位置上做升降、搬运物件的运动。桥式起重机是拥有量最大和使用最广泛的一种轨道运行式起重机,其数量占各种起重机总数量的60%~80%,额定起重量从几吨到几百吨都有。它一般用吊钩、抓斗和电磁盘来装卸货物,最基本的类型是通用吊钩桥式起重机,其他类型的桥式起重机基本上是在通用吊钩桥式起重机的基础上派生出来的。

桥式起重机起重量大,速度快,作业面辐射大,效率高,通用化程度高,广泛用于车间、仓库、货场等场地。但由于桥式起重机必须在装卸作业场地以内修建桥墩,造成建设费用较高,作业尚不够方便,再加上其只能在跨度范围内布置货位,故货位面积较小,在一些场合,桥式起重机有被龙门起重机取代的趋势。

二、桥式起重机的分类

1. 按照桥架结构的不同分类

按照桥架结构的不同,桥式起重机可分为单梁桥式起重机和双梁桥式起重机。单梁桥式起重机(如图6-3所示)主梁大多采用工字钢和型钢与钢板的组合而成,其主梁强度和刚度较小,起重小车通常采用电葫芦,通常起重量在10t以下,跨度为5~10m。双梁桥式起重机(如图6-4所示)通常由起升机构、大车运行机构、桥架和小车架等组成,其应用范围广,技术参数的变动较大,因此,在构造上亦有多种形式,特别适合于大跨度和大起重量的平面范围内的物料输送。

图 6-3 单梁桥式起重机

图 6-4 双梁桥式起重机

2．按照取物装置的不同分类

按照取物装置的不同，桥式起重机可分为吊钩桥式起重机、抓斗桥式起重机、电磁桥式起重机、桥式两用起重机、桥式三用起重机等。吊钩桥式起重机的取物装置是吊钩，它是桥式起重机的基本类型，起重机已有标准系列，为3~250t。当起重量在12t以下时，只有一套起升机构；当起重量超过15t时，有主副两套起升机构，这类起重机能在多种环境中装卸搬运货物。抓斗桥式起重机的取物装置是抓斗，以钢丝绳分别联系抓斗、起升机构、开闭机构，主要用于散货、废旧钢铁、木材等的装卸、吊运作业，起重量一般在20t以下。电磁桥式起重机的取物装置是电磁盘，其适用于吊运具有导磁性的黑色金属及其制品，目前有5t、10t、15t、20t、30t等几个机型。两用桥式起重机是一机两用的起重机，根据需要可以用吊钩吊运重物，也可以在吊钩上挂一个电动机抓斗装卸物料。三用桥式起重机是一机三用，基本结构与电磁桥式起重机相同，除配备吊钩和抓斗取物外，还可把取物装置换成电磁盘吊运黑色金属。

三、桥式起重机的构造

桥式起重机由金属结构、机械部分和电气部分组成。

1. 金属结构

金属结构是由起重机桥架(大车桥架)、小车架和操纵室等三部分组成,是起重机的承载结构并使起重机构成一个整体,具有足够的刚度和强度及稳定性,是确保起重机安全运转的重要因素之一。目前应用较广的桥架结构形式有箱式和桁架式两种。

2. 机械部分

机械部分是起重机动作的执行机构,货物的升降和移动是靠相应的机械传动机构来完成的,机械传动机构是由起升机构、大车运行机构、小车运行机构组成。

起升机构是起重机最基本的组成部分,它的组成如图 6-5 所示。电动机通电后(制动器打开)产生转矩,通过联轴器、传动轴将转矩传递至减速器,经过减速器减速后,由齿轮联轴器将转矩传给卷筒组的轴,卷筒组转动,使固定在其上的钢丝绳做绕进或绕出运动,并使钢丝绳所系吊的吊钩组做相应的上升或下降运动。为使吊物能安全可靠地停于空中任意位置而不坠落,在起升机构减速器高速轴端安装制动轮及相应的制动器,以便在断电时实现制动。

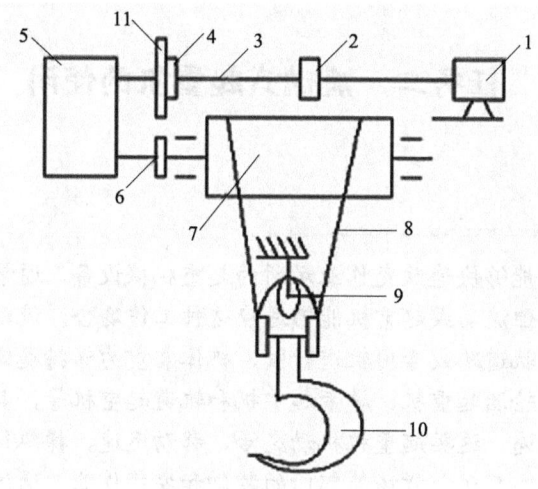

图 6-5 桥式起重机起升机构示意图
1—电动机 2—联轴器 3—传动轴 4—制动轮联轴器 5—减速器 6—齿轮联轴器
7—卷筒组 8—钢丝绳 9—定滑轮组 10—吊钩组 11—制动器

大车运行机构是由电动机、传动轴、制动器、齿轮联轴器、减速器及车轮组等组成。大车运行机构传动形式有分别驱动和集中驱动两种。分别驱动的传动特点是:由两套单独的传动装置分别驱动两个端梁下面的驱动轮,依靠桥架本身的刚性和电气操纵系统保持驱动轮同步行驶。与集中驱动相比,分别驱动自重较轻,通用性好,安装和维修方便,故桥式起重机大部分采用分别驱动。集中驱动在小起重量上和小跨度的桥式起重机上使用较多,它是由一套传动装置,通过减速器、联轴器、传动轴同时驱动桥架两侧的车轮转动,保证车轮同步行驶,这种驱动方式的缺点是传动轴太长,安装制造较复杂。

小车运行机构与大车运行机构基本相同,它采用电动机、制动器和减速器装配为一体的三合一部件,带动车轮转动,并可使结构紧凑,装拆方便,维修容易。

3. 电气部分

电气部分是由电气设备和电气线路所组成,是起重机的动力源,操纵控制起重机各机构的运转以实现吊运货物的升降、移动工作,并实现对起重机的各种安全保护。

四、桥式起重机的特点

桥式起重机具有以下特点:
(1) 桥式起重机本身无支腿,稳定性好。
(2) 工作时速度高,单机生产效率高。
(3) 桥式起重机的动力采用电动机,电动机故障率远远低于内燃机。各机构分别驱动,传动简单,使用、保养、维修方便。
(4) 桥式起重机的桥墩是一种永久性建筑,给货场的扩建、改建带来困难,并且桥吊主架无法带悬臂,不仅货位得不到充分利用,也给装卸作业带来影响。

> 问题与思考:目前使用量最大的起重机是哪一种?未来发展趋势是哪一种呢?

任务二 流动式起重机的使用

【任务描述】

物流生产有时需要能够快速改变作业场所的起重机械设备,通常的起重机无法满足迅速改变作业地点的要求,但流动式起重机能够适应这种工作场合。流动式起重机是指在带载或空载的情况下,能在无轨道路或专用轨道行驶,机体靠重力保持稳定的臂架式旋转起重机,主要包括汽车起重机、轮胎起重机、履带起重机和轨道起重机等,其中汽车起重机、轮胎起重机拥有量大,使用普遍。这类起重机机动灵活,移动迅速,操纵简单方便,作业范围大,广泛应用于港口、车站、厂矿、货场等部门的装卸和安装作业。通过完成流动式起重机的使用任务,学习者应能够了解流动式起重机的特点和使用场所,能够明确汽车起重机和轮胎起重机的区别。

【知识学习】

一、汽车起重机

汽车起重机是安装在标准的或专用的载货汽车底盘上的全旋转臂架式起重机,其车轮采用弹性悬挂,行驶性能接近于汽车,一般在车头设有驾驶室,绝大多数还在转台(或转盘)上设有起重驾驶室,如图6-6所示。汽车起重机行驶速度高,越野性能好,作业灵活,能迅速改变作业场地,特别适合于流动性大、不固定的作业场所。汽车起重机工作时一般都放下支腿,不能带载行驶,且不能与双绳抓斗配套使用,因而使用受到限制。

学习情境二　港口企业作业

图 6-6　汽车起重机

二、轮胎起重机

轮胎起重机与汽车起重机相比，其区别主要在于：

（1）底盘不同。汽车起重机使用的是标准的或专用的汽车底盘，轮胎起重机使用专用底盘，其轮距和轴距配合适当，从而稳定性好，并能在平坦的地面上吊货行驶，但走行速度很低，所以适合在一个货场内作业。

（2）轮胎起重机的起重量大、稳定性好，在一定的起重范围内可以不用支腿作业，灵活方便，并且能与双绳抓斗配套进行散货作业。因而在装卸作业中的应用要比汽车起重机广泛。

（3）驾驶室的数目一般不同。轮胎起重机通常只有一个驾驶室，位于转台上，四个机构都从这个驾驶室操纵。汽车起重机有两个驾驶室，一个在转台上，操纵起升、回转和变幅机构，另一个在起重机前方，操纵起重机的行驶和转向。轮胎起重机如图 6-7、图 6-8 所示。

图 6-7　轮胎起重机

图 6-8　大型轮胎起重机

三、履带起重机

履带起重机是将起重作业部分装在车架上的臂架旋转式起重机，如图 6-9 所示。它可以在路面不好的情况下作业，稳定性好，可不打开支腿进行作业。其缺点是：运行速度低，一般不超过 4～6km/h，并且在行驶时会破坏路面。另外，履带起重机维修操作比较复杂，配件不易解决，在使用中受到一定的限制，一般只适用于建设施工工地。

图 6-9　履带起重机

四、流动式起重机的选用

选用流动式起重机时，要认真分析它们的主要技术性能和经济性能，并根据技术经济论证结构，综合确定选型方案。一般来说，流动式起重机起重量随着臂架工作幅度的增大而减少，因此应根据作业需要，确定合理的起重量。另外还要对工作速度、起升高度进行合理选择。不同的起重机，由于效率、可靠性、功能、能源消耗等的不同，其经济性也不同，一般使用时间较短时，采用汽车起重机和轮胎起重机比较经济。

> 问题与思考：流动式起重机区别于其他类型起重机的最大特点是什么？

任务三　集装箱跨运车的使用

【任务描述】

集装箱跨运车是集装箱装卸设备中的主力机型，通常承担由码头前沿到堆场的水平运输以及堆场的集装箱堆码工作。通过完成集装箱跨运车的使用任务，学习者应能够了解集装箱跨运车能够完成的作业有哪些；掌握集装箱跨运车的结构、应用场所；能够明确集装箱跨运车的特点以及技术性能。

【知识学习】

一、集装箱跨运车的概念

集装箱跨运车简称跨运车或跨车，具有机动灵活、效率高、稳定性好、轮压低等特点，因而得到普遍应用。尤其是采用集装箱跨运车作业对提高码头前沿设备的装卸效率十分有利。集装箱跨运车从 20 世纪 60 年代问世以来,经过几十年的发展,已经与轮胎式集装箱龙门起重机一样,成为集装箱码头和堆场的关键设备。集装箱跨运车是一种应用于集装箱码头和集装箱中转站堆场,具有搬运、堆垛、换装等多功能的集装箱专用机械。其外形结构如图 6-10 所示。它由门形车架、驱动装置、起升机构、轮胎式的无轨运行机构及其他辅助设备组成。图 6-11 为集装箱跨运车在作业。

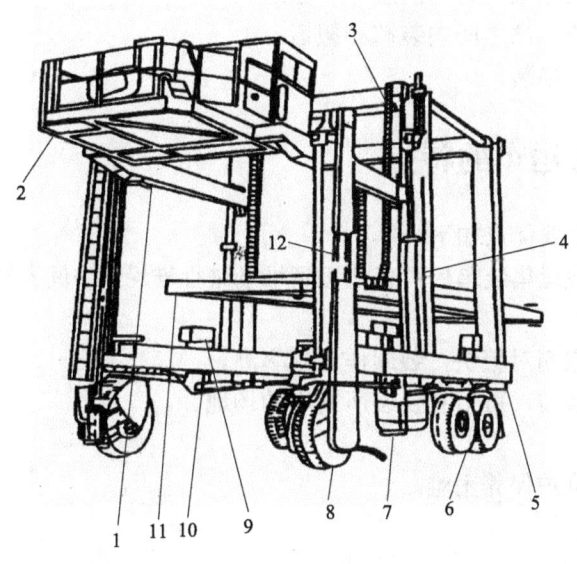

图 6-10 集装箱跨运车

1—制动器 2—平台 3—起升链 4—升降液压缸 5—底架 6—从动轮
7—燃油柜 8—驱动轮 9—保持水平装置 10—转向装置 11—集装箱吊具 12—驱动链

图 6-11 集装箱跨运车在作业

它的门形车架跨在集装箱上,由装有集装箱吊具的液压升降系统吊起集装箱,进行搬运。并可将集装箱堆码二、三层高。跨运车吊具采用旋锁机构与集装箱接合或脱开,吊具能够升降,以适应装卸和堆码集装箱的需要。吊具也能侧移、倾斜或微动,以满足对位的需要。

二、集装箱跨运车的应用场合

在集装箱码头,集装箱跨运车可完成如下作业。
(1) 岸边集装箱装卸桥与前方堆场之间的装卸和搬运。
(2) 前方堆场与后方堆场之间的装卸和搬运。
(3) 后方堆场与货运站之间的装卸和搬运。
(4) 对底盘车进行换装。

三、集装箱跨运车的特点

集装箱跨运车的主要优点如下:
(1) 自码头前沿载运集装箱后可直接运到堆场进行堆垛,中间不需要其他机械协助,可一机多用。
(2) 作业灵活,取箱对箱快,装卸作业效率高。
(3) 由于不需要换装,可节省换装所占用的场地。
其主要缺点是:
(1) 结构复杂,维护保养困难。
(2) 初始投资高。
(3) 行走稳定性差。
(4) 堆场利用率低。

四、集装箱跨运车的技术性能

1. 专用性和通用性

集装箱跨运车有专用集装箱跨运车和通用集装箱跨运车两种。专用型就是指 20ft 型的集装箱跨运车只能装卸 20ft 型的集装箱,40ft 型的集装箱跨运车只能装卸 40ft 型的集装箱;通用型是指这种集装箱跨运车既能适应 20ft 型的集装箱,同时也能适应 40ft 型集装箱。

标准的集装箱码头,所装卸的集装箱通常既有 20ft 型的,也有 40ft 型的,如采用专用型的机械,配套台数要比通用型的多一些,而通用型的机械造价比专用型的高。

2. 堆垛能力

集装箱跨运车种类很多,有的能堆两层,有的能堆三层。选用时要与整个集装箱码头的堆存面积大小结合起来考虑。堆箱层数多,能提高单位面积堆存量,缩短搬运距离。但层数增多,会增加倒箱率,增加提箱时找箱子的困难。目前采用集装箱跨运车的集装箱码头堆场,通常只堆两层,即要求集装箱跨运车能吊着集装箱跨越两层集装箱。

> 💡 问题与思考:集装箱跨运车能否独立担当集装箱的装卸搬运与堆垛任务呢?

任务四 集装箱正面吊的使用

【任务描述】

集装箱正面吊是用来装卸集装箱的一种起重机,又名集装箱正面起重机,简称正面起重机,俗称正面吊,英文名为 reach stacker,属于起重设备的一种,也是一种流动式起重装卸搬运设备。通过完成集装箱正面吊的使用学习任务,学习者应能够了解集装箱正面吊能够完成的作业,掌握集装箱正面吊的结构、应用场所,能够明确集装箱正面吊的特点。

【知识学习】

一、集装箱正面吊的概念

集装箱正面吊是专门为20ft和40ft国际集装箱而设计的,主要用于集装箱的堆叠和码头、堆场内的水平运输。与叉车相比,它具有机动灵活、操作方便、稳定性好、轮压较低、堆码层数高、堆场利用率高等优点,可进行跨箱作业。特别适用于中小港口、铁路中转站和公路中转站的集装箱装卸,也可在大型集装箱码头作为辅助设备来使用。其外形结构如图 6-12 所示,图 6-13 为集装箱正面吊在堆垛集装箱。

图 6-12 集装箱正面吊外形

图 6-13 集装箱正面吊在工作

二、集装箱正面吊的结构

集装箱正面吊由工程机械底盘、伸缩臂架、集装箱吊具等三部分组成。工程机械底盘有发动机、动力换档变速箱、前桥、后桥、转向系统、驾驶室、车架、配重、车轮等部件;伸缩臂架有伸缩液压缸、俯仰液压缸、臂架等部件;集装箱吊具有旋转机构、上架、连接架、底架、伸缩架、伸缩液压缸、防摇液压缸、侧移液压缸、旋锁液压缸等部件。

集装箱正面吊有可伸缩和能左右旋转的集装箱吊具,能用于20ft、40ft集装箱装卸作业,吊装集装箱时正面吊不一定要与集装箱垂直，可以与集装箱成夹角作业。在起吊后，可旋转吊具，以便通过比较狭窄的通道。同时，吊具可以左右侧移各 800mm，以便于在吊装时对箱，提高作业效率。对于场地条件较差的货运站，集装箱正面吊也能正常作业。

集装箱的起降由臂架伸缩和变幅来完成，在臂架伸出和俯仰液压缸伸出时，其起升速度较快，在下降时同时缩入，可获得较快的下降速度。在作业时，可同时实现整车行走、变幅、臂架伸缩动作，具有较高的工作效率。

三、集装箱正面吊的操作

集装箱正面吊可以吊重伸臂。因为取箱之后需要到堆场堆码或是吊到集装箱拖卡上去。但是这个吊重伸臂不能在行车过程中做，必须等车停稳了才能操纵控制手柄，因为如果在行车途中就操纵的话可能会使你的视线受阻而引发事故。

> 问题与思考：集装箱正面吊是否可被其他的集装箱装卸设备完全取代呢？

任务五　集装箱叉车和底盘车的使用

【任务描述】

集装箱叉车是集装箱码头和堆场上常用的一种集装箱专用装卸机械，主要用作堆垛空集装箱等辅助性作业，也可在集装箱吞吐量不大（年低于 3 万 TEU）的综合性码头和堆场进行装卸与短距离搬运。集装箱堆场上采用的底盘车堆存方式是指将集装箱连同起运输集装箱作用的底盘车一起存放在堆场上。采用底盘车这种堆存方式，集装箱堆存高度只有一层，而且需要有较宽的车辆通道，因此占用较大的堆场面积，使堆场面积利用率较低。通过完成集装箱叉车和底盘车的使用学习任务，学习者应能够了解底盘车和集装箱叉车能够完成的作业；掌握集装箱叉车与底盘车的应用场所，并对几种堆场作业方式的特点有一定了解。

【知识学习】

一、集装箱叉车

集装箱叉车又称叉式装卸车，是集装箱码头上常用的一种装卸机械（如图 6-14 所示）。它从普通型叉车逐渐发展而来，主要用于吞吐量不大的综合性码头上集装箱的装卸、堆垛、短距离的搬运和车辆的装卸作业，也有的是用于大型集装箱码头堆场（辅助作用），是一种多功能的机械。其性能应符合下列作业需要：

图 6-14　集装箱叉车

（1）起重量应保证能装卸作业所需的各种箱型。
（2）起升高度应符合堆垛层数的需要。
（3）负荷中心（货叉前壁至货物重心之间的距离）取集装箱宽度的 1/2，即 1 220mm。
（4）为适应装卸集装箱的需要，除采用标准货叉外，还应备有顶部起吊的专用吊具。
（5）为便于对准箱位，货架应能侧移和左右摆动。

集装箱叉车搬运集装箱可以采用以下两种方式：
（1）吊运方式：采用顶部起吊的专用吊具吊运集装箱。
（2）叉运方式：利用集装箱底部的叉孔用货叉起运，一般这种方式主要是搬运 20ft 的集装箱或空箱。

二、底盘车

集装箱堆场的底盘车堆存方式是指将集装箱连同起运输集装箱作用的底盘车（如图 6-15 所示）一起存放在堆场上。这种堆存方式的集装箱的机动性最大，随时可以用牵引车（如图 6-16 所示）将集装箱拖离堆场，而无需借助于其他机械设备。因此，底盘车方式比较适合于"门到门"的运输方式，特别是海运部门承担的短途运输（如海峡运输等），也是一种装卸效率较高的码头堆场作业方式。但是，采用这种堆存方式，集装箱堆存高度只有一层，而且需要留有较宽的车辆通道，因此需要占用较大的堆场面积，堆场面积利用率较低。底盘车作业方式如图 6-17 所示。

图 6-15　底盘车

图 6-16　牵引车

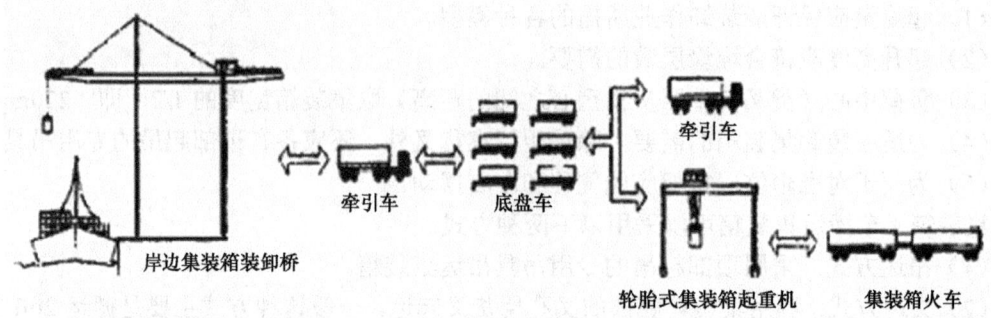

图 6-17 底盘车作业方式

三、各种堆场集装箱作业方式的比较

对于各种堆场集装箱作业方式的特点，可以做以下比较：

几种堆场作业方式的堆场面积利用情况见表 6-1。表 6-1 中数据是根据一块长 200m，宽 62.5m 的堆场面积按照合理布置要求测定的，并以跨运车堆放一层箱的利用系统=1 为基准。

表 6-1 几种堆场作业方式的堆场面积利用情况

工艺方案		堆存量（TEU）	利用系数
一层	底盘车	396	0.79
	跨运车	500	1.00
	叉车	420	0.84
	龙门吊	704	1.40
二层	跨运车	1 000	2.00
	叉车	840	1.68
	龙门吊	1 408	2.80
三层	跨运车	1 500	3.00
	叉车	1 260	2.52
	龙门吊	2 112	4.22

集装箱堆场各种作业方式的特点见表 6-2。

表 6-2 集装箱堆场各种作业方式比较

设备	优点	缺点
底盘车	机动性强。进出场效率高，无需装卸，适用于滚装船作业	单层堆放，堆场利用率低，占用大量底盘车
跨运车	适用于水平搬运和堆存作业，灵活性强，翻箱率低，单机造价低，工艺系统简单	故障率高，维修量大，堆层少，堆场利用率低，对驾驶员操作要求高
叉车	适用于短距离水平搬运和堆存作业，灵活性强，翻箱率低，单机造价低	一般只适用于小型箱的搬运，堆层少，并需留有较宽的通道，堆场利用率低
轮胎式龙门吊	可堆 3~4 层，堆场利用率较高，可靠性较强，比轨道式使用灵活，是目前主流设备	翻箱率较高，只限于堆场使用，堆场建设投资较大，作业效率比跨运车低
轨道式龙门吊	可堆 4~5 层，堆场利用率高，可靠性强，堆存容量大，可同时进行铁路线装卸	翻箱率高，只能沿轨道运行，灵活性差，堆场建设投资大
正面吊	堆存高度高，堆场箱位利用率高，使用灵活，单机造价低，可进行水平搬运	需留有较宽的通道，堆场利用率低

❧ 问题与思考：集装箱堆场所用各种装卸搬运堆垛的设备适用场合是什么呢？

知识拓展

集装箱专用吊具

为安全迅速地吊运集装箱，起吊大型集装箱一般都使用集装箱专用吊具，对于国际集装箱，专用吊具采用旋锁连接装置，即在吊具框架的四角相应于集装箱角配件的孔位处，装设一个可转动的旋锁。旋锁连接装置的工作原理如图 6-18 所示。当吊具通过导向装置降落到箱体上时，吊具旋锁即准确地插入集装箱角配件的椭圆形孔内（如图 6-18a 所示），并将旋锁转动 90°（如图 6-18b 所示），就可锁住集装箱而吊运（如图 6-18c 所示）。集装箱专用吊具是各种集装箱装卸机械的基本部件，如集装箱装卸桥、跨运车和集装箱正面吊等都配备有集装箱专用吊具。

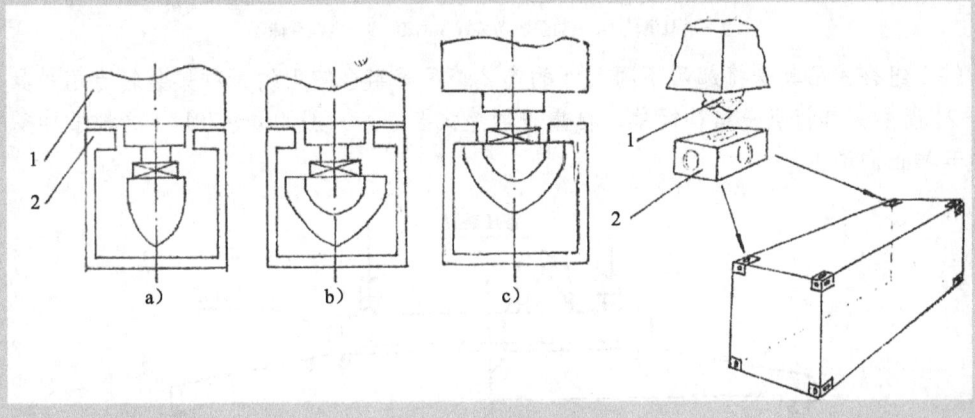

图 6-18 旋锁式连接装置和工作原理
a）旋锁插入 b）旋锁旋转 90° c）锁住吊运
1—吊具旋锁 2—集装箱角配件

集装箱专用吊具主要有三种类型：固定式、伸缩式和组合式。

（1）固定式吊具是只能起吊一种集装箱的吊具，有 20ft 和 40ft 两种，分别如图 6-19a 和图 6-19b 所示。其特点是结构简单、自重轻、价格便宜，但是对箱体类型的适应性较差，更换吊具往往要占用较多时间。

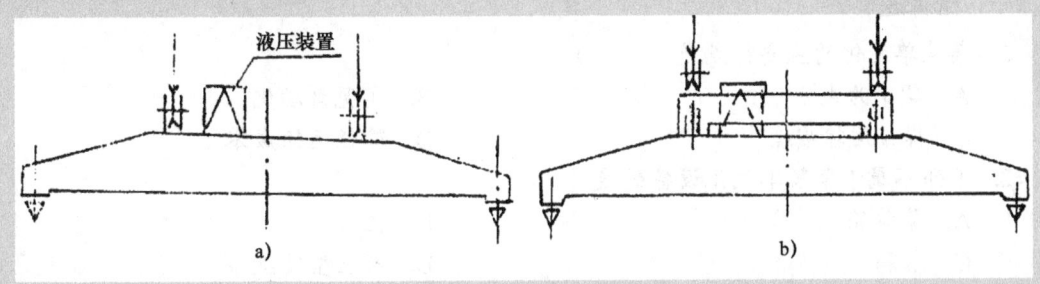

图 6-19 固定式吊具
a）20ft 固定式吊具 b）40ft 固定式吊具

（2）伸缩式吊具通过伸缩臂，可以改变吊具的臂长，以达到起吊不同尺寸集装箱的要求，如图 6-20 所示。其特点是变换起吊不同集装箱所需时间较少（一般为 1min，最短的只需 9s），使用灵活，但是自重较大（一般可达 9~10t）。这是目前在集装箱装卸桥上使用最为普遍的一种集装箱专用吊具。

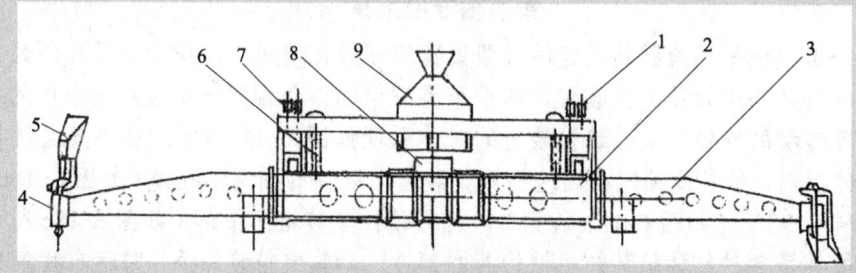

图 6-20　伸缩式吊具
1—上架　2—底架　3—伸缩架　4—旋锁驱动装置　5—导向装置　6—吊具前后倾斜装置
7—吊具滑轮　8—油泵驱动装置和油箱　9—电缆存储器

（3）组合式吊具是将起吊不同尺寸的集装箱吊具组合使用的一种集装箱专用吊具，如图 6-21 所示。其特点是结构简单、自重较伸缩式要小（一般为 4~7t）。这种吊具多用于跨运车和正面吊上。

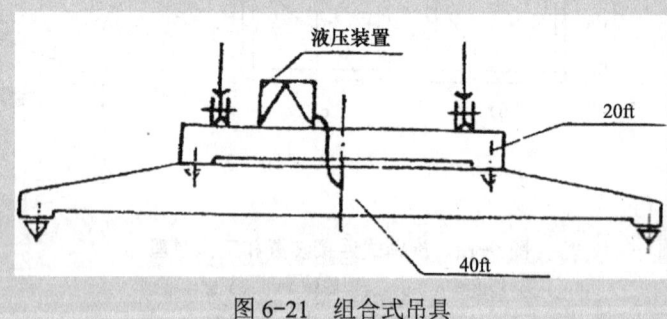

图 6-21　组合式吊具

【同步测试】

一、选择题

1. 集装单元化的主要特点是（　　）。
   A. 集小为大　　　　　　　　　B. 实现自动化
   C. 保证运输安全　　　　　　　D. 降低运输成本
2. 下列不属于集装单元化设备的是（　　）。
   A. 集装箱　　　　　　　　　　B. 托盘
   C. 木箱　　　　　　　　　　　D. 捆扎型货捆
3. 起吊集装箱最理想的方式为（　　）。
   A. 采用上部四点起吊　　　　　B. 采用上部单点起吊
   C. 采用横架从下部起吊　　　　D. 用叉车货叉举升

4. 目前集装箱起重机采用最为广泛的是（   ），特别适用于码头前沿和堆场装卸作业的岸边集装箱起重机和龙门起重机。
   A. 固定式吊具　　　　　　　　　　B. 主从式吊具
   C. 可更换式吊具　　　　　　　　　D. 伸缩式吊具
5. 下列不属于跨运车系统主要优点的是（   ）。
   A. 一机完成多种作业　　　　　　　B. 机动灵活，无需准确对位
   C. 堆场的利用率较高　　　　　　　D. 设备投资小
6. 国际标准集装箱计量单位 TEU 为（   ）集装箱。
   A. 40ft　　　　　　　　　　　　　B. 30ft
   C. 20ft　　　　　　　　　　　　　D. 10ft 起重
7. 集装箱式叉车的主要特点是可搬运（   ）。
   A. 小件货物　　　　　　　　　　　B. 较重货物
   C. 一般货物　　　　　　　　　　　D. 集装箱货物
8. 起重机取物装置或物品从最大幅度到最小幅度沿水平方向移动的平均速度称为（   ）。
   A. 起升速度　　　　　　　　　　　B. 变幅速度
   C. 旋转速度　　　　　　　　　　　D. 运行速度
9. 下列说法不正确的是（   ）。
   A. 集装单元化既是一种包装形式，又是一种运输形式
   B. 集装单元化便于清点货件，简化流程，促进不同运输方式的联运，提高物流管理水平
   C. 集装单元化增加了设备的投资，在运输过程中增加了重量，而且容易出现集装器具的空回，故并不能降低物流成本
   D. 集装单元化能便于装卸搬运，易于实现机械化作业
10. 起重设备常用取物装置包括（   ）。
    A. 吊钩　　　　　　　　　　　　　B. 抓斗
    C. C形卷钢吊具　　　　　　　　　D. 电磁吸盘
    E. 起重无泵真空吸盘
11. 集装箱重箱正面吊可完成的作业包括（   ）。
    A. 自取集装箱　　　　　　　　　　B. 搬运集装箱
    C. 对车辆进行装卸　　　　　　　　D. 对船舶进行装卸
    E. 集装箱堆垛

二、简答题

1. 汽车起重机和轮胎起重机有何不同？
2. 桥式起重机有何特点？
3. 集装箱专用装卸搬运设备有哪些？

【知识应用】

桥式起重机事故案例

某企业发生一起桥式起重机起吊事故,事故经过是:一台 30t/5t 桥式起重机在对一件尺寸为 8 300mm×3 250mm×120mm,重约 25.4t 的拼焊钢板进行 180° 翻身吊运时,由于操作者选用的钢丝绳及扣等起吊工具偏小,起吊方法上有误,因此,当桥式起重机起吊工件呈垂直状态,大车行驶约 30cm 时承重的 ϕ39mm 卸扣销轴突然断开,钢板坠落在焊接平台上,一台焊接设备当场被砸损。

对于这起事故,分析:
(1)桥式起重机主梁为什么要有一定的上拱度?
(2)桥式起重机应设哪些安全防护装置?
(3)起重机械作业的安全措施应有哪些?

学习情境三　运输作业

【情境描述】

运输是用设备和工具,将物品从一地点向另一地点运送的物流活动。其中包括集货、分配、搬运、运送、中转、装入、卸下、分散等一系列操作。运输在现代物流系统中是一个非常重要的子系统,而要提高运输活动的质量和效率,降低运输成本,必须借助于现代的运输设施设备。如果你是一名公司的运输设备管理人员或调度人员,则必须熟悉每一种运输方式的特点及其作业流程,熟悉每一种运输方式中运用到的设施与设备的类型、性能、技术参数、使用与维护等方面的知识,具备科学管理与调度这些设备的能力。

目前,货物运输的主要方式有公路运输、铁路运输、航空运输、水路运输、管道运输等五种基本的运输方式。由于管道运输有着其特殊性,所采用的设备设施基本属于基础设施,所以,本部分暂不介绍管道运输设备。针对其余的四种运输方式,我们要学习每一种运输作业中运输设施与设备的选择、使用与维护等方面的知识与技能。本学习情境包括两个项目的学习:"项目七　公路、铁路运输作业""项目八　航空、水路运输作业"。

项目七　公路、铁路运输作业

通常运输企业会根据每一笔具体运输业务货物的性质和交货期要求来确定合适的运输方式,并运用相应的运输设施与设备完成运输作业。我国西部地区远离海洋,不适合采用水路运输方式进行货物运输,大多数普通货物运输又由于航空运输费用偏高而不适合选用,通常比较适合选用公路运输与铁路运输这两种陆上货物运输方式。本项目即是介绍公路、铁路运输作业中常用的物流设施与设备。通过本项目的学习,应该达到以下的目标:

【知识目标】掌握汽车的种类、基本结构,货车的主要性能参数等知识;掌握货车选购与配置的基本知识;掌握车辆使用与维护知识;理解公路分级与技术标准;理解汽车货运站的主要功能;了解铁路系统的基本构成;了解铁路站场的作业构成。

【能力目标】能够明确公路运输设备设施的种类、用途、主要性能参数等;能够明确铁路运输设备设施的种类、功能、用途等;能根据货物特点、运送距离等条件独立选择出最合适的运输方式和运输工具;具有货车选购与配置的基本能力;初步具备车辆的使用与维护能力。

任务一 公路运输设备设施的使用

【任务描述】

中邮物流有限责任公司淄博分公司运输部接到以下货运单（见表7-1）：

表7-1 货运单

货物名称	货物数量	发货地	收货地
锅炉	1.8t	临沂河东	黑龙江七台河
设备	25t	山东淄博张店区新村路10号	河北省邯郸
石油焦	500t	山东淄博张店区新村路10号	合肥
玉米	10t	山东淄博张店区新村路10号	山东菏泽郓城
集装箱	20'GP	黄岛	济南天桥
冻水产品散货	8 500 t	黄岛保税区	威海
袋装货物集装箱	100t	黄岛	郑州洛阳

针对每一项运输任务，公司该选用哪种运输方式？如果选用公路运输方式，又该选用哪些运输设施与设备？使用这些设施与设备时应该注意什么？

通过为每一项运输任务确定运输方式，选择运输设施与设备，学习者应能够认识每种运输方式的特点并且能根据货物的特点、运送距离等条件正确选择运输方式；认识常用的公路运输设备设施；能够根据货物的不同，选用合适的运输设备设施；具备车辆使用与维护的基本知识；具有货车选购与配置的基本能力。

【知识学习】

一、汽车

1. 汽车的分类

自世界上第一辆汽车1886年在德国问世，汽车至今已有一百多年的历史。汽车工业从无到有发展迅猛，产量大幅增加，技术不断更新，各种车型层出不穷。汽车的分类方法很多，但最重要的方法是按照汽车的用途来分类。按照用途的不同，汽车可以分为以下几种类型：

（1）货车。货车又称为载货汽车、载重汽车或卡车，主要用来运送各种货物或牵引全挂车。货车常采用前置发动机，车身设置为独立驾驶室和货厢两部分。货车还可以按最大总质量分类：

1）微型货车：最大总质量不超过1.8t。

2）轻型货车：最大总质量为1.8～6.0t。

3）中型货车：最大总质量为6.0～14.0t。

4）重型货车：最大总质量超过14t以上。

（2）越野汽车。越野汽车主要用于非公路上人员和货物的载运或牵引设备，一般为全轴驱动。越野汽车按驱动形式可分为4×4、6×6、8×8几种。

（3）自卸汽车。自卸汽车是指货厢能自动倾翻的载货汽车。自卸汽车有向后倾卸的和左右后三个方向均可倾卸的两种。

（4）牵引汽车。牵引汽车是指主要用来牵引的车辆，可分为全挂牵引车和半挂牵引车。

（5）专用汽车。专用汽车是指为了承担专门的运输任务或作业，装有专用设备，具备专用功能的车辆。如厢式汽车、罐式汽车、起重举升汽车、仓棚式汽车、特种结构汽车和专用自卸汽车等。

（6）客车。客车是指乘坐9人以上，具有长方形车厢，主要用于载运人员及其行李物品的车辆。

根据车辆的长度（3.5m、7m、10m、12m），可将客车分为：

1）微型客车：长度不超过3.5m。
2）轻型客车：长度为3.5～7m。
3）中型客车：长度为7～10m。
4）大型客车：长度为10～12m。
5）特大型客车：长度超过12m。

（7）轿车。轿车是指乘坐2～8人的小型载客车辆。根据发动机排量大小，可将轿车分为：

1）微型轿车：发动机排量小于1L。
2）普通级轿车：发动机排量为1～1.6L。
3）中级轿车：发动机排量为1.6～2.5L。
4）中高级轿车：发动机排量为2.5～4L。
5）高级轿车：发动机排量大于4L。

2．汽车的基本结构

汽车是由多个装置和机构组成的。但其基本构造都是由发动机、底盘、车身、电气设备四大部分组成，如图7-1所示。

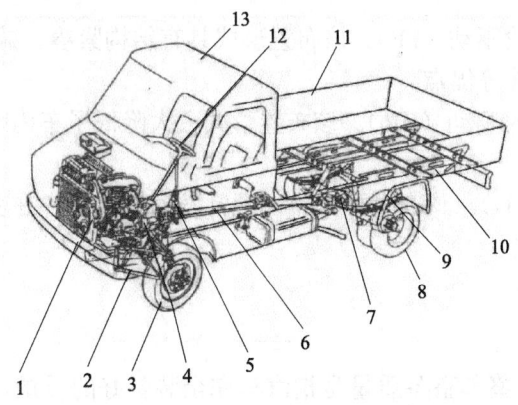

图7-1 典型载货汽车总体构造图

1—发动机 2—前悬架 3—转向车轮 4—离合器 5—变速器 6—万向传动装置 7—驱动桥 8—驱动车轮
9—后悬架 10—车架 11—车厢 12—转向盘 13—驾驶室

发动机是为汽车行驶提供动力的装置。其作用是使燃料燃烧产生动力，然后通过底盘的传动系统驱动车轮使汽车行驶。发动机主要有汽油机和柴油机两种。现代汽车广泛采用往复活塞式内燃发动机。它是通过可燃气体在气缸内燃烧膨胀产生压力，推动活塞运动并通过连杆使曲轴旋转来对外输出功率的。往复活塞式内燃发动机主要包括两大机构和五大系统，它们是曲柄连杆机构、配气机构、燃料供给系统、点火系统（汽油发动机）、起动系统、冷却系统和润滑系统。柴油发动机的点火方式为压燃式，所以无点火系统。

底盘的作用是支撑、安装汽车发动机及其各部件、总成，形成汽车的整体造型，并接受发动机的动力，使汽车产生运动，保证正常行驶。主要包括传动系统、行驶系统、转向系统和制动系统。传动系统将发动机的动力传达给驱动车轮，主要包括离合器、变速器、传动轴、驱动桥等部件；行驶系统将汽车各总成及部件连成一个整体，并对全车起支撑作用，以保证汽车正常行驶，主要包括车架、前轴、从动桥、车轮（转向车轮和驱动车轮）、悬架（前悬架和后悬架）等部件；转向系统保证汽车能按照驾驶员选择的方向行驶，由转向盘、转向器及转向传动装置组成；制动系统使汽车减速或停车，并保证驾驶员离去后汽车能可靠地停驻。每辆汽车的制动装备一般都包括两个相互独立的制动系统，如行车制动系统和驻车制动系统。

车身容纳驾驶员、乘客和货物，并构成汽车的外壳。载重汽车车身由驾驶室和货厢组成，客车与轿车的车身由统一的外壳构成。其他专用车辆还包括其他特殊装备等。车身还包括车门、窗、车锁、内外饰件、附件、座椅及车前各钣金件等。

电气设备由电源和用电设备组成。电源包括发电机和蓄电池。用电设备的内容很多，不同车型不太一样，主要有点火系统、起动系统、照明、仪表信号系统、空调以及其他用电设备等。此外，在现代汽车上愈来愈多地装用各种电子设备，如微处理机、中央计算机系统、各种传感器及各种人工智能装置等，显著地提高了汽车的各项性能。

为满足不同使用要求，汽车的总体构造和布置形式可以是不同的。按发动机和各个总成相对位置的不同，现代汽车的布置形式通常有以下几种：

（1）发动机前置后轮驱动（FR）。该布置形式是传统的布置形式。国内外的大多数货车都采用这种形式。

（2）发动机前置前轮驱动（FF）。该布置形式具有结构紧凑、减小质量、降低底板高度、改善高速时的操纵稳定性等优点。

（3）发动机后置后轮驱动（RR）。该布置形式大大降低了车内噪声、有利于车身内部布置等优点。

（4）全轮驱动（AWD）。该布置形式中，通常发动机前置，在变速后装有分动器以便将动力分别输送到全部车轮上。

3．货车的主要参数

（1）质量参数。

1）整车装备质量。整车整备质量是指汽车完全装备好的质量，包括发动机、底盘、车身、全部电气设备和车辆正常行驶所需要的辅助设备的质量，包括加足燃料、润滑油、冷却液的质量以及随车工具、备用轮胎及备品等的质量之和。

2）厂定最大总质量。厂定最大总质量也称为货车总质量，是指货车装备齐全，按照规定满载货物,并包括驾驶员在内的货车的总质量。

3)最大装载质量。最大装载质量是厂定最大总质量与整车装备质量之差。

4)最大轴载质量。最大轴载质量与货车的材料强度及轮胎的承载能力有关,是指货车单轴所承载的最大质量,即货车在满载时车轴对地面的垂直作用力。

(2)尺寸参数。货车的尺寸参数如图 7-2 所示。

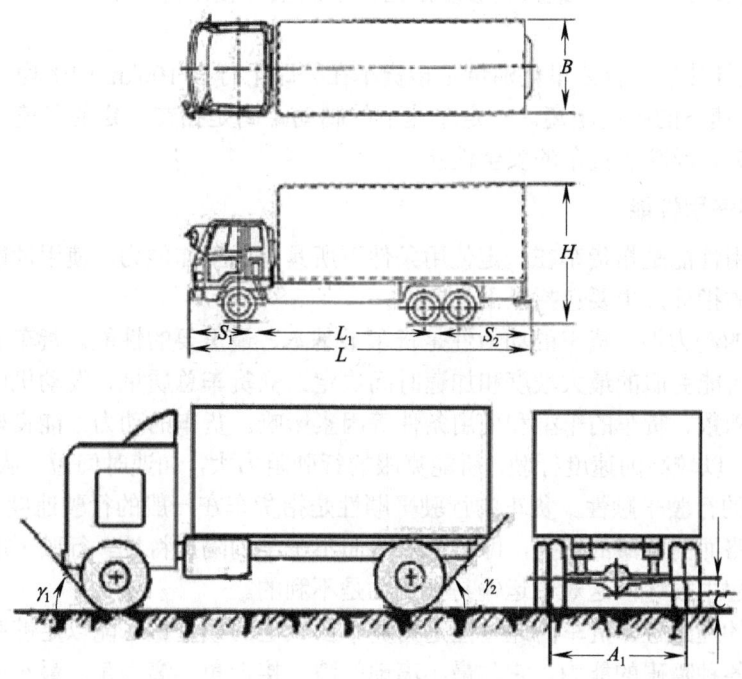

图 7-2 货车尺寸参数图

1)车长(L)。车长是指垂直于车辆纵向对称平面并分别抵靠在汽车前、后最外端突出部位的两垂面之间的距离。

2)车宽(B)。车宽是指平行于车辆横向对称平面并分别抵靠车辆两侧固定突出部位(除后视镜、侧面标志灯,方位灯、转向指示灯等)的两平面之间的距离。

3)轴距(L_1)。轴距是指汽车直线行驶时,同侧相邻两轴的车轮落地中心点到车辆纵向对称平面的两条垂线间的距离。

4)轮距(A_1)。轮距是指在支承平面上,同轴左右车轮两轨迹中心间的距离(轴两端为双轮时,为左右两条双轨迹的中心线间的距离)。

5)前悬(S_1)。前悬是指在直线行驶时,汽车前端刚性固定件的最前点到通过两前轮轴线的垂面间的距离。

6)后悬(S_2)。后悬是指汽车后端刚性固定件的最后点到通过最后车轮轴线的垂面间的距离。

7)最小离地间隙(C)。最小离地间隙是指车满载时,车辆支承平面与车辆最低点之间的距离。

8）接近角（γ_1）。接近角是指汽车前端突出点向前轮引的切线与地面的夹角。

9）离去角（γ_2）。离去角是指汽车后端突出点向后轮引的切线与地面的夹角。

(3) 性能参数。

1）最高车速。最高车速是指货车在水平良好的路面（混凝土或沥青路面）所能达到的最高行驶速度。最高车速的大小直接影响着物流作业的效率。

2）最大爬坡度。货车的最大爬坡度是指货车满载行驶在良好路面上 1 档能够爬上的最大坡度。

3）百公里耗油量。百公里耗油量是指货车在公路上行驶 100km 的平均燃料消耗量。

4）一定车速下的制动距离。一定车速下的制动距离是指在一定的车速下，货车制动后所能行走的距离，反映了货车的安全性能。

4. 货车的使用性能

货车的使用性能是指货车在一定使用条件下所具有的工作能力。使用性能是评价和选用货车不可缺少的指标，主要包括以下几方面：

(1) 货车的动力性。货车的动力性是货车最基本、最重要的性能。货车的动力性由货车的最高车速、所能克服的最大坡度和加速时间决定，受货车总质量、发动机的特性、主传动比、变速器的档数、货车的车型和使用条件等因素影响。货车的动力性能良好，就能在设定的使用条件下，以较高的速度行驶，所能克服的行驶阻力大，加速时间短，从而运输能力强。

(2) 货车的行驶平顺性。货车的行驶平顺性是指货车在一般的行驶速度下，具有缓和、衰减来自行驶路面的颠簸的能力，即货车对路面不平度的隔振特性。行驶平顺性差就会使货物在运送的过程中损坏，这对于运输易损货物是不利的。

(3) 货车的通过性。货车的通过性是指货车在额定的载重量下能以足够高的车速通过各种路段和克服各种障碍的能力。它与最小离地间隙、接近角、离去角、最小转弯半径、货车的结构和路面质量等因素有关。

(4) 汽车的制动性。汽车的制动性包括汽车在制动时的方向稳定性、制动效能及制动效能的稳定性三个方面。

1）制动时的方向稳定性是指货车在制动时不发生跑偏、侧滑或丧失转向能力而按驾驶员给定的方向行驶的性能。

2）制动效能是指货车以一定的初速度制动到停车的制动距离。

3）制动效能的稳定性指在高速或下长坡的连续制动中制动器温度显著升高时制动效能的保持性。

(5) 货车的燃油经济性。燃油经济性是指单位燃油消耗量完成运输工作量的能力。货车的燃油费用约占货车运输成本的 30%，因此，提高燃油经济性可降低运输成本。燃油经济性可用在一定的条件下行驶单位里程的燃油消耗量来表示，如 100km 耗油量（L/100km）。

(6) 货车的操纵性。货车的操纵性是指货车能够正确地响应驾驶员操作指令的能力。

(7) 货车的稳定性。货车的稳定性是指货车受到外界干扰后保持稳定行驶的能力。

5. 货车的选用

(1) 车型的选择。车辆是运输企业生产的物质基础，是运输企业的主要生产设备。组织运输生产首先要有合适的运输车辆，因此车辆选配应根据运输市场情况，以及当地的油料供应、运量、运距、道路、气候等社会和自然条件，制订车辆发展规划，择优选购，合理配置车辆，并做好车辆的分配和投用前的技术准备工作。否则可能会发生车与货不相适应或者"大车小用"，使实载率降低、运行消耗增加或者"小马拉大车"，使机件损坏增加、维修费用增加等，阻碍了车辆效能的发挥，影响运输单位经济效益。

随着我国物流业的发展，专用货车需求量也将会逐年增加，厢式车、罐装车、冷藏保温车等主要专用车在未来10年中的增长率将达10%以上。在物流领域，由于厢式车结构简单，利用率高，适应性强，是应用前景最广泛的货车。同时，随着运送货物种类和运量的增加，对其他类型的货车需求量也在逐渐增多。常用的专用货车如下：

1）厢式车。厢式车装备有全封闭的厢式车身，可使货物免受风吹、日晒、雨淋。将货物置于车厢内，能防止货物散失、丢失，安全性好，而且小型厢式载货汽车一般兼有滑动式侧门和后开车门，因此货物装卸作业非常方便。厢式车如图7-3所示。

图7-3　厢式车

2）栏板式货车。栏板式货车具有整车重心低、载重量适中的特点，适用于企事业单位、批发商店、百货商店的货物用车，用于装卸百货和杂品，在装卸过程中，可以将栏板打开。栏板式货车如图7-4所示。

图7-4　栏板式货车

3）自卸式货车。自卸式货车可以自动后翻或侧翻，使货物能够依靠本身的重力自行卸下，具有较大的动力和较强的通过能力。矿山和建筑工地上的用车一般采用自卸式货车。自卸式货车如图7-5所示。

4）罐式货车。罐式货车具有密封性强的特点。运送易挥发、易燃、危险品宜选用罐式货车。罐式货车如图7-6所示。

图 7-5 自卸式货车

图 7-6 罐式货车

5）集装箱牵引车和挂车。集装箱牵引车专门用于拖带集装箱挂车或半挂车，两者结合组成车组（如图 7-7 所示），是长距离运输集装箱的专用机械。其主要用于港口码头、铁路货场与集装箱堆场之间的运输。集装箱牵引车具有牵引装置、行驶装置，其内燃机和底盘的布置与普通牵引车大体相同，只是集装箱牵引车前后车轮均有行走制动器，车架后部装有连接挂车的牵引鞍座。

图 7-7 集装箱牵引车和半挂车组成的车组

集装箱挂车按拖挂方式不同，分为半挂车和全挂车两种（如图 7-8 所示），其中半挂车最常用。半挂车是挂车和货物的一部分由牵引车直接承受，不仅牵引力得到有效发挥，而且拖车车身较短，便于倒车和转向，安全可靠。半挂车装有支腿，以便与牵引车脱开后能稳定地支撑在地面。全挂车是通过牵引杆架使牵引车与挂车连接，牵引车车身也可作为普通货车单独使用，但车身较长，操作比半挂车要难些。

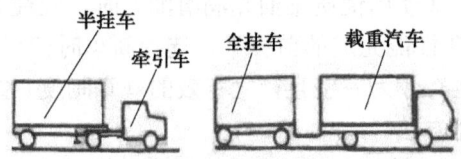

图 7-8　集装箱牵引车和挂车

（2）货车选用和配置的原则。货车的选用要遵循择优选购、合理配置的基本原则。

1）择优选购。择优选购是根据运输生产需要和运行条件，按照车辆的适应性、可靠性、经济性、维修和供应配件的方便性以及产品质量的优劣等因素，进行择优选型购置车辆。

车辆能适应当地道路、气候等条件，就说明车辆的适应性好；车辆的可靠性一般用其发生故障的平均里程和频率来评价；易于早期发现故障、易于更换或修复损坏的零件，缩短维修时间，减少维修费用都是维修和供应配件方便性好的标志；同类型车的燃油经济性可能会有差异，尽管有时差异很小，但长期积累节约数量也相当可观，因此，对燃油的经济性必须进行比较；车辆使用寿命长显然是产品质量好的重要标志之一。所以在选购车辆时，应从车辆的售价、适应性、可靠性、维修和配件供应方便性、使用寿命以及燃油经济性等因素综合考虑。

择优选购车辆是关系到运输单位和个人主要生产设备优劣的关键问题，应进行技术经济论证，避免盲目购置。要从实际出发，按需选购，量力而行，讲究实用可靠，以及尽可能达到少投入多产出，综合经济效益好的目的。

2）合理配置。合理配置是指运输单位根据其所承担运输任务的性质、运量、运距、气候以及油料供应情况等条件，合理地对车辆进行配置，如大、中、小型车辆比例，通用、专用车比例等。通过合理规划，优化车辆构成，充分发挥车辆吨位和容积的利用率，满足运输市场的需要。

合理配置车辆的原则是：

① 车型先进、安全可靠、货物装卸方便。

② 车辆规格齐全，能与当地货源相适应，且配比合理（吨位大小、座位多少、高中低档比例等），吨位利用率高。

③ 车辆的油耗、维修费用、运输成本均低而利润高。

④ 应用能力强，既能完成正常的生产任务，又能突出重点，完成特殊任务。

配置车辆时，除需要考虑当地运输市场状况，弄清在用运输车辆的基本技术情况外，还应考虑下列因素：

① 车辆经常行驶的道路条件：道路的通过能力、承载质量、坡度大小、路面质量和转弯半径等，均影响车辆的运行。因此，要注意所配置的车辆的技术参数是否适应所要行驶的道路条件，否则会影响运输效率。

② 气候、海拔条件：气候、海拔情况不同，对车辆要求不同。例如：寒冷地区就应考虑配置起动性能好的车辆，高海拔的地区空气稀薄，应配置动力性能高的车辆，因此，配置车辆时应充分考虑到本地区的气候和海拔条件。

③ 油料供应情况：车辆在使用中要消耗多种油料，如果油料来源困难，就会影响生产。所以选用新车尤其是进口车（使用优质燃油和润滑油）时，应注意到这一问题。

④ 车辆使用的经验：在性能先进的前提下，选择新车时应尽量选用本单位熟悉的车型。这样在管理、使用和维修上有较为完整且行之有效的规章制度、技术措施，从而可以避免重新组织技术培训和摸索管理方法。

⑤ 本单位或当地车辆构成情况和维修能力：配置车辆时应考虑当地车辆构成情况，要避免一个地区或一个车队所拥有的车辆车型过于复杂，以免造成维修配件材料的供应储备及维修工作的困难。

总之，合理配置车辆，对避免运力过剩，提高运输效率，保障安全生产，降低运输成本，争取更多的客货源都有较大的作用。

> 问题与思考：配送中心进行城市货物配送选用哪种货车比较合适呢？

二、车辆的使用管理

车辆的使用管理要注意：一方面要防止车辆闲置不用，因为车辆长期闲置不用不仅投资收不回来，还要承担无形损耗，负担相应支出；另一方面也要防止滥用车辆，如果车辆长时间超负荷运行，会造成车辆过度磨损，缩短车辆的使用寿命，影响服务质量，甚至还会带来严重的事故，造成生命财产损失。

在车辆的使用管理中，一般应当考虑车辆在不同条件下的使用要求。通常车辆的使用可分为：磨合期的使用、正常条件下的使用和特殊条件下的使用。

1. 车辆在磨合期的使用

磨合期是指车辆在运行使用初期，改善零件摩擦表面几何形状和表面物理力学性能的过程。磨合期包括新车和大修竣工的车辆所处的最初使用阶段。新车、大修车及装用大修发动机的汽车，其磨合期的使用过程实质上是为了使汽车向正常使用阶段过渡。处于磨合期的汽车应遵守以下规定：

（1）磨合期里程不得少于1 000km。

（2）在磨合期内，应选择较好的道路，减载、限速行驶。

（3）在磨合期内，驾驶员必须严格执行驾驶操作规程，保持发动机在正常温度下运行。磨合期内严禁拆除发动机限速装置。

（4）磨合期内要认真做好车辆日常维护工作，经常检查、紧固各部位外露螺母、螺栓，注意各总成在运行中的声音和温度变化，及时进行调整。

（5）磨合期满以后，应按有关规定进行一次磨合维护。

2. 车辆在正常条件下的使用

车辆在正常条件下的使用包括：车辆载质量的使用、汽车拖挂总质量的使用、车辆运载中的使用以及汽车燃润料的使用等内容。

（1）车辆载质量的使用。车辆的额定载质量，应符合制造厂规定，经过改装、改造的车辆，或因其他原因需要重新标定载质量的，应经车辆所在地区主管部门核定，车辆增载必须符合交通部门发布的《汽车旅客运输规则》《汽车货物运输规则》等规定，所有车辆的载质量，一经核定应遵照执行，严禁超载。

（2）汽车拖挂总质量的使用。企业应当根据不同使用条件，经过试验后确定汽车拖挂总质量的使用范围。

（3）车辆运载中的使用。车辆运载危险货物及各类特种货物时，必须符合交通部门对承运危险货物及其他特种货物运输的有关规定。

（4）汽车燃润料的使用管理。在使用燃润料时，应根据车辆制造厂说明书的技术要求和有关注意事项，选用符合技术要求的汽车燃润料。

3．车辆在特殊条件下的使用

我国幅员辽阔、地形复杂、气候多样，营运车辆的流动性非常强，可能遇到的特殊条件很多。

（1）车辆在低温条件下的使用。车辆在低温条件下使用时，作业环境温度低，会出现发动机起动困难、各总成磨损严重、热状况不良、燃润料消耗增大等问题，所以在使用中要着重注意以下几个方面：

1）车辆在低温条件下停放时，应采取防冻、保温措施。发动机罩和散热器前加装保温套，注意保持正常工作温度。在使用防冻液时，必须掌握其正确的使用方法。在气温低于-15℃时，起动发动机有一定困难，故在使用前应当进行预热。

2）各总成和轮毂轴承换用冬季润滑油和制动液。由于气温降低到-20～-18℃时，柴油黏度明显提高，故在冬季运行时，柴油发动机应使用低凝点柴油。

3）调整发动机调节器，增大发电机充电电流。注意保持蓄电池电解液的合适密度和蓄电池的保温。

4）在冰雪路面行驶时，应采取有效的防滑措施，注意车辆运行安全。

（2）车辆在高温条件下的使用。车辆在高温条件下使用时，主要是发动机过热、轮胎易爆等问题。在操作过程中，应注意以下几方面：

1）对汽油发动机供油系统，采取隔热、降温等有效措施，防止气阻。注意调整发电机调节器，减小充电电流。检查调整蓄电池电解液密度，保持液面高度和通气孔畅通。要加强冷却系统的维护，以保证良好的冷却效果。在行车中，注意勿使发动机过热。

2）汽车的各总成和轮毂轴应换用夏季润滑油，制动系统换用夏季制动液。

3）行车途中经常检查轮胎温度和气压，不得采取用冷水浇泼或放气的方法降低温度和气压。

（3）车辆在山区或高原等地区的使用。车辆在山区或高原等地区行驶时，由于海拔高、气压低、空气稀薄，发动机充气量少，易导致发动机动力性和燃料经济性下降，在使用中应注意以下几方面：

1）可酌情采取提高压缩比、改变配气相位、增压等措施，提高发动机的动力性。加强制动系统的检查和维护工作，确保制动和操纵装置可靠、工作正常。在爬长坡、陡坡时，应当注意提前换档；下坡前，应当注意制动系统压力及制动机构工作状况。禁止熄火、空档滑行，防止制动鼓过热。

2）对点火系统和供油系统做适当调整，以适应车辆在山区或高原等地区的使用。

3）处在风沙严重的地区运行的车辆，要注意车辆的密封；要注意加强发动机空气滤清器、机油滤清器和燃油滤清器的维护工作。

问题与思考：运输车辆在大修完成后的磨合期使用要注意哪些方面呢？

三、车辆的维护管理

1. 车辆维护的目的

车辆在使用过程中,由于受各种因素的影响,各机构和各零部件必然会随着行驶里程的增加而产生不同程度的自然松动、变形、磨损及机械损伤,如果不及时进行必要的技术维护,车辆的动力性能、燃料经济性能将会变坏,安全可靠性能将会降低,甚至会发生意外的损坏,直至最终丧失工作能力。

车辆维护是在计划预防的基础上提出来的,强调维护的重要性和强制性。它是以预防为主,根据各型号车辆机件磨损和自然松动的规律以及各地的使用条件,进行技术维护作业,从而保证:

(1)车辆经常处于良好的技术状态,随时可以出车参加运输。

(2)在合理使用的前提下,不因中途机件损坏而影响行车安全,不因车辆停歇而影响运输生产的正常进行,以保持运输生产的连续性。

(3)车辆及其各总成,在两次修理期内能够达到最高的行驶里程。

(4)降低车辆燃润料的消耗及零部件、轮胎的磨损。

(5)车辆的噪声和废气排放不超过标准要求,减少对环境的污染。

2. 车辆维护的分类

车辆的维护作业包括清洁、检查、补给、润滑、紧固、调整等,除主要总成发生故障必须解体外,一般不得对其解体。按照2016年交通运输部新颁布的《道路运输车辆技术管理规定》,运输经营者应当建立车辆维护制度。车辆维护分为日常维护、一级维护和二级维护。

(1)日常维护。它是日常性的作业,其作业中心内容是清洁、补给和安全机构的检视。作业由驾驶员负责执行。

(2)一级维护。它的作业中心内容除日常维护作业外,以润滑、紧固、清洗为主,并检查有关制动、操纵等安全部件。一级维护由道路运输经营者组织实施,并做好记录。

(3)二级维护。它的作业中心内容除一级维护作业外,以检查、调整为主,并拆检轮胎,对轮胎进行翻边换位。车辆二级维护以前,应进行检测诊断和技术评定,根据诊断结果和评定结果,确定附加作业和小修项目,结合二级维护一起进行。二级维护由道路运输经营者组织实施,并做好记录。道路运输经营者不具备二级维护作业能力的,可以委托二类以上机动车维修经营者进行二级维护作业。机动车维修经营者完成二级维护作业后,应当向委托方出具二级维护出厂合格证。

各维护作业项目和周期的规定,必须根据车辆结构性能、使用条件、故障规律、配件质量及经济效果等情况进行综合考虑。随着运行条件的变化,新工艺、新技术的采用,维护项目和周期经交通运输管理部门同意后,可及时进行调整。

> **问题与思考**:车辆的日常维护保养主要做哪些工作?由谁来执行日常维护呢?

四、公路

公路是承受行车荷载的结构,它主要由路基、路面、桥涵、隧道、排水系统、防护工程及交通服务设施所组成。

公路等级的划分

公路条件的好坏直接影响汽车运输的效果,同时也影响汽车的技术性能。因此,公路条件是汽车运用最主要的条件。

公路条件对汽车运用性能与运用效率的影响主要来自公路等级和公路养护质量。按照公路的交通量、任务和性质,根据使用任务、功能和适应的交通量分为高速公路、一级公路、二级公路、三级公路和四级公路五个级别。

(1) 高速公路。高速公路是专供汽车分向、分车道行驶并全部控制出入的干线公路。它具有四条或四条以上车道,设有中央分隔带,全部立体交叉,并具有完善的交通安全设施、管理设施和服务设施。四车道高速公路年平均昼夜交通量为 25 000~55 000 辆;六车道高速公路年平均昼夜交通量为 45 000~80 000 辆;八车道高速公路年平均昼夜交通量为 60 000~100 000 辆。

(2) 一级公路。一级公路是专供汽车分向、分车道行驶的公路,其设施与高速公路基本相同,只是部分控制出入。年平均昼夜交通量为 15 000~25 000 辆,是连接高速公路或是某些大城市接合部、经济开发带及人烟稀少地区的干线公路。

(3) 二级公路。二级公路一般年平均昼夜交通量为 3 000~7 500 辆,是连接中等以上城市的干线公路,或者是通往大工矿区、港口的公路。

(4) 三级公路。三级公路一般年平均昼夜交通量为 1 000~4 000 辆,是沟通县或城镇之间的集散公路;

(5) 四级公路。四级公路一般年平均昼夜交通量为:双车道 1 500 辆以下,单车道 200 辆以下,是沟通乡、村等地的支线公路。

以上五个等级的公路构成了我国的公路网。其中高速公路、一级公路为我国公路网骨干线,二、三级公路为公路网内基本线,四级公路为公路网的支线。

此外,我国又将公路按照行政等级及使用性质划分为国道、省道、县道、乡道和专用公路五个等级,实行分级管理。

五、公路站场

交通运输是国民经济的基础,汽车货运站场是道路交通运输的基础设施之一,在国家经济建设中具有重要地位。根据运输对象不同,汽车站分为客运站和货运站两种基本类型,在此主要介绍汽车货运站。汽车货运站是道路运输的节点,是连接运力和货源的纽带。其主要功能是组织运输、中转和装卸储运、中介代理、通信信息和辅助服务,其目标是促进公路运输向组织化、综合化、现代化方向发展。

1. 汽车货运站的基本功能

汽车货运站的基本功能为:中介代理、运输组织、通信信息服务、中转和装卸储运、辅助服务等功能。

(1) 中介代理功能。汽车货运站除从事公路货运外，还应与其他运输方式开展联合运输，充分发挥各种运输方式的特点和优势，逐步完善综合运输体系。汽车货运站应通过交通信息中心和自身的信息系统，与铁路运输、水运、空运等行业和部门建立密切的货物联运关系，协调开展联运业务。运输代理是指汽车货运站为其服务区域内的各有关单位或个体代办各种货物运输业务，为货主和车主提供双向服务，选择最佳运输线路，合理组织多式联运，实行"一次承运，全程负责"，从而方便货主，提高社会效益和经济效益。

(2) 运输组织功能。汽车货运站只有具备健全的组织管理功能，才能在市场竞争中立于不败之地，才能充分发挥汽车货运站的其他各功能，才能提高运输效率，真正为社会和民众服务。因此，汽车货运站应具有对运输的组织管理和站（场）内各机构、车辆、货流的组织管理功能。汽车货运站在运输市场的组织中应能对经营区域内的货源进行调查和预测，具体测算和了解计划期内货物的种类、运量和运距，联系、洽谈、承揽货运业务，协助货主选择比较优化的运输方式和运输线路，签订有关运输合同和运输协议，为编制运输作业计划提供可靠的保证；在汽车货运站管理中应及时掌握汽车货运站的货物管理、堆存、运输等情况，并结合长期的统计数据，从企业的综合宏观利益出发，提出合理利用和使用汽车货运站的决策，制定汽车货运站管理方法、规章制度和操作工艺等；在车辆管理中掌握运输车辆的数量、吨位、技术状况，同时对运行车辆进行跟踪，制定车辆技术状况标准和车辆维修等标准和办法；在货源组织管理中，应对货源的组织制定规章制度和计划，掌握汽车货运站货物的流向、流量和流时，并适时地对一线工作人员进行各种技术上的指导。

(3) 通信信息服务功能。信息在现代社会中起着重要作用，信息对道路运输更是不可缺少的。由于道路运输生产是在广泛的空间进行，车辆情况、客货流量、客货流向、司乘人员的状况等各方面的变化都会影响运输效果，所以道路运输对信息的依赖程度比其他任何行业都更为突出。汽车货运站应根据站级的具体情况采用不同形式的通信手段（如电话、GPS定位系统、计算机网络等），建立一个快速反应的信息系统，其信息系统应具备下列几种功能：

1) 汽车货物站的信息系统应能根据掌握的车流、货源信息，站场装卸、仓库堆存情况，货物运输距离、货物种类、批量大小，优化运输方案，合理安排货物的中转、堆存，及时调整和安排车辆的装卸等。

2) 信息系统应能对近期货物流量、流向、流时进行统计、计算处理，对近期货物品种、包装、运输特性的变化进行存储处理，为汽车货运站的货物运输、组织管理提供依据。

3) 信息系统应向货主、车主等提供车、货配载信息，为车主和货主牵线搭桥，促进运输市场的发展，提高实载率和里程利用率。

4) 信息系统应能提供开放性服务，向相关方提供货物流量、流向、流时及站场的装卸、堆存情况的信息。

(4) 中转和装卸储运功能。随着产品和产业结构的变化，工业布局的调整，在特定的经济区域形成了一定规模的工业网络。在工业网络中，点线上的工业企业的成品、半成品等的物流活动，大部分需通过汽车货运站的中转来完成；零担货物需在汽车货运站中转，轻型车辆上门取货，并集中到汽车货运站，分线发送，到达的零担货物需要在汽车货运站按不同去向分理，而后由中、轻型车辆送货上门；货物在汽车货运站中转，积散为整和整箱货物的拆箱分解都需在汽车货运站进行；部分港口货物和铁路运输货物需在汽车货运站中转。

中转换装功能是汽车货运站的主要功能，而与之紧密相连的是装卸储运功能，如果汽车货运站没有装卸功能，中转换装就无法实现。零担货物的运出和运进需要装车和卸车，集装箱需要装车和卸车，各种普通货物也都离不开装卸。通过各种运输方式运到汽车货运站的货物需中转或送达用户，但汽车货运站不可能将全部货物立刻中转或送达用户，没有及时送出的货物需要在站内暂时存放。另一方面，货主的各种零担货物集中到汽车货运站后，部分货物不能立刻发出，也需要储存。汽车货运站的仓库，不仅可以作为中转货物的储存地，还可以出租给各企业存放成品和半成品，许多企业为了达到"零库存"，企业自己不设成品、半成品及原料的仓库，而由汽车货运站代为储存。汽车货运站根据企业的销售信息，直接由汽车货运站代为销售、运输，并由汽车货运站代为结算，方便货主和买主，减少了物流的环节。

（5）辅助服务功能。汽车货运站除开展正常的货运生产外，还应提供与运输生产有关的服务。例如：为货主代办报关、报检、保险等业务；提供商情信息服务；开展商品的包装、加工处理等服务；代货主办理货物的销售、运输、结算等服务。另外，还应为货运车辆提供停放、清洗、加油、检测和维修服务；为货主和相关人员提供食、宿、娱乐服务等。

2．汽车货运站的分类

目前，我国的汽车货运站按业务内容，可分为整车运输货运站、零担运输货运站、集装箱中转站、综合型货运站；按服务对象，可分为自用型货运站和公用型货运站；按业务范围，可分为全能型货运站、货运服务站、货物配载服务站、货运信息中心等；按业务量大小，可分为货运枢纽站、大型货运站、中型货运站、小型货运站和业务代办站。各种汽车货运站的业务功能不尽相同，如有的汽车货运站有仓储、配送、包装、半成品加工等服务功能，而有的没有这些功能。这种情况给汽车货运站的站级划分带来一定困难，很难找到能全面反映和衡量综合型货运站的指标。

任务二　铁路运输设备设施的使用

【任务描述】

铁路运输是一种大运量、现代化的陆上运输方式，它利用机车、车辆等技术设备沿着铺设的轨道运行，达到运输旅客和货物的目的。通过铁路运输设备设施的使用任务的学习，学习者要能认识铁路系统的基本构成，铁路机车、车辆的分类、用途，熟悉常用的铁路运输设备设施；能够根据货物的不同，选用合适的铁路运输设备设施，并能正确进行装卸车作业。

【知识学习】

一、铁路机车与车辆

1．机车

机车是铁路运输中动力输出装备。由于铁路车辆大都不具备驱动装置，因而列车的运行和车辆在车站内有目的的移动均需配备机车牵引或推送。

从原动力来看，机车分为蒸汽机车、内燃机车及电力机车。

蒸汽机车（如图7-9所示）是最原始的驱动装置之一，蒸汽机车通过蒸汽机，把燃料的热能转换成机械能。我国蒸汽机车已退出普通铁路牵引主力的历史舞台。

图7-9 蒸汽机车

内燃机车（如图7-10所示）是以内燃机来输出动力的一种机车。一般说来，内燃机车由动力装置（即柴油机）、传动装置、走行部、车体车架、制动装置、辅助设备和车钩缓冲装置等主要部分组成。柴油内燃机的热效率可达30%左右，其起动加速快、运行线路长、通过能力强、单位功率重量轻、劳动条件较好，可实现多机联挂牵引。

图7-10 内燃机车

电力机车（如图7-11所示）靠其顶部升起的受电弓从接触电网上取得电能，并转换成机械能来牵引列车运行。电力机车由电气设备、车体、车架、走行部、车钩缓冲装置和制动装置等主要部分组成。电力机车输出功率大，获得能量不受限制，因而能连续长时间行驶。电力机车可牵引较重列车，爬坡能力强、起动加速快，容易实现多机牵引，较内燃机车更适用于坡度大，隧道多的山区铁路和繁忙干线。

图 7-11 电力机车

2．车辆

（1）车辆的分类。铁路车辆是运送旅客和货物的载体。车辆一般不具备动力装置，需要机车牵引运行。根据用途来分，铁路车辆可分为客车和货车两大类。

按照旅客旅行条件的不同，常见的客车有硬座车、软座车、硬卧车、软卧车等。

根据货物运输要求的不同，货车可以分为棚车、敞车、平车、砂石车、罐车及保温车等。

车辆按车轴数分有四轴车、六轴车和多轴车。

按照制作材料的不同，货车又可以分为钢骨车和全钢车。

按照载重量的大小，货车还可以分为 50t、60t、75t 和 90t 等多种车型，其中以 60t 为最多。

（2）货车的选用。

1）棚车（P）。这种货车具有车顶、侧墙、端墙，并设有窗和滑门，主要用于承运粮食、食品、日用工业品等怕湿、怕晒的货物和贵重货物，必要时也可以承运马匹。图 7-12 为常见的铁路棚车。

图 7-12 铁路棚车

2）敞车（C）。这种货车没有车顶，但有平整地板和固定侧墙，主要用于承运煤炭、矿石、砂、木材、钢材等不怕日晒和雨淋的散装货物和一般机械设备货物。图 7-13 为常见的铁路敞车。

图 7-13　铁路敞车

3）平车（N）。这种货车没有侧墙、端墙和车顶，有的车型具有可以放倒的侧板和端板，主要用于承运大型建筑材料、压延钢材、汽车、拖拉机、军用装置和集装箱等。低边平车还可以承运矿石、煤炭等货物。图 7-14 为常见的铁路平车。

图 7-14　铁路平车

4）保温车（B）。保温车又称为冷藏车。这种货车外形结构类似棚车，车体设有隔热层，加装有冷冻设备以控制温度，主要用于装运新鲜易腐货物。保温车具有车体隔热、气密性好的特点。图 7-15 为常见的铁路保温车。

图 7-15　铁路保温车

5）罐车（G）。这种货车有有底架和无底架两种结构，专门用于承运液体、液化气体或粉末状货物。罐车按运载货物的类型，可以分为轻油罐车、黏油罐车、沥青罐车、液化罐车、酸碱罐车、水泥罐车等。图 7-16 为常见的铁路罐车。

图 7-16　铁路罐车

> **问题与思考**：钢材、煤炭、电冰箱、书籍等货物选用何种铁路货车比较合适呢？

3．铁路车辆的结构

铁路车辆的种类虽然很多，但其基本结构都是一样的，主要是由车体、车底架、走行部、车钩缓冲装置和制动装置等五个基本部分组成。

（1）车体。车体是装载货物的部分。不同的铁路车辆，其车体也不一样。棚车的车体由端墙、侧墙、地板、车顶和门窗等组成，在装载货物时要关闭门窗，防止风吹雨淋和阳光照射。敞车的车体由端墙、侧墙和地板组成，车墙高度通常在 0.8m 以上。平车的车体只有地板，有的平车则装有很低的侧墙和端墙；有的平车为便于装运特别长和大的货物，被做成下弯的凹型车或有一部分不安装地板的落下孔车。保温车的车体也是由端墙、侧墙、地板、车顶和门窗等组成，其墙板是双层壁板构成，壁板间填充绝热材料以减轻气温对货物的影响，车内还装有制冷或冰箱等设备。罐车的车体为圆筒形，在车体上装有空气包和安全阀以保证液体货物运送的安全，在罐体上设有装卸口。

（2）车底架。车底架是车体的基础，主要由中梁、侧梁、枕梁及端梁等组成。它承受车体和货物的重量。车底架在货车运行时由于要承受机车牵引力和各种冲击力，因此必须具有足够的强度和刚度。

（3）走行部。走行部是车辆的基础。其作用是引导车辆沿着轨道运行，并把重量传给钢轨。在四轴车上四组轮对分成两部分，每两组轮对和侧架、摇枕、弹簧减振装置以及轴箱油润装置等组成一个整体，称为转向架。通过中心销将摇枕上的下心盘和底架枕梁上的上心盘相连接，可以相对于车底架做自由转动，便于车辆顺利地通过曲线。

（4）车钩缓冲装置。车钩缓冲装置由车钩和缓冲器组成，其作用是连接机车车辆、传递机车牵引力和制动力，缓和车辆之间的冲击力。

（5）制动装置。制动装置一般包括空气制动机和手制动机两部分，它是用外力迫使运行中的机车车辆减速或停车的一种设备，是机车安全、正点运行的重要保证，也是提高机车重量和运行速度的前提条件。

二、铁路线路

铁路线路承受机车、车辆和车列的重量，并且引导它们的行走方向，所以它是运行的基础。铁路线路是由路基、桥隧建筑物（包括桥梁、涵洞、隧道等）和轨道（包括钢轨、连接零件、轨枕、道床、爬坡设备和道岔等）组成的一个整体工程结构。

1．铁路主要技术标准

铁路主要技术标准包括铁路等级、限制坡度、正线数目、最小曲线半径、机车类型、牵引种类、车站分布、到发线有效长度和闭塞类别等。这些标准是确定铁路运输能力大小的决定性因素，不仅对设计线的工程价和运营质量有重大影响，而且是确定设计一系列工程标准和设备类型的依据，故称为铁路主要技术标准。

2．路基

路基是铁路承受轨道和列车载荷的基础结构物。按地形条件及线路平面和纵断面设计要求，路基横断面可以修成路堤、路堑和半路堑三种基本形式。路堤是指路肩设计标高高于天然地面，经填筑而成的路基。路堑是指路肩设计标高低于天然地面，经开挖而成的路基。半路堑是指一边路肩设计标高低于天然路面，另一边路肩设计标高高于天然地面，经过开挖而成的路基。路基如图7-17所示。

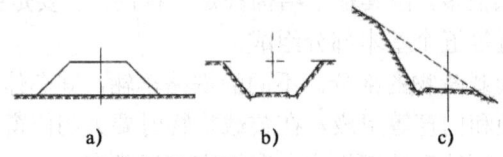

图7-17 路基的基本形式

a）路堤 b）路堑 c）半路堑

路基顶面的宽度，根据铁路等级、轨道类型、路肩宽度、道床标准和线路间距等因素确定。

路基面的形状有无路拱和路拱两种。非渗水的路基面通常做成不同形式的路拱，以便排水。为保证路基的整体稳定，路堤和路堑的边坡都应根据有关规定筑成一定的坡度。

为了消除或减轻地面和地下水对路基的危害作用，使路基处于干燥状态，必须采用地下水排水措施，将降落或渗入路基范围的地面或地下水拦截、汇集、引导和排离出路基范围外。这些排水设施有侧沟、截水沟、渗（暗）沟等。

3．桥隧建筑物

铁路通过江河、溪沟、谷地和山岭等天然障碍物或跨越公路、其他铁路线时需要修筑建筑物。桥隧建筑物包括桥梁、隧道、涵洞等。

（1）桥梁。桥梁主要由桥面、桥跨结构和墩台组成，如图7-18所示。

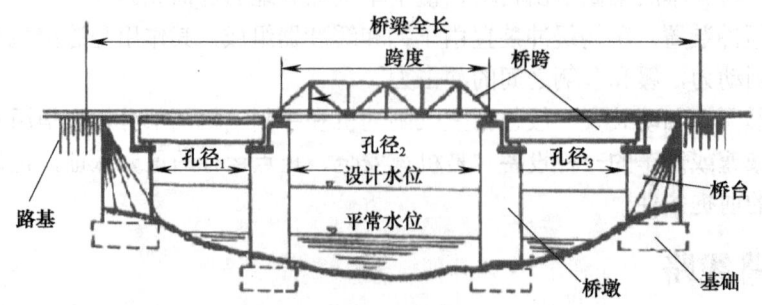

图7-18 桥梁

桥面是桥梁上的轨道部分。墩台包括桥台和桥墩，位于两端和路基邻接的叫桥台，中间的叫桥墩，桥墩之上的部分叫桥跨，两个墩台之间的空间叫桥孔，每个桥孔在设计水位处的距离叫孔径，每一桥跨两端支座间的距离叫跨度。整个桥梁包括墩台在内的总长度，称为桥梁的全长。

铁路桥梁按照桥跨所用的材料分为钢筋混凝土桥、石桥等，按桥梁的外形分为梁桥、拱桥和斜拉桥，按照桥梁的长度分为小桥、中桥、大桥和特大桥。

（2）隧道。铁路隧道是线路穿越山岭的主要方式之一，还有穿越江河湖海与地面障碍的功能，如越江隧道、地下铁道隧道等。

（3）涵洞。涵洞设在路堤下部的填土中，是用以通过少量水流的一种建筑物。

4．轨道

（1）轨道的组成。轨道是由钢轨、轨枕、连接零件、道床、防爬设备及道岔等组成，如图7-19所示。

1）钢轨。采用稳定性良好的"工"字形断面宽底式钢轨，由轨头、轨腰、轨底三个部分组成。

2）轨枕。轨枕是钢轨的座，承受钢轨传来的压力并将其又转给道床，还起保持钢轨位置和轨距的作用。轨枕按照制作材料分钢筋混凝土轨枕和木枕两种。

3）连接零件。连接零件包括接头连接零件和中间连接零件两种。接头连接零件连接钢轨，由鱼尾板（又称夹板）、螺柱、螺母和弹性垫圈等组成；中间连接零件（亦称钢轨扣件）连接钢轨与轨枕。

4）道床。道床承受轨枕上部的荷载并均匀地传给路基，缓和车轮对钢轨的冲击，排除轨道中的雨水以及保持轨道的稳定性。道床一般采用碎石道砟，因其有坚硬、稳定和不易风化等优点。

5）防爬设备。列车在运行时产生的纵向力会使钢轨产生纵向移动，称为爬行。为了防止爬行，一方面设置防爬器和防爬撑，另一方面要加强钢轨和轨枕间的扣压力与道床阻力。

6）道岔。道岔是铁路线路和线路间连接和交叉设备的总称，其作用为使机车由一条线路转向另一条线路，或者越过与其相交的另一条线路。

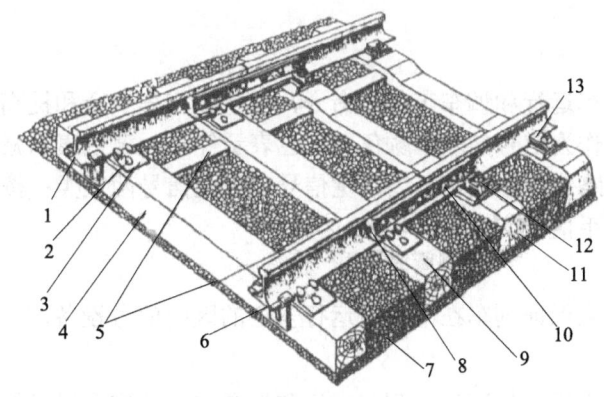

图7-19 轨道的组成

1—钢轨 2—普通道钉 3—垫板 4、9—木枕 5—防爬撑 6—防爬器 7—道床 8—鱼尾板
10—螺栓 11—钢筋混凝土轨枕 12—扣板式中间连接零件 13—弹片式中间连接零件

（2）无缝线路和整体道床。

1）无缝线路。无缝线路是把若干根标准长度的钢轨焊接成为每段 800～1 000m 的长钢轨，再在铺轨现场焊接成更长的钢轨，具有接头很少、行车平稳、轮轨磨耗少及线路养护维修工作量小等优点，是轨道现代化的主要技术表现之一。

2）整体道床。整体道床是一种新型轨下基础，由钢筋混凝土枕轨和混凝土基础组成。施工时钢筋混凝土枕轨与混凝土基础一次浇捣而成，因此，整体道床线路强度高，使用年限较长。它还具有稳定性、平顺性、防水性好，维修工作量小的优点。

（3）钢轨的强度和稳定性。钢轨的强度和稳定性取决于钢轨类型、轨枕类型和密度、道床类型和厚度等因素。根据运行量和最高行车速度等运营条件，将轨道分为特重、重、次重、中和轻型五个等级，分别对这些影响规定了不同的要求。

钢轨必须具有足够刚度来支承和引导机车车辆及抵抗动轮作用下的弹性挠曲变形，同时还要具有一定的韧度，以减轻动轮的冲击作用，不致产生折断。此外钢轨还应具有足够的硬度，以抵抗车轮的压陷和磨损。

机车车辆在曲线上运行时，由于离心力的作用使曲线外轨承受了较大的压力，因而造成两股钢轨磨耗不均匀现象，严重时还可能造成翻车事故。因此要将外轨在铺设时抬高，使机车车辆内倾，以平衡离心力的作用。

5．限界

为了确保机车车辆在铁路上安全行使，防止机车车辆撞击临近线路的建筑物和设备，而对机车车辆和接近线路的建筑物、设备所规定的不允许超越的轮廓尺寸线称为限界。铁路基本限界可分为机车车辆限界和建筑接近限界两种。货物装车后任何部分的高度和宽度超过机车车辆限界时，称为超限货物。按货物超限程度又可分为一级超限、二级超限和超级超限三个级别。

三、信号设备

信号设备的主要作用是保证列车运行安全和提高铁路的通过能力。它包括铁路信号、闭塞设备和联锁设备。

1．铁路信号

铁路信号是对列车运行和调车工作的命令，以保证列车安全和提高作业效率。我国规定用红色、黄色和绿色作为信号的基本颜色，红色表示停车，黄色表示减速慢行，绿色表示按规定的速度运行。铁路信号形式可分为视觉信号和听觉信号两大类；按设备形式可以分为固定信号、移动信号和手信号三类。

2．闭塞设备

闭塞设备是指用来保证列车在区间内运行安全的区间信号设备。

3．联锁设备

联锁设备的主要作用是保证站内列车运行和调车作业的安全以及提高车站的通过能力。

在车站上，为列车进站、出站所准备的通路，称为列车进路，凡是为各种调车作业准备的通路，则称为调车进路。一般每一个列车进路、调车进路的始端都应设立一架信号机进行防护，以保证作业时的安全。

为了保证机车车辆和列车在进路上的安全，有效利用站内线路，高效率地指挥行车和调车，改善行车人员的劳动条件，利用机械、电气自动控制和远程控制、计算机等技术和设备，使车站范围内的信号机、进路和进路上的道岔相互具有制约关系，这种关系称为联锁。为完成联锁关系而安装的技术设备称为联锁设备。

四、铁路站场

铁路站场是集中了和运输有关的各项技术设备并参与整个过程的各个工作环节基本生产单位。铁路站场按技术作业性质可分为中间站、区段站、编组站；按业务性质可分为客运站、货运站、客货运站；按等级可分为特等站、一～五等站。

在铁路站场内除与区间直接连通的正线外，还有供接发列车用的到发线，供解体和编组列车用的调车线和牵出线，供货物装卸作业的货物线，为保证安全而设置的安全线路、避难线以及供其他作业的线路，如机车行走线、存车线、检修线等。

1．中间站

中间站是为提高铁路区段通过能力，保证行车安全和为沿线城乡及工农业生产服务而设的车站。其主要任务是办理列车会让、越行和客货运输业务。

（1）中间站的主要作业。

1）列车的到发、通过、会让和越行。

2）旅客的乘、降和行李的承运、保管与交付。

3）货物的承运、装卸、保管与交付。

4）本站作业车摘挂作业和向货场、专用线取送车辆的调车作业。

5）客货运量较大的中间站，还有始发、终到客货列车的作业。

（2）中间站的设备。

1）客运设备，包括旅客站舍（售票房、候车室、行李房）、旅客站台、雨棚和跨越设备（天桥、地道、平过道）等。

2）货运设备，包括货物仓库、货物站台、货运室和装卸机具等。

3）站内线路，包括到发线、牵出线和货物线等，分别用于接发列车、进行调车和货物的装卸作业。

4）信号及通信设备。

2．区段站

区段站一般设在中等城市和铁路网上牵引区段的分界线。其主要任务是办理货物列车的中转作业，进行机车乘务组的换班或机车的更换以及解体，摘挂列车和编组区段列车。

（1）区段站的作业。区段站主要办理以下五类作业：

1）客运业务，与中间站基本相同，但作业量相对中间站较大。

2）货运业务，与中间站基本相同，但作业量相对中间站要大。

3）运转业务，主要办理旅客列车接发、货物列车的中转作业，区段、摘挂列车的编组、解体，向货场及专用线取送作业等。某些区段站还担当少量始发直达列车的编组任务。

4) 机车业务，主要是机车的更换或机车乘务组的换班，对机车进行检修和整备。

5) 车辆业务，办理列车的技术检查和车辆检修业务。

(2) 为了完成上述各项作业，区段站主要有以下设备：

1) 客运设备，与中间站基本相同，但规模较大。

2) 货运设备，与中间站基本相同，但数量较多。

3) 运转设备，包括调车场、牵出线、到发线或中小能力驼峰、机车走行线及机待线。

4) 机务设备，机务折返段或机务段。

5) 车辆设备，列车站修所和检修所。

3. 编组站

编组站是铁路网上专门办理货物列车解体、编组作业，并为此设有比较完善的车辆设备的车站。其主要任务是根据列车编组计划的要求，办理各种货物列车解体和编组作业，并组织和取送本地区车流（小运转列车），供应列车动力、整备、检修机车，货车的日常技术保养等。编组站是铁路运输的重要生产基地，大量装载货物的重车和卸货后回送的空车，汇集后被编成各种列车开往各自的目的地。因此，编组站被称为编组货物列车的工厂。

(1) 编组站的作业。编组站的作业主要有机车作业、运转作业和车辆作业。

(2) 编组站的设备。编组站的设备主要有行车设备（到达场、出发场或到发场）、调车设备（调车驼峰、牵出线编组场）、车辆设备（车辆段）及机务设备（机务段）。

五、铁路运输的装卸车作业

1. 装车作业

(1) 装车的基本要求。铁路货物装车应满足以下要求：

1) 货物重量应均匀分布在车的地板上，不得超重、偏重和集重。

2) 装载应认真，做到轻拿轻放、大不压小、重不压轻，堆码稳妥、紧密、捆绑牢固，在运输中不发生移动、滚动、倒塌或坠落等情况。

3) 使用敞车装载怕湿货物时，应堆码成屋脊形，苫盖好篷布，并用绳索捆绑牢固。

4) 使用棚车装载货物时，装在车门口的货物，应与车门保持适当距离，以防挤住车门或湿损货物。

5) 使用罐车及敞、平车装运货物时，应各按其规定办理。所装货物需进行加固时，按《铁路货物装载加固规则》的规定办理。

(2) 装车前货车的检查。为保证装车工作质量，使装车工作顺利进行，装车前应做好货车检查工作。即检查货车的技术状态和卫生状态。其主要检查内容有：

1) 是否符合使用条件。

2) 货运状态是否良好。主要检查车体（包括透光检查）、车门、车窗、盖、阀是否完整良好。车内是否干净，是否被毒物污染。装载食品、药品、活动物和有押运人乘坐时，还应检查车内有无恶臭异味。

3) 货车"定检"是否过期，有无扣修通知、色票、货车洗刷回送标签或通行限制。通过检查若发现不符合使用的情况时，应采取适当措施，必要时予以更换。

（3）监装（卸）工作。装卸作业前货运员应向装卸工组详细说明货物的品名、性质、装卸作业安全注意事项和需要准备的消防器材及安全防护用品，装卸剧毒品应通知公安部门到场监护。装卸作业时要轻拿轻放，堆码整齐牢固，防止倒塌。

要严格按规定的安全作业事项操作，严禁货物倒放、卧装（钢瓶及特殊容器除外）。包装破损的货物不准装车。装完后应关闭好车门、车窗、盖、阀，整理好货车装备物品和加固材料。

装车后需要施封、苫盖篷布的货车由装车单位进行施封与苫盖篷布。

（4）装车后检查。为保证准确运送货物和行车安全，装车后还需要检查下列内容：

1）检查车辆装载。主要检查有无超重、偏重、超限现象，装载是否稳妥，捆绑是否牢固，施封是否符合要求，表示牌插挂是否正确。对装载货物的敞车，要检查车门插销、底开门搭扣和篷布苫盖、捆绑情况。

2）检查运单。检查运单有无误填和漏填，车种、车号和运单记载是否相符。

3）检查货位。检查货位有无误装或漏装的情况。

2．卸车作业

（1）卸车前检查。为使卸车作业顺利进行，防止误卸，同时为了确认货物在运输过程中的完整状态，便于划分责任，在卸车前要认真做好以下三方面的检查：

1）检查货位。主要检查货位能否容纳待卸的货物，货位的清洁状态，相邻货位上的货物与卸下货物性质有无抵触。

2）检查运输票据。主要检查运输票据记载的到站与货物实际到站是否相符，了解待卸货物的情况。

3）检查现车。主要检查车辆状态是否良好；货物装载状态有无异状；施封是否有效；车内货物与运输票据是否相符；可能影响货物安全和车辆异状的因素等。

（2）卸车后的检查，主要检查以下三个方面：

1）检查运输票据。主要检查票据上记载的货位与实际堆放货位是否相符。

2）检查货物。主要检查货物件数与运单记载是否相符，堆码是否符合要求；卸后货物安全距离是否符合规定。

3）检查卸后空车。主要检查车内货物是否卸净和是否清扫干净；车门、窗、端侧板是否关闭严密；表示牌是否撤除。

> **知识拓展**

智能运输系统

一、智能运输系统简介

智能运输系统（简称ITS）是将先进的信息技术、计算机技术、数据通信技术、电子控制技术、传感器技术、自动控制理论、运筹学和人工智能等有效地综合运用于交通运输、服务控制和车辆制造，加强了车辆、道路和使用者之间的联系，以形成一种定时、准确及高效的综合运输系统。

目前，美国、欧洲和日本在智能运输系统的研究中处于领先的地位。在20世纪60年代末期，美国就开始了ITS方面的研究。随后，欧洲、日本也相继进行ITS的开发。

现在，美国、欧洲和日本已成为世界研究 ITS 的三大基地，另外澳大利亚、韩国、新加坡及中国香港等也在开展此项研究。

二、智能运输系统的作用

（1）提供信息。智能运输系统向道路的管理者和用户提供信息，主要有道路交通情况的实时信息及其他的相关信息，如天气等。

（2）管理服务。管理服务的内容主要有公共交通运输管理、车辆行政管理、行车辅助和巡航引导等。

（3）计收费用。计收费用主要是以电子方式自动地向用户收取道路使用费或通行费、车辆停靠费等。

（4）安全控制。安全控制的内容主要有危险警告、人车事故预防及避免碰撞等，通过不同方式来减少交通事故。

另外，智能运输系统还可以根据人们的需要提供更多的服务。

三、智能运输系统的组成

（1）交通需求管理系统。交通需求管理系统包括交通和出行信息、公共交通线路和时间表以及需求管理和运营等。

（2）交通运输管理系统。交通运输管理系统包括驾驶员的信息协调、路线引导、交通管理控制和交通事件管理等。

（3）公共交通运输管理系统。公共交通运输管理系统包括公共交通运营规划、自动化管理、公交运输信息及公交运输安全等。

（4）电子收费系统。电子收费系统包括电子通行卡和自动计费系统等。

（5）车辆运行系统。车辆运行系统包括车辆电子通关、安全检查、车载监控和商业车辆。

（6）安全避险系统。安全避险系统包括紧急情况通报、安全预报和避免碰撞等。

四、智能运输系统在物流中的应用

智能运输系统的主要目标是利用信息技术将驾驶员、车辆和道路设施集合成为一个综合系统，使运输顺畅、快捷及智能化。运输是物流的一个重要环节，智能运输是物流运输所追求的，有利于科学组织物流运输，实现运输的实时跟踪，提高物流运输的准确性和及时性。智能运输的发展将极大地促进现代物流业的发展。

目前，一些国家的大型道路交通运输企业，利用通信卫星、GPS 和数字式电子交通地图建立最佳车辆调配系统，提高了车辆的装载效率和驾驶动态管理，提高了物流服务水平。但是，这个系统建立的前提条件是最佳运送路线的道路交通是畅通的。否则，就不能成为最佳了。因此，需要建立一个具有反映道路使用状况、提供道路信息、扩大现有道路通行能力等功能的道路交通信息系统。现在，GPS 在 ITS 中的广泛应用促进了 ITS 的发展，也对物流运输产生了深远的影响。例如，德国豪华轿车已安装 GPS 车辆自动导航系统，我国基于 GPS 的车辆导航系统与车辆运营管理系统等也正在迅速发展，主要应用在以下几个方面：

（1）ITS 利用 GPS 实现的车辆导航系统包括查询资料、跟踪车辆、设计行车线路等。

（2）利用 GPS 实现的车辆物流运输管理系统包括信息查询、车辆运营管理、指挥调度和分级管理等。

随着科学技术的发展，更多高科技含量的技术将应用于智能运输系统，智能运输系统将在物流运输中发挥越来越重要的作用。

学习情境三 运输作业

【同步测试】

一、选择题

1. （ ）运输特别适合于运输长距离高价值的产品。
   A. 铁路　　　　　B. 公路　　　　　C. 航空　　　　　D. 集装箱
2. 微型载货汽车的最大总质量要求是（ ）。
   A. 不大于 1.0t　　B. 不小于 1.0t　　C. 不大于 1.8t　　D. 不小于 1.8t
3. 轿车按（ ）分级。
   A. 车辆长度　　　B. 发动机排量　　C. 最大总质量　　D. 载客人数
4. 电力机车获取电能的方式是（ ）。
   A. 车载发电机　　　　　　　　　　B. 电瓶
   C. 蓄电池　　　　　　　　　　　　D. 铁轨上方的输电网
5. 铁路信号设备的主要作用是保证列车运行安全和提高铁路的通过能力。它不包括（ ）。
   A. 信号　　　　　B. 闭塞设备　　　C. 连锁设备　　　D. 指挥塔
6. 下面属于载货汽车的技术性能参数的是（ ）。
   A. 性能参数　　　B. 类别参数　　　C. 尺寸参数
   D. 质量参数　　　E. 重量参数
7. 下面属于厢式车的特点是（ ）。
   A. 防雨　　　　　B. 封闭　　　　　C. 密封性能好
   D. 可防止货物失散　E. 载货容积小
8. 下面属于铁路运输优点的是（ ）。
   A. 运输能力大　　B. 受气候影响小　C. 能实现"门到门"运输
   D. 准时性差　　　E. 运输成本高

二、问答题

1. 货车的重量参数主要有哪些？
2. 货车的使用性能主要包括哪几个方面？
3. 汽车在磨合期的使用有哪些注意事项？
4. 汽车货运站如何分类分级？
5. 铁路货车如何选用？

【知识应用】

我国未来汽车的发展趋势

1. 国内汽车增长快潜力巨大，乘用车市场仍将继续扩大

按照目前大环境，我国仍将处于工业化和城镇化同步加速发展的阶段，国内生产总值和居民收入将持续增长,国家也将继续出台有利于扩大内需的各项政策,加之二、三线城市及农村市场的汽车需求增加,预计我国汽车消费市场将进一步扩大。2015年我国汽车产销量突破2 500万辆,保有量达到1.5亿辆。

2. 我国将逐步由汽车制造大国向制造强国转变

我国是汽车制造大国,但不是汽车制造强国,不过近年来具有国际竞争力的国内知名汽车企业逐渐涌现,汽车生产核心技术和新技术逐渐为国内企业所掌握,出口规模逐年扩大,我国已经具备了向汽车制造强国转变的基础。为了实现转变的目标,我国必须首先形成多家规模化、集团化企业,兼并重组势在必行,自主品牌必将成为政府未来大力扶持的对象。随着近期整车及汽车零部件支持政策的陆续颁布,未来行业的发展重点着重体现在加强自主品牌企业技术开发力度,鼓励提高研发能力和技术创新能力,积极开发具有自主知识产权的产品和实施品牌经营战略。未来自主品牌汽车产品所占的市场份额可望逐步扩大,技术实力也会迅速提升,我国的汽车市场将逐步由汽车制造大国向制造强国转变。

3. 节能环保、新能源汽车是我国汽车发展的主要方向

我国汽车保有量大幅上升,对资源的需求急剧增加,同时造成的空气污染也日益严重。受益于节能环保政策的推出,未来节能环保、新能源汽车及相关零部件行业将是新的投资增长点,也是未来汽车工业的发展方向。在现有产业结构、能源结构的背景下,鼓励低能耗、小排量汽车的生产和消费已成为汽车工业节能减排的有效途径。

2011年10月,节能汽车推广政策调整,将节能汽车推广标准提高了8%,推广车型综合工况燃料消耗量从百公里平均6.9L调整为6.3L。2012年5月,国务院常务会议,讨论通过了《国家基本公共服务体系"十二五"规划》,研究确定了包括安排60亿元支持推广1.6L及以下排量节能汽车等措施。节能汽车推广政策对节能技术的持续进步发挥了积极的推动作用,汽车产品升级换代提速,低能耗、小排量汽车成为行业发展趋势之一。

4. 产业结构调整将进一步深化

我国汽车产业结构问题突出,未来产业结构的调整将进一步深化。需大力推进跨区域兼并重组,以进一步调整产业组织结构;需提高小排量汽车比重和大力发展节能与新能源汽车,以进一步优化产品结构;需大力提高核心零部件国产化的比重,以进一步促进零部件与整车的协调发展和提升行业整体竞争力;需进一步调整汽车消费城乡二元结构,大力开拓农村汽车市场。

5. 汽车产业出口还将进一步扩大

随着我国汽车整车产品质量的提高和出口渠道的多元化,未来我国汽车出口将继续增长,整车出口将成为自主品牌企业新的增长点。同时随着全球产业的转移,未来我国将成为跨国汽车企业重要的零部件采购基地,零部件产品出口将进一步扩大。

6. 我国汽车市场在全球地位越来越突出

随着我国汽车产销量的逐年增加,我国汽车工业在全球汽车市场的地位发生实质性变化,跨国公司在中国的产量占其总产量的比重越来越高;中国成为其利润的重要来源地和增长地,对跨国公司在中国的战略决策机制将产生显著影响。跨国公司将会从产品研发开始注入更多的中国元素,未来还将针对中国市场专门开发新型汽车产品。

我国未来汽车的发展趋势可归纳为哪几个方面?这些变化有利于实现物流管理的哪些目标?

项目八　航空、水路运输作业

　　距离过长的货物运输不适宜运用陆上货物运输方式（铁路运输与公路运输），而比较适合采用航空或者水路货物运输方式，航空货物运输具有快速、机动性大、舒适安全等特点，对于运费承担能力强的货物或者抢险救灾货物的运输比较适宜，若运输时间要求性不强或者货物运费承担能力不强的货物运输，则比较适合采用水路货物运输方式。本项目即是讲述航空货物作业与水路运输作业中所使用的设施与设备，通过学习，应达到以下目标：

　　【知识目标】 了解航空港内设施的组成，航空器的分类、用途、特点等；了解货物船舶的类型及特点，船舶的主要组成部分，船舶的装载能力；掌握货物装船前设备准备知识及航中船货管理知识。

　　【能力目标】 明确航空运输设备设施的功能、用途、类别等；明确水路运输设备设施的功能、用途、类别等；能根据货物特点、运送距离等条件选择出最合适的运输方式和运输工具；能够做好货物装船前设备准备工作及航中船货管理工作。

任务一　航空运输设备的使用

【任务描述】

　　航空运输是长距离旅行或运输，特别是国际、洲际间旅行或运输的主要方式，它是国家经济领域的重要行业，因此，我们应该了解航空运输中所使用的运输设施与设备，掌握这些设施设备的使用、维护、管理方面的知识。通过学习，学习者要认识航空港内设施的组成，航空器的分类、用途、特点等；能够根据货物的不同，选用合适的航空运输设备设施。

【知识学习】

一、航空港

　　航空港为航空运输的经停点，又称航空站或机场，是供飞机起飞、降落和停放及组织、保障飞机活动的场所。近年来随着航空港功能的多样化，港内除了配有装卸客货的设施外，一般还配有商务、娱乐中心，货物集散中心，以满足往来旅客的需要，同时吸引周边地区的生产、消费。

　　航空港按照所处的位置分干线航空港和支线航空港，按业务范围分国际航空港和国内航空港。其中国际航空港需经政府核准，可以用来供国际航线的航空器起降营运，航空港内配有海关、移民、检疫和卫生机构。而国内航空港仅供国内航线的航空器使用，除特殊情况外不对外国航空器开放。

通常来讲，航空港内配有以下设施：

（1）跑道。跑道体系由结构道面、道肩、防吹坪和跑道安全地带组成。结构道面在结构荷载、运转、控制、稳定性等方面支撑飞机；道肩抵御喷气气流的吹蚀，并承载维护和应急设备；防吹坪防止紧邻跑道端的表面地区受各种喷气气流吹蚀；跑道安全地带支撑应急和维护设备以及可能发生的转向滑出的飞机。

跑道形式可分为单条跑道、平行跑道、交叉跑道和开口 V 形跑道。

（2）滑行道。滑行道是航空器在跑道与停机坪之间出入的通道，或提供从跑道到航站区和维修库的通道。

（3）停机坪。停机坪是供飞机停留的场所，也可称为"试车坪"或"预热机坪"，设置于邻近跑道端部的位置。

（4）机场交通。机场交通包括机场内交通和出入机场交通两部分。机场内交通设施包括：供旅客、接送者、访问者、机场工作人员使用的公用通道；供特准车辆出入的公用服务设施和非公用服务道路；供航空货运车辆出入的货运交通通道。出入机场交通的客运交通方式有私人小汽车、出租汽车、机场班车、公共汽车、轨道交通等；货运交通方式主要是道路汽车交通。

（5）指挥塔或管制塔。指挥塔或管制塔为航空器进出航空港的指挥中心。其位置应有利于指挥与航空管制，以维护飞机安全。

（6）助航系统。助航系统是为辅助安全飞行的设施，包括通信、气象、雷达、电子及目视助航设备。

（7）输油系统。输油系统为航空器补充油料的系统。

（8）维护修理基地。维护修理基地为航空器归航以后或起飞以前做例行检查、维护、保养和修理的地方。

（9）货运设施。机型大型化致使客货混合作业时间延长，因此，规划机坪门位系统时应考虑货物处理问题。货运量大的机场应将处理货物运输的系统与旅客运输系统分开。

航空货物包括空运货物和航空邮件。空运货物是在飞机与航站楼之间由航空公司或货运商运送，需要提供运货卡车专门道路；空运邮件通常是用车辆直接运送至机场邮件中心。

采用高效率的装卸设备，常见的是装卸一体运输联合机，升降式装卸机适用于不同机舱高度的飞机。

（10）其他各种公共设施。其他各种公共设施包括供水、供电、通信交通、消防系统等设施。

二、航空器

航空器主要指飞机，是航空运输系统的运载工具。

1. 飞机的分类

飞机依其分类标准的不同，可有以下划分方法：

（1）按飞机的用途分类。飞机按用途可分为：军用飞机和民用飞机两类。

1）军用飞机是指军队、警察和海关等使用的飞机。

2）民用飞机主要指民用的客机、货机、客货两用机、农业机、林业机、教练机（民用）、体育运动机及多用途轻型飞机等。客机主要运送旅客和邮件，一般行李装在飞机的深舱。到目前为止，航空运输仍以客运为主，客运航班密度高、收益大，所以大多数航空公司都采用客机运送货物。不足的是，由于舱位少，每次运送的货物数量十分有限。货机运量大，可以弥补客机货运量的不足，但经营成本高，只限在某些货源充足的航线使用。客货两用机可以同时在主甲板运送旅客和货物，并根据需要调整运输安排，是最具灵活性的一种机型。

（2）按飞机发动机动的类型分类。飞机按发动机动的类型可分为：螺旋桨式飞机和喷气式飞机。

螺旋桨式飞机利用螺旋桨的转动将空气向机后推动，借其反作用推动飞机前进，所以螺旋桨转速越高，飞行速度越快。但当螺旋桨转速高到某一程度时，会出现"空气阻碍"的现象，即螺旋桨四周已成真空状态，再加快螺旋桨的转速飞机的速度也无法提升。

喷气式飞机最早由德国人在20世纪40年代制成，是将空气多次压缩后喷入飞机燃烧室内，使空气与燃料混合燃烧后产生大量气体以推动涡轮，然后于机后以高速度将空气排出机外，借其反作用力使飞机前进。它的结构简单，制造、维修方便，速度快，节约燃烧费用，装卸载量大，使用率高，所以目前已经成为世界各国机群的主要机种。

超音速飞机是指航行速度超过音速的喷气式飞机，如英法在20世纪70年代联合研制成功协和式飞机。目前，超音速飞机由于耗油大、载客少、造价昂贵、使用率低，使许多航空公司望而却步。又由于它的噪音很大，被许多国家的机场以环境保护的理由拒之门外，或者被限制在一定的时间起降，更限制了它的发展。

（3）按飞机的发动机数量分类。飞机按发动机数量可分为：单发（动机）飞机、双发（动机）飞机、三发（动机）飞机、四发（动机）飞机。

（4）按飞机的航程分类。飞机按航程可分为：近程飞机、中程飞机、远程飞机。

近程飞机的航程一般小于1 000km，一般用于支线，因此又称支线飞机。中程飞机的航程为3 000km左右。远程飞机的航程为11 000km左右，可以完成中途不着陆的洲际跨洋飞行。中、远程飞一般用于国内干线和国际航线，因此又称干线飞机。

我国民航总局按飞机客坐数划分大、中、小型飞机，飞机的客坐数在100座以下的为小型，100～200座之间为中型，200座以上为大型。航程在2 400km以下的为短程，2 400～4 800km之间为中程，4 800km以上为远程。但分类标准是相对而言的。

2．飞机主要组成

飞机主要由机翼、机身、动力装置、起落装置、操纵系统等部件组成。

（1）机翼是为飞机飞行提供举力的部件。机翼受力构件包括内部骨架、外部蒙皮以及与机身连接的接头。

（2）机身是装载人员、货物、燃油、武器、各种装备和其他物资的部件。机身连接机翼、尾翼起落架和其他有关构件。

（3）动力装置。动力装置是将航空油的化学能转化为动能，为飞机飞行提供动力的装置，一般有活塞式发动机、涡轮螺旋桨发动机、涡轮喷气发动机与涡轮风扇发动机四种。现代飞机上用得最多的是涡轮风扇发动机和涡轮喷气发动机。涡轮螺旋桨发动机也广泛用于中小型亚音速飞机上。活塞式发动机只用于低速轻型飞机，如农业飞机、运动机和游览机。固体和液体火箭发动机仅作为起飞加速器短时间使用。

（4）起落装置飞机起落装置使飞机能在地面或水面上起飞、着陆、滑行和停放，吸收着陆撞击的能量，它由减振器、机轮和收放机构组成。改善起落性能的装置则包括增举装置、起飞加速器、机轮制动和阻力伞或减速伞等。

（5）操纵系统分为主操纵系统和辅助操纵系统。主操纵系统是指对升降舵、方向舵和副翼三个主要操纵面的操纵；辅助操纵系统是指对调整片、增举装置和水平安定面等的操纵。

3．民用航空器标志

国籍标志是识别航空器国籍的标志；登记标志是航空器登记国在航空器登记后给定的标志。

国际民用航空组织理事会于 1949 年 2 月 8 日通过了《国际民用航空公约》附件 7《航空器国籍标志和登记标志》，这是一个国际标准。2003 年通过了附件 7 的第 5 次修改，各缔约国的规定如与附件 7 的规定有差异时，应通过国际民航组织备案认可，并在该附件 7 的附录中加以说明。

（1）国籍标志。我国选定拉丁字母"B"为中国航空器的国籍标志，已载于《国际民用航空公约》附件 7 的附录中。

（2）共用标志。共用标志的确定规则为：共用标志须从国际电联分配给国际民航组织的无线电呼叫信号的代号系列中选定。由国际民航组织给共用标志登记当局指定共用标志。

（3）登记标志。一般规定登记标志须是字母、数字或者两者的组合，列在国籍标志之后，第一位是字母的，国籍标志与登记标志之间应有一短横线。我国航空器的登记标志是由数字、字母或二者皆有组成，列在国籍标志 B 之后，两者之间有一短横线。

4．航空运输集装设备

航空运输集装设备主要是指为了提高运输效率而采用的托盘和集装箱等成组装载设备。为了使用这些设施，飞机甲板和货舱都设置了与之配套的固定系统。由于航空运输的特殊性，这些集装设备无论从外形构造还是技术性能指标都具有自身的特点。

任务二　水路运输设备设施的使用

【任务描述】

水路运输是利用船舶，在江、河、湖泊、人工水道以及海洋上运送旅客和货物的运输方式，主要承担大批量货物运输，特别是集装箱运输，同时承担着国际贸易中的货物运输，是国际货物运输的主要运输工具之一。通过该任务的学习，学习者应能够说出港口的功能、分类及港口的主要设施与设备；能说出货物船舶的类型及特点，并根据货物的不同，选用合适的船舶运输；能识别船舶的主要组成部分，掌握船舶的主要技术特征及主要性能；能够做好货物装船前设备准备工作及航中船货管理工作。

【知识学习】

一、港口基本知识

1. 港口及其相关概念

（1）港口。港口是水运货物的集散地，又是陆地与船舶及其他运输工具的衔接点。除了提供船舶靠泊、旅客上下船、货物装卸、储存、驳运以及其他相关业务外，还必须与陆路交通相接，并具有明确的水域范围。

（2）港区。港区是当地政府机关划定的并由港务部门管理的区域（包括陆域和水域），一般不包括所属小港、站、点。

（3）港界。港界是港口范围的边界线。根据地理环境、航道情况、港口设备以及港内工矿企业的需要进行规定。一般利用海岛、山角、河岸突出部分、岸上显著建筑物，或者设置灯标、灯桩、浮筒等，作为规定港界的标志，也有按地理上的经纬度划分的。

（4）港口作业区。港口根据货种、吞吐量、货物流向、船型和港口布局等因素，将港口划分为几个相对独立的装卸生产单位，称为港口作业区。划分作业区可提高生产效率、管理水平，避免不同货物的相互影响，防止污染，保证货物的质量和安全，便于货物的存放和保管，充分利用仓库能力等。

（5）泊位。泊位是供船舶停泊的位置。一个泊位可供一艘船舶停泊。泊位的长度依船的大小而有差异，还要留出两船之间的距离，便于船舶系解绳缆。

（6）码头。码头是供船舶靠泊，货物装卸作业的水上建筑物。码头前沿线称为港口的生产线，是港口水域和陆域的交接线。

（7）港口腹地。港口腹地是港口吞吐货物和旅客集散所涉及的地区范围。腹地内的货物经由该港进（出），在运输上是比较经济合理的。其范围一般通过调查分析确定。

2. 港口在现代物流中的地位和作用

世界港口发展大体经历了三代，第一代港口主要是海运货物的装卸、仓储中心；第二代港口增加了工业、商业活动，使港口成为具有使货物增值的服务中心；第三代港口适应国际经济、贸易航运和物流发展的要求，得益于港航信息技术的发展，使港口逐步走向国际物流中心。随着国际多式联运的发展与综合运输链复杂性的增加，港口作为全球综合运输网络的节点，其功能也将更加广泛。

3. 港口的分类

（1）按用途分。港口按照用途可分为以下几种：

1）货主港。货主港是主要为企业自身使用的港口，附属于某工矿企业。

2）军用港。军用港是专供海军舰船用的港口。

3）商业港。商业港是主要供旅客上下和货物装卸转运的港口，又可分为一般商业港和专业商业港。

4）避风港。避风港是供大风情况下船舶临时避风的港口。

（2）按地理条件分。港口按照地理条件可分为以下几种：

1）河口港。河口港是地理位置位于内河流入海口处的港口。

2）海港。海港是地理位置处于海岸线上的港口。

3）河港。河港是地理位置处于河流沿岸上的港口，如长江上的南京港、武汉港。

4）湖港。湖港是处于湖泊岸壁的港口。

5）水库港。水库港是处于水库壁的港口。

(3) 按运输角度分。港口从运输角度可分为以下几种类型：

1）支线集散型港口。支线集散型港口拥有较小的码头或部分中型码头，主要挂靠支线运输船舶和短线干线运输船舶。世界上大多数港口都属此种类。

2）海上转动型港口。这类港口拥有大型码头，地理位置优越，在水路运输发展的过程中已成为海上运输主要航线的连接点，同时又成为支线的汇集点。其主要功能是在港区范围接受、堆存货物和装船发送货物。

3）水陆腹地型港口。这类港口是国际运输主要航线的端点港，与内陆发达的交通运输网相连接，是水陆交通的枢纽。它们的主要功能是服务于内陆腹地货物的集散运输，同时兼营海上转运业务。在现代物流中，这类港口起着举足轻重的作用。

4．港口设施与设备

(1) 港区生产设施与设备。港区生产设施与设备主要包括以下几种：

1）港口机械。港口机械主要是指各种作业机械，包括港口起重机械、港口输送机械、港口装卸搬运车辆及专用机械等。

2）生产设施。生产设施主要是指用于生产或流通加工的设施。在港口中，如码头、仓库、货场、客运站、铁路、道路等；在造船企业中，如船坞、船台、轮机车间、船体制造车间等。

3）辅助生产设施。辅助生产设施是指为生产辅助服务的设施，如港口的流动机械库、修理所、供应站、航修站、变电所、候工室、作业区办公室、消防站、通信建筑及港务管理办公建筑等。

4）港区作业调度室。港区作业调度室是所有日常装卸作业、生产的指挥中心。其任务是编制港口生产作业计划和组织船舶与港口的生产等活动。

(2) 港口集疏运设施。港口集疏运设施主要包括以下设施：

1）港区道路。港区道路是港区内用于行人、各种流通机械和运输车辆通行的道路。为减少行车干扰，便利消防，港区道路一般布置成环行系统。

2）港口铁路。港口铁路是在港口范围内专为港口货物装卸、转运的铁路及设备。

3）港口铁路专用线。港口铁路专用线不包括在铁路网的线路之内，而以轨道与铁路网的线路相连接，直接伸入港口、码头和库场等的线路。

4）码头铁路线。码头铁路线是码头上直接为船舶装卸服务的铁路线。线路的布置取决于码头的位置和形式、机械设备的类型、货物的种类和性质、直取作业的比重等。

5．集装箱码头

集装箱码头（如图 8-1）是专供停靠装箱船舶，装卸集装箱的港口作业场所，是在集装箱运输过程中，水路和陆路运输的连接点，也是集装箱多式联运的枢纽。在整个集装箱运输过程中，集装箱码头对加速车船周转、提高货运速度、降低运输成本等方面起着十分重要的作用。其主要业务是组织各种装卸机械在各个不同的运输环节中迅速有效地进行集装箱装卸和换装作业，以及负责装箱和箱内货物的交接和保管。

图 8-1　集装箱码头

集装箱码头作为运输系统中货物的交汇点，应具有的必要设施有：泊位、码头前沿、集装箱堆场、货运站、大门、控制塔、维修车间等。

（1）泊位。这是专供集装箱船舶停靠的位置，应有一定的岸壁线，其长度应根据所要停靠的集装箱船舶的主要技术参数确定，并有一定的水深。一般集装箱船舶泊位长度为 300m，水深在 12m 左右。

（2）码头前沿。码头前沿是指码头岸线从码头岩壁到堆场前这一部分区域。前沿处设有集装箱装卸桥，供船舶装卸集装箱之用。前沿的宽度主要根据集装箱装卸桥的跨距以及使用的装卸机械种类而定，一般为 30~50m。

（3）集装箱堆场。广义的集装箱堆场可理解为进行装卸、交接和保管重箱、空箱的场地，包括前方堆场、后方堆场和码头前沿在内；狭义的集装箱堆场是指除码头前沿以外的堆场，其中也包括存放底盘车的场地在内。

前方堆场位于码头前沿和后方堆场之间，是为加快船舶装卸作业效率，用以堆放集装箱的场地。它的主要作用是：船到港前，预先堆放要装船出口的集装箱；卸船时，临时堆存卸船进口的集装箱。

后方堆场是指储存和保管空、重箱的场地，包括中转箱堆场、进口重箱堆场、空箱堆场、冷藏箱堆场、危险品箱堆场等。

（4）货运站。集装箱货运站俗称仓库，但与传统的仓库不同的是，集装箱货运站是一个主要用于装、拆箱作业，并完成货物的交接、分类和短时间保管等辅助工作的场所，而不是主要用于保管货物的场所。

（5）大门。大门是集装箱码头的出入口，是集装箱和装箱货物的交接点，也是划分集装箱码头与其他部门责任的分界点，其又称道口、检查桥、闸口等。

（6）控制塔。控制塔是集装箱码头各项作业的指挥调度中心，又称控制中心、中心控制室。它的作用是监督、调整和指挥集装箱码头作业计划的执行。其地理位置，一般设置在码头或办公楼的最高层，从这里可看到整个码头上各作业现场。

（7）维修车间。维修车间是对机械设备进行维修、保养的地方，以保证集装箱码头机械化作业高效而顺利地进行。

6. 货物在港内的作业方式

港口内的物流活动主要为操作过程和装卸过程。

（1）操作过程。操作过程是根据要求的装卸工艺完成一次货物的搬运作业过程，通常有五种形式：

1）卸车装船，或卸船装车。
2）卸车入库，或出库装车。
3）卸船装船。
4）卸船入库，或出库装船。
5）库场间倒载搬运。

（2）装卸过程。装卸过程是货物从进港到出港所进行的由一个或多个操作过程所组成的全部作业过程。

二、船舶基本知识

船舶是指在水域上航行或停泊及进行运输的工具，按不同的使用条件而具有不同的技术性能、装备和结构形式。这里主要介绍以载运货物为主的货船。

货船是载运货物为主的专用船舶。其大部分舱位用于堆贮货物的货舱。货船的船型很多，大小悬殊，排水量可从数百吨至数十万吨。

1. 货船的分类

货船可分为以下几种：

（1）干散货船（如图 8-2 所示）。干散货船又称散装货船，是用以装载无包装的大宗货物的船舶。目前其数量仅次于油船。其特点是驾驶室和机舱布置在尾部，货舱口宽大；内底板与舷侧以向上倾斜的边板连接，便于货物向货舱中央集中，甲板下两舷与舱口处有倾斜的顶边舱以限制货物移动；有较多的压载水舱用于压载航行。按载运的货物不同，货船又可分为矿砂船、运煤船、散粮船、散装水泥船、运木船等。一般习惯把装载粮食、煤等货物积载因数（每吨货物所占的体积）相近的船舶称为散装货船，而装载积载因数较小的矿砂等货物的船舶称为矿砂船。用于粮食、煤、矿砂等大宗散货的货船通常分为以下几个级别：

1）好望角型船。好望角型船总载重量为 100 000t 级以上。
2）巴拿马型船。这是一种巴拿马运河所容许通过的最大船型，总载重量为 60 000t 级。
3）轻便型散货船。轻便型散货船总载重量为 35 000~40 000t 级，吃水较浅，世界上各港口基本都可以停靠。
4）小型散货船。小型散货船总载重量为 20 000~27 000t 级，可驶入美国五大湖泊的最大船型，最大船长不超过 222.5m，最大船宽小于 23.1m，最大吃水要小于 7.925m。

学习情境三 运输作业

图 8-2　干散货船

（2）杂货船。杂货船（如图 8-3 所示）主要用于装载一般包装、袋装、箱装和桶装的普通杂货物，又称普通货船、通用干货船或统货船，由于件杂货物的批量较小，杂货船的吨位亦较散货船和油船为小。典型的载货量在 1 万～2 万吨，一般为双层甲板，配备完善的起货设备。货舱和甲板分层较多，便于分隔货物。新型的杂货船一般为多用途型，既能运载普通件杂货，也能运载散货、大件货、冷藏货和集装箱。

图 8-3　杂货船

（3）冷藏船。冷藏船（如图 8-4 所示）是专门载运如水果、蔬菜、肉类和鱼类等需冷藏的货物的船舶。冷藏船往往设多层甲板，货舱内通常分隔成若干独立的封闭空间。船上具有大功率的制冷装置，可以在比较恶劣的环境中，使各冷藏货舱内保持货物所需的适当的温度。冷藏船最大的特点，就是可保持适合货物久藏的温度。冷藏船所需的冷源由设置在机舱内的大型制冷机提供。为保证一定的制冷效率，冷藏舱的四壁、舱盖和柱子都敷有隔热材料，以

193

防止外界热量传入。此外，为了有效地抑制各类微生物的繁殖和活动，舱内还设有臭氧发生器，使舱内在特定的持续时间内保持一定的臭氧浓度，以起到杀菌消毒的作用。由于不同种类的货物所要求的冷藏温度不同，因此冷藏船还可按此要求进行细分，如专门运输水果、蔬菜的保温运输船；鱼、肉等动物性货物的冷冻船。

图 8-4　冷藏船

（4）木材船。木材船（如图 8-5 所示）是专门用以装载木材或原木的船舶。其船舱及甲板上均可装载木材。这种船舱口大，舱内无梁柱及其他妨碍装卸的设备。为防止甲板上的木材被海浪冲出舷外，在船舷两侧一般设置不低于 1m 的舷墙。

图 8-5　木材船

（5）原油船。原油船（如图 8-6 所示）是专门用于载运原油的船舶，简称油船。由于原油运量巨大，油船载重量亦可达 50 多万吨，是船舶中的最大者。结构上一般为单底，随着环保要求的提高，结构正向双壳、双底的形式演变。上层建筑设于船尾。甲板上无大的舱口，用泵和管道装卸原油。设有加热设施，在低温时对原油加热，防止其凝固而影响装卸。超大型油船的吃水可达 25m，往往无法靠岸装卸，而必须借助于水底管道来装卸原油。

图 8-6　原油船

（6）成品油船。成品油船是专门载运柴油、汽油等石油制品的船舶。其结构与原油船相似，但吨位较小。由于安全性的要求，成品油船有很高的防火、防爆要求。

（7）集装箱船。集装箱船（如图 8-7 所示）是一种专门载运集装箱的船舶，其全部或大部分船舱用来装载集装箱，往往在甲板或舱盖上也堆放集装箱。集装箱船具有瘦长型的外形，机舱设在尾部或中部偏后。集装箱的装卸通常是由岸上的起重机进行，绝大多数集装箱船上不设起货设备。集装箱船按载运集装箱情况可分为全集装箱船、部分集装箱船和可变换集装箱船 3 种。

1）全集装箱船。全集装箱船全部货舱和上甲板均装载集装箱，舱内装有格栅式货架，以适用于集装箱的堆放，适应于货源充足而稳定的航线。

2）部分集装箱船。部分集装箱船一部分货舱设计成专供装载集装箱，另一部分货舱可供装载一般杂货，适应于集装箱联运业务不太多或货源不甚稳定的航线。

3）可变换集装箱船。可变换集装箱船货舱内装载集装箱的结构为可拆装式的，因此它既可装运集装箱，必要时也可装运普通杂货。

图 8-7　集装箱船

(8) 滚装船。滚装船（如图 8-8 所示）又称滚上滚下船。这种船本身无装卸设备，一般在船侧或船的首、尾有开口斜坡连接码头，载货汽车或载有集装箱的拖车直接从船的大舱里开至码头或由码头直接开进大舱里，进行装卸货。这种船的优点是不依赖码头上的装卸设备，装卸速度快，可加速船舶周转。

图 8-8　滚装船

(9) 液化气运输船。液化气运输船（如图 8-9 所示）是专门运输液化气体的船舶。其所运输的液化气体有液化石油气、液化天然气、氨水、乙烯、液氯等。这些液体货物的沸点低，多为易燃、易爆的危险品，还有剧毒和强腐蚀性。因此液化气运输船货舱结构复杂，造价高昂。

液化气运输船按液化气的储存方式分为三类：压力式、冷压式和冷却式。在压力式液化气船中，货物在常温下装载于球型或圆筒型的耐压液罐内。冷压式和冷却式液化气运输船对货物的温度和压力都进行控制，因此需要液罐的隔热和货物的冷却装置。

图 8-9　液化气运输船

(10) 载驳船。载驳船（如图 8-10 所示）是专门载运货驳的船舶，又称母子船。其运输方式与集装箱船运输方式相仿，因为货驳亦可视为能够浮于水面的集装箱。其运输过程是：将货物先装载于统一规格的方形货驳（子船）上，再将货驳装上载驳船（母船）上，载驳船将货驳运抵目的港后，将货驳卸至水面，再由拖船分送各自目的地。载驳船的特点是不需码头和堆场，装卸效率高，便于海—河联运。但由于造价高，货驳的集散组织复杂，其发展也受到了限制。

图 8-10　载驳船

> 问题与思考：液化气、铁矿石、小麦、集装箱等货物应选用哪种类型的船舶装运呢？

2．船舶的基本组成

船舶根据组成的各部分的作用和用途，可综合归为船体、船舶动力装置、船舶舾装、船舶的其他装置和设备等部分。

（1）船体。船体是船舶的基本部分，可分为上层建筑和主体部分。

1）上层建筑。上层建筑位于上甲板以上，由左、右侧壁，前、后端壁和各层甲板围成。其内部主要用于布置各种用途的舱室，如工作舱室、生活舱室、储藏舱室、仪器设备舱室等。上层建筑的大小、层楼的形式因船舶用途和尺度而异。

2）主体部分。主体部分一般指上甲板以下的部分。它是由船壳（船底及船侧）和上甲板围成的具有特定形状的空心体，是保证船舶具有所需浮力、航海性能和船体强度的关键部分。主体部分主要包括：

① 船架。船架是指为支撑船壳所有各种材料的总称，分为纵材和横材两部分。纵材包括龙骨、纵骨和桁材；横材包括肋骨、船梁和舱壁。

② 船壳。船壳即船的外壳，是将多块钢板铆钉或电焊结合而成的，包括船底板、舭列板、舷侧板三部分。

③ 甲板。甲板是铺在船梁上的钢板，将船体分隔成上、中、下层。大型船甲板数可多至六、七层，其作用是加固船体结构和便于分层配载及装货。

④ 船舱。船舱是指甲板以下的各种用途空间，包括船首舱、船尾舱、货舱、机器舱和锅炉舱等。船舱一般用于布置动力装置、装载货物、储存燃油和淡水以及布置其他各种舱室。

（2）船舶动力装置。船舶动力装置包括推进装置及为推进装置的运行服务的辅助机械设备和系统。推进装置（也即推进器）是由主机经减速装置、传动轴系统带动推进器完成。推进器主要采用螺旋推进器。辅助机械设备包括燃油泵、润滑油泵、冷却水水泵、加热器、过滤器、冷却器等。

（3）船舶舾装。船舶舾装包括舱室内装结构（内壁、天花板、地板等）、家具和生活设施（炊事、卫生等）、涂装和油漆、门窗、梯和栏杆、桅杆、舱口盖等。

（4）船舶的其他装置和设备。除推进装置外，还有锚设备与系泊设备、舵设备与操舵装置、救生设备、消防设备、船内外通信设备、海水和生活用淡水系统、压载水系统、液体舱的测深系统和透气系统、舱底水疏干系统、船舶电气设备和其他特殊设备等。

3．船舶的主要技术特征及性能

（1）船舶的主要技术特征。船舶的主要技术特征有船舶主尺度、排水量、船体型线图、舱容、登记吨位、船舶总设计图和船体结构图等。

1）船舶主尺度。船舶主尺度包括船舶总长、最大船宽、型宽、型深、设计水线长度、垂线间长、满载（设计）吃水等。钢船船型尺度的度量指量到船壳板内表面的尺寸。

2）排水量。排水量即船体水线以下所排开水的重量，也就是船舶所受到的浮力，并等于船舶总重量。一般来说，排水量越大的船舶其容积也越大。

3）船体型线图。船体型线图是表示船舶主体的型表面的形状和尺寸，是设计和建造船的主要图样之一。它由三组线图构成：横剖线图、半宽水线图和纵剖线图。三者分别由横剖面、水线面和纵剖面体型表面切割而成。

4）舱容。舱容是指货舱、燃油舱、小舱等，它是从容积能力方面表现船舶的装载能力、续航能力，它影响船舶的营运能力。

5）登记吨位。登记吨位是历史上遗留下的用以衡量船舶装载能力的度量指标，是买卖船舶、纳税、服务收费的依据之一。

6）船舶总设计图。船舶总设计图是设计和建造船舶的主要图样之一。它反映船的建筑特征、外形和尺寸、各种舱室的位置和内部布置、内部梯道的布置、甲板设备的布局。船舶总设计图由侧视图、各层甲板平面图和双层底舱划分图组成。

7）船体结构图。船体结构图是反映船体各部分的结构情况的图样。船体和相关部分的结构既独立又相互联系。船舶主体结构是保证船舶纵向和横向强度的关键，通常把它看成一个空心梁进行设计，并且用船中横剖面结构图来反映它的部件尺寸和规格。

（2）船舶的主要性能。船舶的主要性能包括浮性、稳性、抗沉性、快速性、耐波性、操纵性和经济性等。

1）浮性。浮性是指船在各种装载情况下，能浮于水中并保持一定的首、尾吃水和干舷的能力。根据船舶的重力和浮力的平衡条件，船舶的浮性关系到装载能力和航行的安全。

2）稳性。稳性是指船受外力作用离开平衡位置而倾斜，当外力消失后，船回复到原平衡位置的能力。稳性是与船舶安全密切相关的一项重要性能。为使船舶具有良好的稳性，可采取措施降低船的重心，减小上层建筑受风面积等措施。

3）抗沉性。抗沉性是指船体水下部分如发生破损，船舱淹水后仍能浮于水面而不沉和不倾覆的能力。船舶主体部分的水密分舱的合理性、分舱甲板的干舷值和船舶稳性的好坏等，是影响抗沉性的主要因素。安全限界线指船侧舱壁甲板边线下 76mm 平行于甲板边线的曲线。按《国际海上人命安全公约》的规定，船舶遭受海损船舱进水后，其吃水应不超过安全限界线。

4）快速性。快速性是表现船在静水中直线航行速度，与其所需主机功率之间关系的性能。它是船舶的一项重要技术指标，对船舶营运费用影响较大。船舶快速性涉及船舶阻力和船舶推进两个方面。合理地选择船舶主尺度、船体系数和线型，是降低船舶阻力的关键。

5）耐波性。耐波性是指船舶在风浪中遭受由于外力干扰所产生的各种摇荡运动及抨击上浪、失速飞车和波浪弯矩时，仍具有足够的稳性和船体结构强度，并能保持一定的航速安全航行的性能。耐波性不仅影响船上乘员的舒适和安全，还影响船舶安全和营运效益等，因而日益受到重视。

6）操纵性。操纵性是指船舶能按照驾驶者的操纵保持或改变航速、航向或位置的性能，主要包括航向稳定性和回转性两个方面，是保证船舶航行中少操舵、保持最短航程、靠离码头灵活方便和避让及时的重要环节，关系到船舶航行安全和营运经济性。

7）经济性。经济性是指船舶投资效益的大小。它是促进新船型的开发研究、改善航运经营管理和造船工业发展的最活跃因素，日益受到人们重视。船舶经济性属船舶工程经济学研究的内容，它涉及使用效能、建造经济性、营运经济性和投资效果等指标。

4. 船籍、船旗、船级及船舶主要文件

船籍指船舶的国籍。商船的所有人向本国或外国有关管理船舶的行政部门办理所有权登记，取得本国或登记国国籍后才能取得船舶的国籍。

船旗是指商船在航行中悬挂其所属国的国旗，船旗是船舶国籍的标志。按国际法规定，商船是船旗国浮动的领土，无论在公海或在他国海域航行，均需悬挂船籍国国旗。船舶有义务遵守船籍国法律的规定并享受船籍国法律的保护。

船级是表示船舶技术状态的一种指标。在国际航运界，凡注册总吨在100t以上的海运船舶，必须在某船级社或船舶检验机构监督之下进行制造。每艘船建造完毕，由船级社或船舶检验局对船体、船上机器设备、吃水标志等项目进行鉴定，发给船级证书。

船舶入级可保证船舶航行安全，有利于国家对船舶进行技术监督，便于租船人和托运人选择适当的船只，以满足进出口货物运输的要求，便于保险公司决定船、货的保险费用。

船舶文件是证明船舶所有权、性能、技术状况和营运必备条件的各种文件的总称。船舶必须通过法律登记和技术鉴定并获得这类有关正式证书后才能参加营运。国际航行船舶的主要船舶文件有：船舶国籍证书、船舶所有权证书、船舶船级证书、船舶吨位证书、船舶载重线证书、船员名册和航行日志等。

知识拓展

最有影响力的世界十大港口排名

一、上海港

上海港位于长江三角洲前缘，居中国大陆海岸线的中部、扼长江入海口，地处长江东西运输通道与海上南北运输通道的交汇点，是中国沿海的主要枢纽港，也是中国对外开放、参与国际经济大循环的重要口岸。上海市外贸物资中99%经由上海港进出，每年完成的外贸吞吐量占全国沿海主要港口的20%左右。

作为世界著名港口，2013年上海港货物、集装箱吞吐量均位居世界第一。荣获中国世界纪录协会世界货物吞吐量最大的港口世界纪录。

二、新加坡港

新加坡港位于新加坡的南部沿海，西临马六甲海峡的东南侧，南临新加坡海峡的北侧，是亚太地区最大的转口港，也是世界最大的集装箱港口之一。该港扼太平洋及印度洋之间的航运要道，战略地位十分重要。它自13世纪开始便是国际贸易港口，目前已发展成为国际著名的转口港。新加坡港也是该国的政治、经济、文化及交通的中心。自然条件优越，水域宽敞，很少受风暴影响，治区面积达538万m^2，水深适宜，吃水在13m左右的船舶可顺利进港靠泊，港口设备先进完善，并采用计算机化的信息系统，同时谋求用户手续的简化和方便。

三、深圳港

深圳港位于广东省珠江三角洲南部，珠江入海口伶仃洋东岸，毗邻香港。全市260公里的海岸线被九龙半岛分割为东西两大部分。西部港区位于珠江入海口伶仃洋东岸，水深港阔，天然屏障良好，南距香港20海里，北至广州60海里，经珠江水系可与珠江三角洲水网地区各市、县相连，经香港暗士顿水道可达国内沿海及世界各地港口。东部港区位于大鹏湾内，湾内水深$-14\sim-12m$，海面开阔，风平浪静，是华南地区优良的天然港湾。

四、宁波港

宁波港由北仑港区、镇海港区、宁波港区、大榭港区、穿山港区组成，是一个集内河港、河口港和海港于一体的多功能、综合性的现代化深水大港。现有生产性泊位309座，其中万吨级以上深水泊位60座。已与世界上100多个国家和地区的600多个港口通航。

五、维多利亚港（香港）

维多利亚港简称维港，位于香港的香港岛和九龙半岛之间的港口和海域。港口水面宽阔，景色迷人，海港的西北部有世界著名的集装箱运输中心之一的"葵涌货柜码头"。该港见证了香港的商贸、经济和旅游业的变迁；文化上，维多利亚港以及维多利亚港两岸的建设、发展、花絮、新闻和喜庆盛事等影响着香港的历史和文化内涵，为香港这个国际大都市不断增添华彩和魅力。

六、釜山港

釜山港位于韩国东南沿海，与日本对马岛相峙，是韩国最大的港口，也是世界第六大集装箱港。该港始建于1876年，在20世纪初由于京釜铁路的通车而迅速发展起来，是韩国海陆空交通的枢纽，又是金融和商业中心，在韩国的对外贸易中发挥着重要作用。

七、广州港

广州港从3世纪30年代起成为海上丝绸之路的主港，唐宋时期成为中国第一大港，是世界著名的东方大港。明清两代，广州港成为中国唯一的对外贸易大港，是世界海上交通史上唯一2 000多年长盛不衰的大港，可以称为"历久不衰的海上丝绸之路东方发祥地"。广州港港区划分为内港、黄埔、新沙和南沙四大港区和珠江口锚地，拥有一批设施先进的大型集装箱、煤炭、粮食、石油和化工等专业化深水码头，以及华南地区最大的滚装船码头。

八、青岛港

青岛港位于山东半岛南岸的胶州湾内，始建于1892年，是太平洋西海岸重要的国际贸易口岸和海上运输枢纽。港内水域宽深，四季通航，港湾"口小腹大"，是我国著名的优良港口。

九、迪拜港

迪拜港位于阿联酋东北沿海，濒临波斯湾的南侧，与 1981 年建的米纳杰贝勒阿里港同属迪拜港务局管辖，是阿联酋最大的港口，也是世界集装箱大港之一。该港地处亚欧非三大洲的交汇点，是中东地区最大的自由贸易港，尤以转口贸易发达而著称。它是海湾地区的修船中心，拥有名列前茅的百万吨级的干船坞。

十、天津港

天津港也称天津新港，位于天津市海河入海口，处于京津冀城市群和环渤海经济圈的交汇点上，是中国北方最大的综合性港口和重要的对外贸易口岸。天津港是在淤泥质浅滩上挖海建港、吹填造陆建成的世界航道等级最高的人工深水港。2013 年天津港货物吞吐量首次突破 5 亿吨，集装箱吞吐量突破 1 300 万标准箱，成为中国北方第一个 5 亿吨港口。

【同步测试】

一、选择题

1. 下列（　　）不属于机场飞行区。
   A. 跑道　　　　　　B. 停机坪　　　　　C. 滑行道　　　　　D. 登机桥
2. 飞机主要由（　　）等部件组成。
   A. 机翼　　　　　　B. 机身　　　　　　C. 动力装置　　　　D. 起落装置
   E. 操作机构
3. 按照用途的不同，港口可分为货主港、军用港、商业港与（　　）。
   A. 河口港　　　　　B. 湖港　　　　　　C. 避风港　　　　　D. 水库港
4. 港口集疏运设备不包括（　　）。
   A. 港口道路　　　　　　　　　　　　　B. 港口铁路
   C. 港口铁路专用线　　　　　　　　　　D. 港口仓库
5. 船舶的主要性能是（　　）。
   A. 操纵性　　　　　B. 快速性　　　　　C. 行驶平顺性　　　D. 灵活性
   E. 浮性

二、问答题

1. 船舶的主要技术特征有哪些？
2. 港区生产设施设备主要有哪些？

【知识应用】

法国南特圣纳泽尔港延伸中国港口合作产业

2013 年 9 月 25 日，法国南特圣纳泽尔港在青岛举行了本港口推介会。会上透露，青岛港是南特圣纳泽尔港在中国第一大合作伙伴，未来双方将加强造船、物流运输、环保方面合作，延伸在中国的港口产业。

物流设备使用与维护

　　南特圣纳泽尔港位于法国西部大西洋沿岸的卢瓦尔河口，是法国第四大港，法国大西洋沿岸第一大港，法国第一大农产品进出口港，法国第一大木材产品进出口港及交易中心。

　　据南特圣纳泽尔港方面介绍，2013 年 6 月 20 日南特圣纳泽尔港在青岛成立办事处，此前，南特圣纳泽尔港已与青岛港签署合作协议，主要内容是加强双方在信息交流、集装箱物流、木材物流等方面的合作。未来，两港将把造船项目、物流运输和环保项目作为下一步的合作重点。

　　青岛港与国际知名港口的结盟，把竞争对手变为合作伙伴，折射了理念的进步，港口已不是孤零零的装卸场所，而是综合物流的枢纽与节点。而物流是需要协作的。以港口为核心，大力发展全球化现代物流，是港口转变经营发展方式的必然选择。

　　作为全球综合运输网络的神经中枢以及国际贸易的主角，港口在国际物流中发挥着怎样的作用呢？港口常见的物流设备有哪些呢？

学习情境四　物流企业设备管理作业

【情境描述】

中储发展股份有限公司西安分公司（以下简称中储西安分公司）是集物资储运、市场招商、钢材经销、加工等功能于一体的流通企业。其占地面积 40 万 m^2，拥有库房 35 栋 10 万 m^2，货场 15 万 m^2，铁路专用线四条，起重运输设备 60 多台。储存能力 30 万 t，年吞吐量 80 万 t 以上，是西北地区最大的物资集散地。凭着多年积累的仓储保管经验和日趋完善的服务功能，该物流中心赢得广大客户的信赖，它们结合自身实际情况，延伸主业，开展钢材粗加工业务，开办了金属材料加工厂，为用户提供开平板等服务。中心四条专用线对外开放，扩大到货及发运业务；货场、库房实行租借、租赁、联营，与广大用户联手共建大市场、大流通、大贸易。目前，中心货场有大型龙门吊 7 台，覆盖面积达 10 万 m^2，能满足进出货场的装卸任务。有大型运输车辆 10 台，为用户提供配送服务。中储发展股份有限公司西安分公司的事业可谓蒸蒸日上，这些都与该公司合理的设施设备配置有着不可分割的关系，公司上下一致认为物流设备是开展现代物流业务的生产工具，现代物流的各项功能都必须依赖物流设施设备才能够实现，高度发达的物流设备是现代物流系统的特征，它对提高物流系统的能力与效率，降低物流成本，保证物流服务质量等方面都有着非常重要的影响。那么中储西安分公司都配备了哪些物流设备，这些物流设备应如何进行配置和选择呢？过去、现在和未来保证公司业务的正常运行都必须进行哪些物流设备管理工作呢？现在让我们走进中储西安分公司，分析研究中储西安分公司是如何做好物流设备的管理工作的。

"工欲善其事，必先利其器"，物流设备管理是物流企业进行物流生产的保证。在中储发展股份有限公司西安分公司的生产经营活动中，设备管理的主要任务是为企业提供物美价廉的技术装备，使企业的生产经营活动建立在最佳的物质技术基础之上，保证生产经营顺利进行，以确保企业提高服务质量，提高生产效率，降低生产成本，进行安全文明生产，从而使企业获得最高经济效益。设备管理水平也是企业的管理水平、生产发展水平和市场竞争能力的重要标志之一。中储西安分公司的物流设备管理作业主要有物流设备的选择和配置作业、物流设备的维护保养作业和物流设备的检查维修作业。我们按照中储西安分公司设备管理的作业不同，进行三个项目的学习，这三个项目分别是："项目九　物流设备选择配置作业""项目十　物流设备的维护保养作业""项目十一　物流设备的检查维修作业"。

项目九　物流设备选择配置作业

现代物流的本质就在于以系统的观念进行物流功能的整合，即将仓储、运输、装卸搬运、包装、流通加工、配送、物流信息等功能环节集成整合,一体化运作,从而有效降低物流成本,提高流通的效率和效益,增强企业和产品的竞争力。所以,作为物流企业在物流配置和选择物流设备的过程中,一定要站在物流系统的角度,从物流系统的全局来考虑选择和配置作业,本项目的主要学习任务就是用系统的观点进行物流设备的合理选择和配置。通过本项目的学习,学习者应达到以下的学习目标:

【知识目标】熟悉物流设备在物流系统中的地位与作用;掌握物流设备配置原则和步骤。

【能力目标】能够明确物流设备在物流系统中的地位与作用;并能进行简单的设备配置与选型。

任务一 明确物流设备的地位与作用

【任务描述】

现代物流区别于传统物流的地方,主要表现在现代物流是以物的动态流转过程为主要研究对象,揭示了物流活动(运输、储存、装卸搬运、包装、流通加工、物流信息、配送等)之间存在相互关联、相互制约的内在联系。只有明确物流设施设备在现代物流系统中的地位与作用,才能站在物流系统的高度进行设备的管理与使用。通过完成明确物流设备的地位与作用的任务,学习者应能够明确什么是物流系统,物流系统都有哪些构成要素,能够准确把握物流设备在物流系统中的地位与作用,从而为选择配置物流设备,管理、使用、维护物流设备奠定良好的基础。

【知识学习】

一、物流系统的概念

物流活动作为物质资料流通活动的有机组成部分,自商品经济开始便已经存在了。但是,将物流作为企业经营的基本职能之一,对物流活动实施系统化的科学管理则是从 20 世纪 50 年代开始的。随着经济的迅速发展,高新技术的不断涌现,物流业已被赋予了更新更深的内涵和全新的概念,物流业已进入一个蓬勃发展的全新阶段。我们所说的"现代物流"的这一理念,就是把过去运输、仓储、搬运等分散环节的活动归纳成一个系统,用系统的观念,用系统工程的一些基本理论、基本方法,来求得系统的优化。

现代物流区别于传统物流的地方主要表现在现代物流是以物的动态流转过程为主要研究对象,揭示了物流活动(运输、储存、装卸搬运、包装、流通加工、物流信息、配送等)之间存在相互关联、相互制约的内在联系,认定这些物流活动都是物流系统的组成部分,是物流的子系统。物流系统的界定使其原来分散在社会经济活动潜隐处的状态显现了出来,结束了各种物流活动处于孤立、分散、从属地位的历史。

系统是相关要素组成的具有特定功能的有机整体。系统具有以下特征:

(1)集合性。系统整体由两个以上,有一定区别又有一定相关性的要素所组成。

(2) 目的性。系统内各要素是为达到一个共同的目的而集合在一起的。

(3) 相关性。系统各要素之间存在相互联系、相互作用、相互影响的关系。

(4) 环境适应性。系统是对于环境而言的,系统必须适应环境的变化,才能生存与发展。

物流系统是由物流各要素组成的,要素之间存在有机联系并具有使物流总体功能合理化的综合体。物流系统本来就客观存在着,但是一直未被人们所认识。随着系统科学的发展,物流实践经验的总结,人们认识到以系统的观点,将原本分散的各个物流功能要素有机结合起来,视为一个物流大系统,进行整体设计和管理,就能充分发挥物流的功能,提高物流的效率和效果,实现整体的物流合理化。

在物流系统中,任何部分功能的发挥都要利于系统的整体目标的达成,由于系统中各功能要素之间存在着"效益背反"关系,部分的优化并不等于系统整体的优化。因此,用系统的观点和方法来研究物流,对于正确把握物流设施设备在物流系统中的地位与作用,合理配置资源有着重要的意义。

二、物流系统的要素

物流系统的要素包括物流系统的功能要素、物流系统的一般要素、物流系统的支持要素和物流系统的物质基础要素。

1. 物流系统的功能要素

物流系统的功能要素是物流系统所具有的基本能力,这些基本能力有效地组合、连接在一起,便成了物流的总功能,便能合理、有效地实现物流系统的总目的。

一般认为,物流系统功能要素有运输、储存、装卸、搬运、包装、流通加工、配送及物流信息等。从物流活动的实际工作环节来考查,物流也是由上述八项具体工作构成的。物流系统的功能要素反映了物流系统的能力,增强这些要素,使之更加协调、更加可靠,就能够提高物流运行的水平,并体现在物流系统水平的提高上。在上述这些功能要素中,运输和储存分别解决了供给者及需要者之间场所和时间的分离,分别是物流创造"场所效用"和"时间效用"两种主要功能要素,因而其在物流系统中处于主要的功能要素地位。

2. 物流系统的一般要素

物流系统的一般要素由四个方面构成:劳动者要素、资金要素、物的要素和信息要素(即物流信息)。

劳动者要素是所有系统的核心要素和第一要素;对于资金要素,实现交换的物流过程,实际上是资金的运动过程,同时,物流服务本身需要以货币为媒介,物流系统的建设也是资本投入的一大领域;物的要素包括物流系统的劳动对象、劳动工具、劳动手段以及各种消耗材料。信息要素包括物流系统所需要处理的信息,即物流信息。

3. 物流系统的支持要素

物流系统的建立需要许多支撑手段,尤其是处于复杂的社会经济系统中,要确定物流系统的地位,要协调与其他系统的关系,这些要素必不可少,主要包括法律制度、行政命令、标准化系统和商业习惯等。

(1) 法律制度。物流系统的运行不可避免地涉及企业或人的权益问题,法律制度一方面限制和规范物流系统的活动，使之与更大系统协调，一方面是给予保障。合同的执行，权益的划分，责任的确定都靠法律制度来维系。因此法律制度是物流系统的重要保障。

（2）行政命令。行政命令是决定物流系统正常运转的重要支持要素。

（3）标准化系统。标准化系统是保证物流环节协调运行，保证物流系统与其他系统在技术上实现连接的重要支撑条件。

（4）商业习惯。商业习惯是整个物流系统为了使客户达到满意所提供服务的基本要求。了解商业习惯，将使物流系统始终以客户为主进行运营，从而达到企业的目的。

4. 物流系统的物质基础要素

物流系统的建立和运行，需要物流设施和大量的技术装备手段，这些手段的有机联系，对系统的运行有着决定的意义。这些要素对实现物流某一方面的功能是必不可少的，主要有物流基础设施、物流设备、物流工具、信息技术及网络等。

（1）物流基础设施。物流基础设施是组织物流系统运行的基础物质条件，包括物流场站、物流中心、仓库、物流线路、建筑、公路、铁路、港口等。

（2）物流设备。物流设备是保证物流系统开动和运行的物质条件，包括仓库货架、进出库设备、加工设备、运输设备、装卸机械等。

（3）物流工具。物流工具是物流系统运行的物质条件，包括包装工具、维修保养工具、办公设备等。

（4）信息技术及网络。信息技术及网络是掌握和传递物流信息的手段，根据所需信息水平不同，包括通信设备及线路、传真设备、计算机及网络设备等。

三、物流设备在物流系统中的地位与作用

物流设备是构成物流系统物质基础要素的主要组成部分，在物流系统中有着重要的地位与作用，主要表现在以下四个方面：

1. 物流设备是物流系统的物质基础

物流设备是为实现物流系统中特定功能而在物流设施的基础上配备的各种必要的技术装备，是生产力要素。所以说，物流设施与设备是进行物流活动的物质技术基础。物流设备的现代化水平的高低，对于发展现代物流，促进现代化大生产、大流通，强化物流系统的功能有着十分重要的地位和作用。

2. 物流设备是物流系统中的重要资产

随着科学技术的发展，物流设备的科技含量和技术水平日益提高，物流设备不仅是技术密集型的生产工具，也成了资金密集型的社会资产。一个物流系统所需设备的购置投资规模很大，维持设备正常运行还需继续投入大量的资金。因此，应科学合理地配置设备，优化其效能，发挥设备的投资效益。

3. 物流设备涉及物流活动的所有环节

在整个物流活动中，物品从供应地向接收地进行转移要通过包装、运输、储存、装卸、搬运、流通加工、配送等物流作业环节加以完成。在每一个物流环节中，都要依靠物流设备

进行相应的物流作业。如果离开这些物流设备或者说物流设备的水平不高，就会影响到物流作业的效率，最终影响整个物流系统的效率。不仅如此，物流设施的现代化水平的高低也直接影响到物流作业的效率。在物流系统中，物流设施与设备两者不仅要有十分密切的关系，而且还要相互匹配。因此，在选择配置物流设备时，一定要与物流设施的水平相适应。只有这样，才能发挥系统的效率和效益。

4．物流设备的水平是物流技术水平高低的重要标志

随着生产的发展和科学技术的进步，作为物流系统中物质基础要素的物流设备，在物流活动的各个环节、各个领域中的技术水平在不断地提高。现代化交通设施的建设（如高速公路、高速铁路）和先进运输设备的配置，极大地缩短了物流时间，提高了运输效率。综合交通枢纽的建设和托盘集装单元化技术的应用为发展多式联运创造了条件；搬运装卸设备的机械化、自动化提高了装卸效率和运行质量；高架自动化立体仓库技术的发展和应用大大节约了仓库的面积，提高了仓库的利用率；自动化分拣设备的应用，大大提高了配送中心作业效率；计算机技术、网络技术的发展，为建立现代化物流信息系统提供了技术保证。可以说，一个完善的物流系统离不开先进水平的物流技术的应用。物流设备的现代化水平和科学技术水平，代表了现代物流技术水平。

> **问题与思考**：评价一个地区物流系统的发展程度的硬指标是什么呢？

四、物流设备的分类

物流设备也称为物流技术装备，是指在物流活动的各环节中所使用的物流机械和器具的总称。我们在各种物流场合，如在物流中心、配送企业、仓库、码头、货场经常会看到各种物流设备繁忙地工作着，进进出出的叉车、吊着货物的各种起重机、各种货车，各种各样的货架、托盘、集装箱，还有先进的自动化立体库、自动装卸搬运机器人、自动导引搬运车等，真可谓种类繁多，结构功能都不相同，差异很大。面对如此繁多复杂的物流设备，我们有必要对其进行有效的分类，以便于能更有效地学习物流设备和未来在工作岗位上对物流设备进行正确的使用和管理。但是物流设备门类多、品种复杂、功能各异，有的物流设备可以一机多用，有的物流设备则需要组合配套使用。因此，在对物流设备分类时，很难进行严格地界定。目前对于物流设备的分类方法，国家尚无统一的标准，我们可以根据物流设备的使用场合、功能特征和完成的物流作业等，将物流设备分为以下几个大类：

1．包装机械设备

包装的目的是保护产品、方便储存、便于运输及促进销售。包装机械设备是用于对产品进行全部或部分包装的机械设备。包装机械设备是使产品包装实现机械化、自动化的根本保证，主要包括填充设备、罐装设备、封口设备、裹包设备、贴标设备、清洗设备、干燥设备、杀菌设备等。

2．装卸搬运机械

装卸搬运机械是用于升降、装卸搬运物料和短距离运输的机械。主要用于升降、装卸搬运的机械有桥式起重机、龙门起重机、装卸桥、流动式起重机、门座起重机等。主要用于短距离运输的机械有叉车、自动导引搬运车、连续运输机、牵引车等。

3．集装单元化器具

集装单元化器具主要有集装箱、托盘和其他集装单元器具。应用集装单元器具对货物进行组合包装后，可提高货物的活性，使货物随时都处于准备流动的状态，便于达到储存、装卸搬运、运输、包装一体化，从而实现物流作业机械化、标准化。

4．仓储机械设备

仓储机械设备主要用于各类仓库、配送中心进行货物的存取、储存的各种机械设备和器具，包括货架、堆垛机、自动导引搬运车、装卸搬运机器人、分拣设备、提升机、货物出入库辅助设备、装卸搬运设备以及计算机管理和监控系统等。这些设备可以组成自动化、半自动化、机械化的商业仓库，来堆放、存取和分拣承运物品。

5．流通加工机械

流通加工是指物品从生产地到使用地的过程中，根据需要施加包装、分割、计量、分拣、刷标志、栓标签、组装等简单作业的总称。它是商品流通中的一种特殊形式，是弥补生产过程中加工程度的不足，更有效地满足用户多样化的需要，更好地衔接产需、促进销售的一种高效的辅助性加工活动。

6．运输设备

运输在物流中的独特地位对运输设备提出了更高的要求，要求运输设备具有高速化、智能化、通用化、大型化和安全可靠的特性，以提高运输的作业效率，降低运输成本，并使运输设备达到最优化利用。根据运输方式的不同，运输设备可分为载货汽车、铁道货车、货船、空运设备和管道设备等。对于第三方物流公司而言，一般只拥有一定数量的载货汽车，而其他的运输设备就直接利用社会的公用运输设备。

任务二　选择配置物流设备

【任务描述】

以小组为单位，选择典型物流企业（如中储西安分公司），对其物流设备的配置情况进行调查，分析其合理性与不足之处，提交调查报告，并要求运用 PPT 展示报告的结果。通过完成选择配置物流设备任务，学习者应能够了解物流设备管理的目标、特点，能够掌握物流设备配置选择的原则和步骤，能够对于物流企业的物流配置和选择提供建设性的意见和建议，并对于给定的物流设备配置和选择方案给予评价。

【知识学习】

一、现代物流设备管理的概念

设备的寿命周期是指设备从规划、设计、制造、选型、购置、安装、调试、运转、维修、

改造，直到报废所经历的整个过程。其中规划、设计、制造等环节称为设备寿命的前半生；选型、购置、安装、调试、运转、维修、更新报废等环节称为设备寿命的后半生。传统的设备管理，只局限于设备寿命周期中后半生的管理，即设备制造部门只管产品的研制，设备使用部门只管选用、维修，结果常常出现制造厂生产的新设备不能完全符合或者不符合使用单位的要求。因此造成了不少企业设备积压、闲置，造成了巨大的经济损失。另一方面，传统的设备管理中，企业在设备更新改造中的成功经验，不能为设备制造单位吸取，不利于新设备技术水平的提高。

2. 寿命周期费用

寿命周期费用是指设备一生的总费用，它主要由原始费用和维持费用两大部分组成，包括设备从规划、设计、制造、选型、购置、安装、调试、运转、维修、改造，直到报废所产生的费用总和。对于外购设备，原始费用包括购置、运输、安装、调试等费用。对于自行研制的设备，原始费用则包括调研、设计、制造、安装、调试等费用。维持费包括运行费和维修费两部分。此外，在设备寿命终结时，拆除设备也需要一些费用，报废的设备还有一些残值。因此，

$$设备寿命周期费用 = 原始费用 + 维持费用 + 拆除费 - 残值$$

在设备的寿命周期费用内，各阶段费用支出的发展变化规律如图9-1所示。

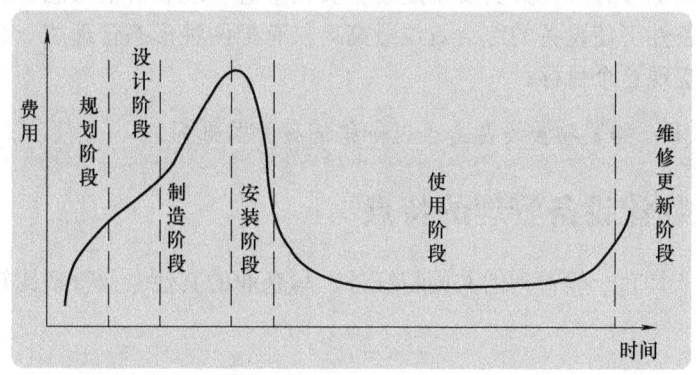

图9-1　设备的寿命周期费用内费用支出的发展变化规律

设备的寿命周期费用涉及设备的一生，因此要分析研究设备的整个寿命周期内，不同阶段费用支出的关系、变化规律以及对总费用的影响，采取行之有效的措施，使寿命周期费用最经济。

3. 设备的综合效益

设备的综合效益是设备寿命周期的输出与设备寿命周期费用的比值。即

$$设备的综合效益 = \frac{设备寿命周期的输出}{设备寿命周期费用}$$

设备寿命周期的输出是指设备一生在满足安全、卫生、环保、货物安全、交货期等条件下的作业量，用价值表示。

评价设备经济性，不仅要考查寿命周期费用，还要看设备的综合效益如何，同样的费用，要选择综合效益高的设备。

现代物流设备管理是以企业生产经营目标为依据，运用各种技术、经济和组织措施，对物流设备从规划、设计、制造、购置、安装、使用、维修、改造、更新直到报废的整个寿命周期进行全过程的管理。其目的是充分发挥设备效能，并寻求寿命周期费用最经济，从而获得最佳投资效果。

设备有两种形态：实物形态和价值形态。实物形态是价值形态的物质载体；价值形态是实物形态的货币表现。在整个设备寿命周期内，设备处于这两种形态的运动之中。对应于设备的两种形态，设备管理也有两种方式，即设备的实物形态管理和价值形态管理。

（1）实物形态管理。设备从规划至报废的全过程即为设备实物形态运动过程。设备的实物形态管理就是从设备实物形态运动过程出发，研究如何管理设备实物的可靠性、维修性、工艺性、安全性、环保性及使用中发生的磨损、性能劣化、检查、修复、改造等技术业务，其目的是使设备的性能和精度处于良好的技术状态，确保设备的输出效能最佳。

（2）价值形态管理。在整个设备寿命周期内包含的最初投资、使用费用、维修费用的支出，折旧、改造、更新资金的筹措与支出等，构成了设备价值形态运动过程。设备的价值形态管理就是从经济效益角度研究设备价值的运动，即新设备的研制、投资及设备运行中的投资回收，运行中的损耗补偿，维修、技术改造的经济性评价等经济业务，其目的就是使设备的寿命周期费用最经济。

现代设备强调综合管理，其实质就是设备实物形态管理和价值形态管理相结合，追求在输出效能最佳的条件下使设备的综合效益最高。只有把两种形态管理统一起来，并注意不同的侧重点，才可实现这个目标。

> 问题与思考：购置物流设备是否以价格低廉为首选呢？

二、现代物流设备管理的特点

设备管理除了具有一般管理的共同特征外，与企业的其他专业管理比较，还有以下一些特点：

1. 技术性

作为企业的主要生产手段，设备是物化了的科学技术，是现代科技的物质载体。因此，现代物流设备管理必然具有很强的技术性。首先，现代物流设备管理包含了机械、电子、液压、光学、计算机等许多方面的科学技术知识，缺乏这些知识就无法合理地设计制造或选购设备；其次，正确地使用、维修这些设备，还需掌握状态监测和诊断技术、可靠性工程、摩擦磨损理论、表面工程、修复技术等专业知识。可见，现代物流设备管理需要工程技术作为基础，不懂技术就无法搞好设备管理工作。

2. 综合性

设备管理的综合性表现在：①现代物流设备包含了多种专门技术知识，是多门科学技术的综合应用。②设备管理的内容是工程技术、经济财务、组织管理三者的综合。③为了获得设备的最佳寿命周期以及效益，必须实行全过程管理，它是对设备一生各阶段的综合。④设备管理涉及物资准备、设计制造、计划调度、劳动组织、质量控制、经济核算等多方面的业务，汇集了企业多项专业管理的内容。

3. 随机性

许多设备故障具有随机性，使得设备维修及其管理也带有随机性质，为了减少突发故障给企业带来的损失和干扰，设备管理必须具备应付突发故障、承担意外突击任务的应变能力。这就要求设备管理部门信息渠道畅通，器材准备充分，组织严密，指挥灵活；人员作风过硬，业务技术精通；能够随时为现场提供服务，为生产排忧解难。

4. 全员性

现代企业管理强调应用行为科学调动广大职工参加的积极性，实行以人为中心的管理。设备的综合性更加迫切需要全员参加，只有建立从经理或厂长到第一线员工都参加的企业全员设备管理体系，实行专业管理与群众管理相结合，才能真正搞好设备管理工作。

三、现代物流设备管理的任务

物流设备管理的任务是由设备管理的目的确定的。总体来说，物流设备管理的任务是保证为企业的物流活动提供最优的技术设备，使企业物流系统或物流作业建立在最佳的物质技术基础之上，以获得设备最佳的经济效益。

这个任务包括以下几个方面：

1. 合理选用设备

要根据技术上先进、经济上合理的原则，通过全面规划、合理配置，对设备进行全面的技术经济评价，合理选用设备。相关人员应密切配合，掌握国内外技术发展动向，收集技术和经济两个方面的资料。技术方面的资料包括设备规格、性能、用途、效率、动力、材料，对环境的污染、可靠性、维修性、运输安全条件、备品配件的供应等；经济方面的资料包括该设备市场状况、设备的价格、运费、相应的配套工程投资、安装费用、维修人员和操作人员的培训费、购买该设备的资金来源、估计设备投资效果等。

2. 保持设备完好

要通过精确安装、正确使用、精心维修、适时检修、安全作业等环节，使设备始终处于完好的技术状态，使其工作性能能够满足生产工艺或物流作业的要求，随时可以适应企业生产经营的需要投入正常运行。物流设备完好一般包括：设备零部件、附件齐全，运转正常；设备性能良好，动力输出符合标准；燃料、能源、润滑油消耗正常等三个方面的内容。行业、企业应当制定关于完好设备的具体标准，使操作人员与维修人员有章可循。

3. 改善和提高技术装备素质

技术装备素质是指在技术进步的条件下，技术装备适合企业生产和技术发展的内在品质。通常可以用以下几项标准来衡量：①工艺适用性；②质量稳定性；③运行可靠性；④技术先进性（包括生产效率、物料与能源消耗、环境保护等）；⑤机械化、自动化程度。要通过适时改造与更新，改善和提高企业的技术装备素质，使物流现代化水平不断提高。

改善和提高技术装备素质的主要途径，一是采用技术先进的新设备替换技术陈旧的设备；二是应用新技术改造现有设备。后者通常具有投资少、时间短、见效快的优点，应该成为企业优先考虑的方式。

4．充分发挥设备效能

设备效能是指设备的生产效率和功能。设备效能的含义不仅包括单位时间内生产能力的大小，也包含适应多品种生产的能力。

充分发挥设备效能的主要途径有：

（1）合理选用技术装备和工艺规范，在保证产品质量的前提下，缩短生产时间，提高生产效率。

（2）通过技术改造，提高设备的可靠性与维修性，减少故障停机和修理停歇时间，提高设备的可利用率。

（3）加强生产计划、维修计划的综合平衡，合理组织生产与维修，提高设备利用率。

5．取得良好的投资效益

设备投资效益是指设备一生的产出与其投入之比。取得良好的设备投资效益，是提高经济效益为中心的方针在设备管理工作上的体现，也是设备管理的出发点和落脚点。因此，应追求设备寿命周期费用最经济和设备的综合效益，而不是只考虑购买或使用某一阶段的经济性。在寿命周期的各个阶段，一方面加强技术管理，保证设备在使用阶段充分发挥效能，创造最佳的产出；另一方面加强经济管理，实现最经济的寿命周期费用。在设备规划阶段，要谋求设备的经济性；在设备维修阶段，要谋求停机损失和维修费用之间的最佳平衡，求得设备维修的最佳经济效果。

四、现代物流设备管理的内容

设备管理是以追求设备综合效益和寿命周期费用的经济性为目的，从工程技术、财务经济和组织管理三个侧面对设备实行全生命周期管理。因此，物流设备管理应包括以下三方面的内容：

1．设备的技术管理

主要包括：设备的规划、选购、自制与安装调试；设备的合理使用和维护保养管理；设备的计划检修；设备的状态监测与技术诊断；设备安全技术管理和事故处理；设备备件管理；设备的技术资料管理；设备技术改造；设备技术档案管理等。

2．设备的经济管理

主要包括：设备投资效益分析；资金筹措和使用；设备移交验收、分类编号、登记卡片和台账管理、库存保管、调拨调动、年终清查等资产管理；折旧的提取与管理；费用的收支核算；设备更新等。

物流设备的经济管理必须遵循价值规律和寿命周期费用变化规律，对物流设备管理的各项内容进行经济论证、经济核算、经济分析和成本控制等活动，开展多种形式的增收节支和经营，使企业取得最佳经济效益投资。

3．设备的组织管理

主要包括：员工教育和培训；设备管理制度和规范制定；设备管理、使用的监督检查和评比等。

物流设备的组织，必须遵循机械使用与磨损的客观规律，运用行政手段，科学地把物流设备技术管理和经济管理结合起来，全面完成物流设备管理任务。

设备管理的三个方面内容，是相互联系的一个整体。其中，技术管理是基础，经济管理是目的，组织管理是手段。只有三者结合，才能实现综合管理的目标。

五、物流设备配置、选择的原则

物流设备的配置、选择是物流设备前期管理的重要环节，是企业经营决策中的一项重要工作。物流设备具有投资大，使用期限长的特点，在配置和选择时，一定要进行科学决策和统一规划。正确地配置与选择物流设备，可为物流作业选择出最优的技术设备，使有限的投资发挥最大的技术经济效益。我们认为物流设备的配置与选择一般应遵循以下几条原则：

1. 系统化原则

系统化就是在物流设备配置、选择中用系统的观点和方法，对物流设备运行所涉及的各个环节进行系统分析，把各个物流设备与物流系统总目标、物流系统中各要素有机地结合起来，改善各个环节的机能，使物流设备配置、选择最佳，从而使物流设备发挥最大的效能，并使物流系统整体效益最优。

按系统化原则配置与选择物流设备，不仅要求物流设备与整个系统相适应，各物流设备之间相匹配，而且要求全面、系统地分析物流设备单机的性能，从而进行综合评价，做出决策。

2. 适用性原则

适用性是指物流设备满足使用要求的能力，包括适应性和实用性。在配置与选择物流设备时，应充分注意到使物流设备与目前物流生产作业的需要和发展规划相适应；应符合货物的特性，货运量的需要；应适应不同的工作条件和多种作业性能要求，操作使用灵活方便。只有生产上适用的设备才能发挥其投资效果，创造出高效益。实用性涉及恰当选择设备功能的问题。物流设备并不是功能越多越好，因为在实际作业中，并不需要太多的功能，如果设备不能被充分利用，则造成资源和资金的浪费。同样，功能太少也会导致物流企业的低效率。因此要根据实际情况，正确选择设备功能。

3. 技术先进性原则

技术先进性是指配置与选择的物流设备能够反映当前科学技术先进成果，在主要技术性能、自动化程度、结构优化、环境保护、操作条件、现代新技术的应用等方面具有技术上的先进性，并在时效性方面能满足技术发展要求。但是先进性必须服从于适用性，尤其是要有实用性，必须以生产适用为前提，以获得最大经济效益为目的。坚持技术先进性原则要反对两种倾向：一是防止选择技术上落后的设备投入生产而低效益运转，二是脱离我国的国情和企业的实际需要而一味地追求技术上的先进。

4. 经济合理性原则

经济合理性是指所选择的物流设备应是费用最低、综合效益最好的设备。它不仅是一次性购置费用低，更重要的是长期使用的费用低。购置费用与使用费用是一对矛盾的统一体，它们之间通常存在着效益背反的关系。比如，有些物流设备一次性购置费用较低，但其能耗大、故障率高、维修费用高,因而导致了运行成本高。相反,有些物流设备的购置费用较高,但其性能好、能耗小、维修费用低,因而运行成本较低。因此,在实际工作中,应将生产上适用、技术上先进和经济上合理三者结合起来,全面考查物流设备的价格和运行费用,选择整个寿命周期费用低的物流设备,才能取得良好的经济效益。

5. 可靠性和安全性原则

可靠性是指物流设备在规定的使用时间和条件下,完成规定功能的能力。它是物流设备的一项基本性能指标,是物流设备功能在时间上的稳定性和保持性。如果可靠性不高,无法保持稳定的物流作业能力,也就失去了物流设备的基本功能。物流设备的可靠性与物流设备的经济性是密切相关的。从经济上看,物流设备的可靠性高就可以减少或避免因发生故障而造成的停机损失与维修费用支出。但是可靠性并非越高越好,因为提高物流设备的可靠性需要在物流设备开发制造中投入更多的资金,致使物流设备的原始费用上升。因此,不能片面追求可靠性,而应全面权衡提高可靠性所需的费用开支与物流设备不可靠造成的费用损失,从而确定最佳的可靠度。

安全性是指物流设备在使用过程中保证人身和货物安全以及环境免遭危害的能力。它主要包括设备的自动控制性能、自动保护性能,以及对错误操作的防护和警示装置等。随着物流作业现代化水平的提高,可靠性和安全性日益成为衡量设备好坏的重要因素。在配置与选择物流设备时,应充分考虑物流设备的可靠性和安全性,以提高物流设备利用率,防止人身事故,保证物流作业顺利进行。

6. 一机多用原则

一机多用是指物流设备具有多种功能,能适应多种作业的能力。配置用途单一的物流设备,使用起来既不方便,也不利于管理。因此,应发展一机多用的物流设备。配置和选择一机多用的物流设备,可以实现一机同时适宜多种作业环境的连续作业,有利于减少作业环节,提高作业效率,并减少物流设备台数,便于物流设备管理,从而充分发挥物流设备潜能,确保以最低投入获得最大的效益。例如,叉车具有装卸和托运两种功能,正是这点使其得到极为广泛的应用。再如多用途门座起重机,可实现集装吊具、吊钩、抓斗多种取物装置的作业,用途广泛,适用于装卸集装箱货物、钢材和超长超大件等件杂货、煤和砂石等散装货物。在配置与选择物流设备时,要尽量优先考虑一机多用的物流设备。

此外,还要考虑环保性原则,要使物流设备噪声低、污染小,具有较好的环保性。

六、物流设备配置、选择的步骤和方法

1. 物流设备配置、选择的前期准备工作

(1) 了解设备规划的要求。设备规划是企业根据生产经营发展总体规划和本企业设备结构的现状而制定的用于提高企业设备结构合理化程度和机械化作业水平的指导性计划。科学的设备规划能减少购置设备的盲目性,使企业的有限投资保证重点需要,从而提高投资效益。

设备规划主要包括设备更新规划、设备技术改造规划、新增设备规划。

设备规划的编制依据主要有:企业生产经营发展的要求;现有设备的技术状况;国家有关安全、环境保护、节能等方面政策法规要求;国内外新型设备的发展和科技信息;可筹集用于设备投资的资金。

在配置物流设备之前,要根据设备规划,确定所需更新的物流设备,再根据要求,进行物流设备配置。

(2)收集有关资料,并进行详细分析比较。

1)经济资料。货物的种类及特性、货运量、作业能力、货物流向等是最主要的经济资料。它们直接影响着物流设备的配置与选择。因此,必须广泛地搜集这些资料。在调查搜集有关经济资料时,不仅要掌握目前和近期的情况,而且要摸清发展远景或变化趋势。对调查所得的资料应进行整理、审查、核实、分析研究,并做出有关的统计分析表。

2)技术资料。它包括物流设备技术性能现状及发展趋势,主要生产厂家技术水平的状况,使用单位对设备技术评价等。这些资料是从整体上把握物流设备技术状况的重要数据和资料。

3)自然条件资料。它主要包括货场仓库条件、地基的承受能力、地基基础、作业空间等资料。

2. 拟定物流设备配置的初步方案

对于同一类货物,同一作业线,同一个物流作业过程,可以选用不同的物流设备。因而在拟定初步方案时,可提出多个具有不同优缺点的配置方案。然后,按照配置原则和作业要求确定配置物流设备的主要性能,分析各个初步方案的优缺点,并进行初步选择,去劣存优,最后保留 2~3 个较为可行的、各具优缺点的初步方案,并估算出它们的投资,计算出物流设备生产率或作业能力以及初步的需要数量。

3. 物流设备配置方案的技术经济评价与方案确定

为了比较各种配置方案,以便选择一个最有利的方案,必须进行技术经济评价。当然,在确定配置方案时,如果具体方案中出现有不可比因素,这就需要将不可比因素做一些换算,尽量使比较项目有可比性。

4. 物流设备选型步骤

物流设备配置方案确定后,接下来就是全面衡量各项技术经济指标,选择合适的机型。选型的步骤如下:

(1)预选。在广泛收集物流设备市场货源情报的基础上进行。货源情报来源主要包括产品样本、产品购销指南、产品目录、广告、展销会、专业网站以及销售人员收集到的情报等,并进行分类汇编,从中筛选出可供选择的机型和厂家。

(2)细选。以预选出来的机型和厂家进行调查、联系和询问,详细了解物流设备的各项技术性能参数、质量指标、作业能力和效率;生产厂商的服务质量和信誉,使用单位对其设备的反映和评价;货源及供货时间;订货渠道、价格、随机件及售后服务等情况。将调查结果填写在"设备货源调查表"上,并经分析比较,从中选择符合要求的两三个厂家作为联系目标。

(3)选定。对选出的厂家进行联系,必要时,派专人做专题调查和深入了解,针对有关问题,如机械性能情况、价格及优惠条件,交货期及售后服务条件,附件、图纸资料、配件的供应等同厂家进行协商谈判,并做出详细记录。然后由企业有关部门进行可行性论证,选出最优的机型和厂家作为第一方案，同时准备第二、第三方案以应对订货情况变化的需要，经主管领导及部门批准后定案。

> 问题与思考：购置物流设备的步骤是什么呢？

> 知识拓展

我国物流设备的发展过程

一、物流技术的发展阶段

第二次世界大战后，物流领域的研究得到了快速发展，成为最具创造价值的新领域。同时，物流设备也得到了相应的发展，物流设备领域中许多新的设备不断涌现，如四向托盘、高架叉车、自动引导搬运车（AGV）、集装箱等，从物流系统采用的设备来看，物流技术的发展，大致经历了如下五个阶段：

1. 第一代——人工物流

物流作业主要依靠人工推、拉、举及简单的工具来完成。虽然这是一种较为简单的物流作业，效率低下，但是几乎在所有物流系统中依然存在人工作业方式。

2. 第二代——机械物流

在物流作业中，广泛采用各种机械设备，作业速度大大提高。机械设备能举起、移动、放下更重的货物，货物也可以堆得更高，在同样面积上可以存储更多的货物。

3. 第三代——自动化物流

在物流系统中采用自动存储系统（AS/RS），自动引导搬运车及搬运机器人、物流检测系统等。由于采用自动运输系统和自动搬运系统，加快了物流速度，大大提高了物流效率。

4. 第四代——集成物流

各个自动化物流设备在中央控制下协同工作，中央控制通常由主计算机实现。集成物流系统是在自动化物流系统的基础上进一步将物流系统的信息集成起来，使得物流计划、物流调度及物流输送各过程的信息，可以通过计算机网络相互沟通。这种系统不仅使物流系统各个单元达到协调，而且使物流与进货、销售、生产协调起来。

5. 第五代——智能物流

根据客户需求，自动生成物料和人力需求计划，并且查看库存数据和购货单，规划并完成物流作业。如果库存不足，无法满足需求，就推荐修改物流计划，购进货物或补充生产。这种系统将人工智能集成到物流系统中。目前，这种物流系统的基本原理已在一些实际的物流系统中逐步得到实现。

二、现代物流的特点

通常认为从第三代自动化物流开始，物流技术就具有了现代物流的特点，具体如下所述：

1. 广泛采用现代化的物流设备

物流系统中采用快速、高效、自动化的物流设备。最具典型的现代化物流设备有以下几种：

（1）自动化立体仓库：改平面堆放为立体、空间堆放。这样既有利于货物的周转和自动化管理，又节约了库房面积。

（2）自动导引搬运车：能够实现无人驾驶，快速、准确地运送货物。运输路径能够柔性化管理，便于计算机管理调度。

（3）自动装卸机器人：机器人自动装卸货物，能够容易实现与其他物流设备同步协调，保证物流的通畅，并且具有安全、快捷、便于计算机管理和控制的特点。

（4）其他运输、搬运设备：如传送带、悬挂式输送机等。

2. 计算机管理

现代物流系统一般具有结构复杂、物流节奏快、物流线路复杂、信息量大、实时性要求高等特点。传统的凭主观经验管理物流的方法已经无法适应现代物流，需要采用计算机进行物流系统动态管理与优化。同时，通过计算机与其他系统实时联机，发送和接受信息，使物流系统与生产制造系统、销售系统有机地联系在一起，可以极大地提高物流系统的效益。

3. 物流系统化与集成化

现代物流的结构特点是：点多、线长、面宽、规模大。例如，电子商务下的物流，其客户分布比任何传统物流下的客户都要广泛。传统物流系统之间是相互独立的，缺乏集成化和系统化。如果说传统的物流由于设备落后、搬运效率低下，影响生产和销售系统效益的提高，那么传统物流和生产销售系统分离、割裂是牵制它们发展的另一个主要因素。

现代物流把生产和销售系统有机地联系起来，使其成为一个整体，从系统化、集成化的概念出发去设计、分析、研究和改进物流系统。

【同步测试】

一、填空题

1. 物流系统的要素包括_____要素、_____要素、_____要素和_____要素。
2. 物流设备的寿命周期费用主要由_____和_____两大部分组成。
3. 现代物流设备管理的特点有_____、_____、_____和_____。
4. 现代物流设备管理的内容包括以下三个方面：_____、_____和_____。

二、选择题

1. 物流系统的功能要素不包括（　　）。
   A. 运输、储存保管　　　　　　　　B. 包装、装卸搬运
   C. 流通加工、配送及物流信息　　　D. 劳动者要素
2. 物流系统的一般要素不包括（　　）。
   A. 劳动者要素　　B. 资金要素　　C. 支持要素　　D. 物的要素
3. 物流设备具有多种功能，能适应多种作业的能力。它属于物流设备选型配置的（　　）原则。
   A. 适用性　　　　B. 技术先进性　　C. 安全性　　　D. 一机多用
4. （　　）不属于现代物流设备管理的内容。
   A. 设备的技术管理　　　　　　　　B. 设备的经济管理
   C. 设备的组织管理　　　　　　　　D. 设备的维修管理

5. （　　　）不是现代物流设备管理具有的特点。
   A. 技术性　　　　B. 随机性　　　　C. 安全性　　　　D. 全员性

三、问答题

1. 什么是物流系统？
2. 物流系统的功能性要素和物质基础要素有哪些？
3. 物流设施设备在物流系统中的地位与作用如何？
4. 物流设备配置和选型的原则主要有哪些？

【知识应用】

华东某市现代物流设施规划

华东某市由于受经济发展历史条件的制约，原有公路主枢纽规划未充分考虑现代物流对公路主枢纽的需求，而只是传统意义上的货运组织方式。有相当一部分的货运站站内作业仅仅停留在停车、配货的水平，难以实现公路主枢纽所赋予的货运组织功能，信息化手段更为落后，不能提供多功能、一体化、高效率的物流延伸服务，无法实现目前乃至今后物流业快速发展的要求。为适应现代物流发展的需求，现在准备重新规划设计公路主枢纽设施。

（1）应该怎样建设才能更好地发挥公路主枢纽的作用？

（2）如果周边的货物以小包装和小件为主，大件货物量比较小，仓库应选用何种类型的货架？

（3）仓库的空间如何安排才能在有效空间的基础上提高出入库的效率？

项目十 物流设备的维修保养作业

物流设备的正确使用与精心维护是物流设备后期管理的重要环节。物流设备使用期限的长短，生产效率的高低，固然取决于设备本身的结构性能，但在很大程度上也取决于它的使用和维护情况。正确使用设备可以保持良好的技术状态，防止发生非正常磨损和避免突发性故障，延长使用寿命，提高使用效率；而精心维护设备则起着对设备的"保健"作用，可改善其技术状态，延缓劣化进程。因此，必须明确生产部门与使用人员对设备使用维护的责任与工作内容，建立必要的规章制度，以确保设备使用维护各项措施的贯彻执行。通过物流设备的维护保养作业项目的学习，学习者应该达到下面的学习目标：

【知识目标】掌握物流设备的正确使用的内容以及应该采用的措施；熟悉物流设备维护保养的方法、具体内容；熟悉物流设备的三级保养制度。

【能力目标】初步具有正确使用、维护与保养物流设备的能力。

任务一 正确使用物流设备

【任务描述】

以小组为单位，调查某物流企业（如中储西安分公司）常用的典型的物流设备（如电动叉车）在实际使用过程中的正确使用方面的要求和措施，要求提交调查报告，并用PPT展示结果。通过完成正确使用物流设备这个学习任务，学习者应该明确正确使用物流设备的两个方面的内容；掌握物流设备在使用和管理过程中的注意事项；能够负责设备的日常管理工作，制定有关物流设备的技术操作规程，并严格遵守，确保物流设备的完好。

【知识学习】

一、物流设备的正确使用

物流设备的正确使用，包括技术合理和经济合理两方面内容。

技术合理就是按有关技术文件上规定的物流设备性能、使用说明书、操作规程、安全规则、维护和保养规程，以及不同的工作状况、工作环境、自然条件下使用要求，正确操作使用物流设备。

经济合理就是在物流设备性能允许范围内，能充分发挥物流设备的效能，以高效、低耗获得较高的经济效益。

为了保证物流设备正确使用，应采取以下措施：

（1）严格按规程操作设备。设备操作规程规定了设备的正确使用方法和注意事项，对异常情况应采取的行动和报告制度。

（2）实行使用设备的各级技术经济责任制。操作者按规程操作，按规定交接班，按规定进行维护保养。班组、车间、生产调度部门和企业领导都应对设备正确使用承担责任，不允许安排不符合设备规范和操作规程的工作。

（3）严格使用程序管理。对重要设备采取定人定机、教育培训、操作考试和持证上岗、交接班制度以及严肃处理设备事故等措施。

（4）实行设备维护的奖励办法，把提高使用者的积极性同物质奖励结合起来。

二、物流设备管理制度

物流设备管理制度包括：

（1）加强对物流设备管理，提高完好率、利用率，充分发挥机械设备效能，保证安全经济运行。

（2）坚持"安全第一、预防为主"的方针，建立健全机械设备安全生产制度。经常进行安全生产教育、检查，采取有效措施，确保安全生产。

（3）对机械设备进行定期保养，做到不拖保、不失保，不带"病"运行，保持机械设备技术状况良好。

（4）机械设备操作人员必须熟练掌握机械设备的构造原理和性能，做到用好、管好、保养好，会使用、会检查、会保养、会维修。

（5）机械设备停驶、使用时，要做好清洁、润滑、密封和放水工作，防止锈蚀、丢失而造成损失。

（6）建立健全各种机械设备的台账和技术档案。

（7）正确及时地填写各种机械设备的管理报表。

三、常用物流设备的安全操作规程

1．叉车安全技术操作规程

（1）行车前检查。

1）按规定项目、标准检查车辆各部技术状况，使之处于完好状态。

2）行车前应检查车辆行驶证、驾驶证等行车所必需的各种证件，严禁缺证、少证、无证驾车。

（2）行驶。

1）厂内叉车驾驶员在行驶时必须严格遵守《厂内交通安全管理标准》和《安全生产守则》。

2）起步前应观察叉车四周情况，气压制动的车辆，制动气压表读数须达到规定值方可起步，确认安全后鸣笛起步。

3）厂内叉车行驶时货叉底端距地高度应保持300～400mm，门架须后倾。

4）叉车在运行时，不准任何人上下车，货叉上严禁站人。

5）厂内叉车行驶时不得将货叉升得过高。进出作业现场或行驶途中，要注意上空有无障碍物剐撞。禁止急制动和急转弯。

6）厂内叉车工作时，起落必须平稳，如有必要须用绳子、索链等牢固。必须严格按本车载荷曲线图所规定的数值叉运货物，严禁超载。

7）厂内叉车载物行驶在超过 7°和用高于 1 档的速度上下坡时，非特殊情况不得使用脚制动器。

8）厂内叉车停车后禁止将货物悬于空中，卸货后应先降低货物后再行驶。

9）厂内叉车叉载物品时，货物重量应平均分担在两货叉上，货物不得偏斜，物品的一面应贴靠货架。小件货物应放入集物箱（板）内，防止掉落。插车所载物品不得遮挡驾驶员视线。

10）在进行物品装卸过程中，必须用制动器制动叉车。如果用吊车装卸工件，驾驶员必须离开驾驶室。

11）货叉在接近或撤离物品时，车速应缓慢平稳，注意车轮不要碾压物品、垫木（货盘）和叉头不要刮碰物品扶持人员。

在厂区和施工现场，速度不准超过 10km/h，出入厂门、车间、库房和施工现场时，速度不准超过 3km/h。叉车行驶时注意观察，防止剐撞、伤人。

12）厂内叉车在货叉升降时，门架应与地面垂直，不得使门架前倾。

13）厂内叉车在起重升降或行驶时，禁止任何人员站在货叉上把持物件或起平衡作用。叉车叉物升降时，货物附近禁止有人。

14）严禁用货叉等属具举升人员从事高处作业，禁止单叉作业或用货叉顶物、拉物，禁止用制动惯性溜放圆形或易滚物品，禁止用货叉挑翻货盘的方法卸货。禁止高速叉取物品。

15）不准在码头岸边直接叉装船上的物品和不准在火车车厢边缘直接叉车装物品。

16）叉车中途停止发动机怠速运转时，应使门架后倾。当发动机熄火停车时，应将起重滑架落下，使货叉水平置于地面上。

17）在厂内，车间内和施工现场停放叉车时，驾驶员不准离车，如需暂时离开时，必须把钥匙拔下，电闸拉下。

（3）收车后保养。

1）检修车辆时，应将变速杆置于空档，采取制动等防护措施。

2）清洁叉车及起重滑架，紧固螺钉，检查补充燃油、润滑油等。

3）蓄电池叉车除应遵守上述有关安全技术操作规程外，还应遵守蓄电池车的有关安全技术操作规程。

2. 机械化输送设备通用操作规程

（1）操作者必须经过考试合格，持有本设备的《设备操作证》方可操作本设备。

（2）工作前认真做到以下几点：

1）仔细阅读交接班记录，了解上一班设备情况。

2）沿设备全长检查，处理以下 6 个事项：

① 检查设备上及设备两侧如有妨碍设备运行的障碍物，须清除之。

② 检查走轮、导向轮、支承滚子、链节等是否齐全，不得有严重磨损、掉轨、卡死现象。

③ 检查轨道、链节、链板、护板、刮板、料斗、皮带等是否齐全，不得有妨碍正常运行的变形、剥落及松脱现象。

④ 检查传动装置，拉紧装置应坚固牢靠。传动三角带或无级变速须齐全，松紧度符合要求。

⑤ 检查安全防护装置是否齐全完好，事故开关必须合闸，电器接地良好。

⑥ 检查减速器及其他储油部位的油量是否充足，按设备润滑图表规定加油。

3) 停机一个班以上的设备须"点动"做空运转试车，确认设备运转正常后，方可工作运行。

(3) 工作中认真做到以下几点：

1) 操作者不得擅离工作岗位，要精心操作，不做与工作无关的事。

2) 凡纳入联动的设备其开车、停车须按照工艺流程的开车、停车顺序进行。开车或停车前须先鸣警铃或与上、下工序取得联系。

3) 先起动设备后下料，严禁在设备停止时下料。运送的工件、铸件、材料应符合工艺规定，不准超重、超宽运载。

4) 设备运行速度须符合工艺规定，不准擅自提高设备运行速度。

5) 非必要时不准使用事故开关急停设备；必须急停时要及时与上、下工序联系。

6) 保险销切断后必须查明原因才准更换新销。新的保险销必须是标准的，严禁随便以螺栓、铁棒代替。

7) 密切注意设备运行情况，发现有润滑不良、零件松动、跑偏、爬行、减速、卡死、震动、轮子不转或脱落、掉轨、锁板丢失、护板卡坏、卡持器卡爪不灵、链环堆积、噪声、电气失灵或混乱等异常现象须立即停机检查，排除故障后方可继续工作。

8) 设备发生事故后，须停机切断电源，保持事故现场，报告有关部门分析处理。

(4) 工作后认真做到以下几点：

1) 停止设备运行，切断电源。

2) 清扫设备及清理工作现场。

3) 认真将班中发现的设备问题填到交接班记录本上，做好交班工作。

> **问题与思考**：叉车使用需要有哪些注意事项呢？

任务二　维护保养物流设备

【任务描述】

以小组为单位，对典型物流企业常用的典型的物流设备（如电动叉车）按照设备维护保养制度，进行合理的日常维护，并讨论物流设备一级维护和二级维护的具体内容。要求写出维护保养计划、做好维护保养记录。通过完成维护保养物流设备的学习任务，学习者应能够明确物流设备维护保养的重要性；熟悉设备维护保养的具体内容；能够制定相应的各项保养计划，能够对物流设备进行巡回检查，组织维护、保养，确保设备完好。

【知识学习】

一、物流设备维护保养

维护保养是指通过擦拭、清扫、润滑、紧固、调整、防腐、检查等一系列方法对设备进行护理，以维持和保护设备的性能和技术状况。

要使物流设备经常处于完好的状态，除了正确使用设备之外，还要做好设备的维护保养工作。维护保养工作做得好，可以减少停机损失，降低维修费用，提高生产效率，延长设备的使用寿命，从而给企业带来良好的经济效益。

虽然不同的物流设备其结构、性能和使用方法不同，设备维护保养工作的具体内容也不完全一致，但设备维护保养的基本工作内容是一致的，即清洁、安全、润滑、防腐、调整。

（1）清洁是指各种物流设备要清洁，做到无灰、无尘、整齐，保持良好的工作环境。

（2）安全是指设备的保护装置要齐全，各种装置不漏水、不漏油、不漏气、不漏电，保证安全，不出事故。

（3）润滑是指设备要定时、定点、定量加油，保证润滑面正常润滑，保证设备运转正常。

（4）防腐是指要防止设备腐蚀，提高设备运行的可靠性和安全性。

（5）调整是设备在使用中由于振动和磨损，设备的结合面会发生移动和松动，要调整设备的精度和各部位的间隙使之始终处于良好状态。

物流设备的维护保养一般包括日常维护、定期维护、定期检查。定期检查又称为定期点检。

二、物流设备的三级保养制度

三级保养制度是以操作者为主对设备进行以保为主、保修并重的强制性维修制度。物流设备的三级保养制度包括：设备的日常维护保养、一级保养和二级保养。

1. 设备的日常维护保养

物流设备的日常维护保养是全部维护工作的基础。它的特点是经常化、制度化。一般日常维护保养包括班前、班后和运行中的保养。

日常维护保养一般由操作工人负责进行。要严格按操作规程操作，集中精力工作，注意观察设备运转情况和仪器、仪表，通过声音、气味发现异常情况。如有故障应停机检查及时排除，并做好故障排除记录。

日常维护保养的内容大部分在设备的外部。其具体内容有：搞好清洁卫生；检查设备的润滑情况，定时、定点加油；紧固易松动的螺钉和零部件；检查设备是否有漏油、漏气、漏电情况；检查各防护、保险装置及操纵机构、变速机构是否灵敏可靠，零部件是否完整。

2. 设备的一级保养

一级保养是为了减少设备磨损、消除隐患、延长设备使用寿命，使设备处于正常技术状态而进行的定期维护。

一级保养一般以操作工人为主，维修工人协助来完成。保养一般在每月或设备运行500～

700h 后进行。每次保养之后,要填写保养记录卡,谁保养,谁记录,并将其装入设备档案。

一级保养的具体内容有:对部分零部件进行拆卸清洗;对部分配合间隙进行调整;除去设备表面斑迹和油污;检查调整润滑油路,保持通畅不漏;清洗附件和冷却装置等。

3. 设备的二级保养

二级保养是为了使设备达到完好标准,提高和巩固设备完好率,延长大修期而进行的定期保养。

二级保养一般以维修工人为主,操作工人参加来完成。保养时间一般是按一班制考虑,一年进行一次,或设备累计运转 2 500h 后进行。保养后,要填写保养记录卡,由操作者验收,验收后交设备科存档。

二级保养的具体内容有:对设备进行部分解体检查和修理;更换或修复磨损件,清洗、换油、检查修理电气部分,使设备的技术状况全面达到设备完好标准的要求。

> **问题与思考**:叉车的各级维护保养应该由谁来负责进行呢?

知识拓展

制冷系统在运行中的维护保养方法

冷库设备、冷库制冷系统在运行中的维护保养如下:

(1)对于冷库设备初期运转机组,要经常观察压缩机的油面及回油情况及油的清洁度,发现油脏或油面下降要及时解决,以免造成润滑不良。

(2)对于冷库设备的风冷机组,要经常清扫风冷器使其保持良好的换热状态。对于冷库设备的水冷机组,要经常检查冷却水的混浊程度,如冷却水太脏,要进行更换。检查供水系统有无跑、冒、滴、漏问题。检查水泵工作是否正常,阀门开关是否有效,冷却塔、风机是否正常。对于冷库冷风机组,要经常检查冷凝器是否出现结垢问题,要及时清除水垢。

(3)对于冷库设备的风冷机式的蒸发器,要经常检查除霜情况。除霜要及时有效,否则会影响制冷效果,导致制冷系统回液。

(4)经常观察冷库设备的压缩机运行状态,检查其排气温度,在换季运行时,要特别注意系统的运行状态,及时调整系统供液量和冷凝温。

(5)仔细倾听压缩机、冷却塔、水泵或冷凝器风机运转声音,发现异常及时处理,同时检查压缩机、排气管及地脚的振动情况。

(6)对压缩机的维护:初期系统内部清洁度较差,在运行 30 天后要更换一次冷冻油和干燥过滤器,在运行半年之后再更换一次(要根据实际情况而定)。对于清洁度较高的系统,运行半年以后也要更换一次冷冻油和干燥过滤器,以后视情况而定。

【同步测试】

一、填空题

1. 设备维护保养的基本工作内容包括_____、_____、_____、_____和_____。

2. 物流机械设备的正确使用包括_____合理和_____合理两个方面的内容。
3. 物流设备的修理方式有_____和_____两大类。

二、选择题

1. 为了保证物流机械设备的正确使用，应采取（　　）措施。
   A. 严格按照规程操作设备　　　　B. 实行设备的各级技术经济责任制
   C. 严格使用程序管理　　　　　　D. 实行设备维护保养奖励方法。
2. 为安全起见，叉车起步时必须（　　）。
   A. 观察四周　　B. 鸣笛　　C. 确认安全　　D. 擦拭车辆
3. 三级保养制度是以操作者为主对设备进行以保为主、保修并重的强制性维修制度，不包括（　　）。
   A. 设备的日常维护　B. 一级保养　C. 二级保养　D. 定期检查
4. 物流设备（　　）的内容大部分在设备的外部。其具体内容有：搞好清洁卫生；检查设备的润滑情况，定时、定点加油；紧固易松动的螺丝和零部件；检查设备是否有漏油、漏气、漏电情况；检查各防护、保险装置及操纵机构、变速机构是否灵敏可靠，零部件是否完整。
   A. 日常维护　　B. 一级保养　　C. 二级保养　　D. 定期检查
5. 物流设备的维护保养一般采用（　　）保养制度。
   A. 一级　　B. 二级　　C. 三级　　D. 以上都不对

三、问答题

1. 什么是物流设备的维护保养？
2. 物流设备维护保养一般包括哪些内容？

【知识应用】

卷烟物流分拣设备维护

一、卷烟物流分拣设备维护方法

1．眼看

仔细观察设备表面及运行时产生的杂质、异物等。主要表现在机体是否有破裂、断线、变形（弯曲、收缩、膨胀）、松动；漏油、漏水、冒烟、漏气；腐蚀、磨损、变色（烧焦、硅胶变色、油变黑）等。

2．耳听

设备运行产生的声音是否正常是有规律的，若能熟练地掌握声音的变化特点，就能通过声音的高低变化、音色的不同规律、音量的强弱等，来推断设备是否工作正常。

3．手感

维修人员通过用手触摸设备，来检查设备的缺陷和异常、感觉设备的温度和振动情况，如变压器的温度变化情况是否正常，断路器交流接触器振动、发热是否正常等，都可以用手感触摸检查出来。

二、卷烟物流分拣设备的保养

通常设备的保养可分为日常保养和定期保养。

1. 日常保养

日常保养是每个维护检修员必备的维护工作,其主要特点是经常性和制度化,这是全部维护工作的基本要求。一般包含三个环节:班前保养、班后保养和运行中保养。通常由设备操作人员严格按照操作规程来进行,注意观察设备的运行情况,如仪器、仪表,通过发出的声音、气体来判断运行是否正常,一旦发现故障,即刻停机断电并采取相应措施解除隐患,并记录相应的故障。一般情况下,日常保养主要包括:设备保证清洁;润滑情况是否良好;是否有漏电、漏油情况;各防护、保险装置以及操纵组织、变速组织是否灵敏安全可靠;易松动的紧固部件、螺钉是否牢固等。

2. 定期保养

定期保养是设备运行和状态维修管理的重要核心,是设备保持良好技术状态的预防性措施,其特点具有定期性和强制性。一般情况由操作人员和保养人员配合进行,主要包含:给设备进行清洁和擦洗;检查、调整、紧固各传动、操纵、连接组织的零部件;对润滑部位进行检查,清洗换油或注油;检查和调整安全保护装置,保证其灵敏可靠;更换磨损严重的零部件等,同时填写好检测记录。

物流设备维护保养的方法、内容有哪些?

项目十一　物流设备的检查维修作业

现代化企业生产中，生产装备的自动化程度不断提高，设备投资占企业固定资产投资的 60%～70%，备品备件维修材料占用流动资金为企业全部流动资金的 40%。因此，改善设备技术状态，提高装备利用率，减少设备资金占用额，降低维修费用对提高企业的生产经营目标和经济效益有着重大意义。因此物流企业必须普遍重视物流设备的检查工作和修理作业，本项目的学习任务就是了解物流设备的检查和修理的类别、工作内容等知识，通过本项目的学习，学习者应达到以下的学习目标：

【知识目标】了解设备点检的概念、类别以及设备点检的主要工作内容；了解物流设备修理的意义、修理方式和修理的类别。

【能力目标】能够初步确定点检的部位、制订点检计划，做好点检记录，编织点检表等。

任务一　物流设备的检查

【任务描述】

以小组为单位，讨论物流设备的点检制度是什么？点检的"点"是指什么？物流设备点检的类别有哪些？点检的主要工作内容有哪些？以小组为单位，选择简单物流设备，对其进行点检工作。通过完成物流设备的检查学习任务，学习者应能够对简单的物流设备进行点检工作，对于较为复杂的物流设备，能够知道点检工作的具体工作内容。

【知识学习】

一、点检的概念

设备点检管理制度是一项科学的管理方法。它的基本依据在于再优秀的员工也有疏漏之处，也存在着人的天生的惰性。而生产设备在使用过程中出现的恶性事故大部分都起源于设备的松动、积尘、缺油、短路、断路等简单故障的发生。人的天生的惰性加上简单故障即导致恶性故障或事故的发生。点检管理制度主要的任务就是通过一套科学的管理方法来克服人的天生惰性，避免低级错误所导致的恶性事故的发生，并为企业全员设备管理打下基础。

（1）缺陷。缺陷指能够构成设备故障原因的设备损伤。

（2）潜在缺陷。潜在缺陷设备系统存在缺陷但不为人们所知或人们不予理会，该缺陷最终导致故障的发生（如灰尘、杂质、松动、磨损、振动、变形等可见缺陷）。

（3）故障。故障一般定义为设备（系统）或零部件丧失了规定功能的状态，可以指由于人为原因应做好而未做好的工作导致的设备功能的损失，也可定义为人们对潜在缺陷不采取措施因此使潜在缺陷暴露出来并导致设备功能的损失。若将潜在缺陷修复则设备的故障将趋向为零。

(4) 点检。点检又称预防性检查。点检的"点"是指设备的关键部位或薄弱环节。点检是利用人的"五感"（视、听、嗅、味、触）和简单的工具仪器，按照预先设定的方法、标准、定点、定周期地对指定部位进行检查，找出设备的隐患和潜在缺陷，掌握故障的初期信息并及时采取对策将故障消灭于萌芽状态的一种设备检查方法。点检的目的，就是防事故于未然，保持设备性能的高度稳定，延长设备使用寿命提高设备效率。

(5) 点检制全称为设备点检管理制度，是设备管理工作中的一项基本责任制度，就是以点检为核心的设备维修管理体制。通过点检人员对设备进行点检（预防性检查）准确掌握设备技术状况，实行有效的计划维修，维持和改善设备工作性能，预防发生事故，延长机件寿命，减少停机时间，提高设备工作效率，保障正常生产，降低维修费用。在该体制下，点检、运行、维修三方按照分工协议共同对设备的正常使用负责，但在点检、运行、维修三者之间，点检制明确点检员处于核心地位，是设备维修的责任者、组织者和管理者。负有设备点检和设备管理职能。点检员应对辖区内的设备负有全权责任。

点检制推行操作者日常点检、专业点检员的定期点检和专业技术人员的专项点检，三者对同一台设备进行维护、诊断、修理"三位一体"的点检制度。

设备点检是一种科学的管理方法。设备管理的基础源于点检，点检是预防维修的基础，是现代化管理体制的核心。

二、设备点检的类别

(1) 按目的分：倾向点检（包括劣化倾向、突发故障、更换周期）和劣化点检（包括劣化程度、性能降低和修理判断）。

(2) 按是否解体分：解体点检和非解体点检。

(3) 按周期和业务范围分：日常点检、定期点检和专项点检。日常点检在设备运行中由运行方完成，定期点检和专项点检由专职点检员完成。三者在维护保养和点检内容上的分工应按照事先制定的协议执行以消除盲区。

1）日常点检。日常点检是由操作工人和维修工人每日进行的例行维护作业，主要是利用感官、简单的工具或装在设备上的仪表和信号标志检查设备状态。目的是为了及时发现设备异常，保证设备正常运转。

2）定期点检。定期点检是以专业维修人员为主，操作工人参加，定期对设备进行检查，记录设备异常、损坏及磨损情况，确定修理部位、更换零件、修理类别和时间，以便安排修理计划。定期点检主要是测定设备的劣化程度和性能状况及缺陷和隐患，确定修理的方案和时间，保证设备维修规定的功能。定期点检主要凭借感官进行，但也使用一定的检查工具和仪器。

3）专项点检。专项点检一般指由专职维修人员（含工程技术人员）针对某些特定的项目进行的定期或不定期的检查测定。目的是了解设备的技术性能和专业性能。专项点检时通常需使用专用工具和仪器。

由操作和点检两方面根据经验及故障发生状况来适当调整检查周期和时间，并需适时修改。

三、点检的内容

1. 传统设备的检查形式

（1）事后检查：设备突发故障后为恢复设备性能，以及为了确定修复方案所采取的对应性检查。无固定的检查周期、检查内容、检查人员。

（2）巡回检查：按照预先设定的部位主要内容进行的设备检查，保证设备正常运转，消除运行中的缺陷和隐患。适合设备分散布置。

（3）计划检查：有预先设定的检查周期和项目，广泛应用于设备检修，一般由技术人员提出计划，检修人员实施，它包括事前检查和部件的解体检查。

（4）特殊检查：指对于有特殊要求的设备进行的检查，如设备精度的定期检查，液压油的品质检查等。

（5）法定检查：以国家法规规定的检查。

2. 点检与传统设备检查的区别

二者的区别在于点检是一种管理方法，而传统设备的检查只是一种检查方法。具体区别如下：

（1）定人。点检作业的核心是，事先划分点检作业区并且确定专职点检员对点检作业区内的设备进行点检。即定区定人定设备，同时保持人员的相对固定。一般在一个点检作业区安排 2~4 人，实行常白班工作制。专职点检员纳入岗位编制，对于人员的素质要求既不同于检修人员也不同于设备技术人员，其具体要求如下：

1）具备一定的设备管理知识，有实践经验，会使用简易诊断仪器。
2）有必要的办公条件和通信交通工具。
3）能将点检作业和管理、协调业务相结合。
4）具有一定的维修技术、组织协调和管理技能。

（2）定点。明确点检部位。

（3）定量。在点检中把设备故障诊断和倾向性管理结合起来，将能够量化的设备运行数据进行劣化倾向的定量化管理。为设备预知维修提供依据。

① 定周期。对于点检部位预先设定点检周期，在点检员经验积累的基础上不断修改完善补充，以寻求最佳点检项目及点检周期。

② 定标准。衡量和判断点检部位是否正常的依据，也是判断点检部位是否劣化的尺度。

③ 定点检计划表：按照点检部位和点检周期编制点检计划表并作为指导点检员日常点检工作的依据。

④ 定记录。点检信息记录有固定的格式，为点检业务的信息传递提供原始数据。

⑤ 定点检业务流程。点检作业和点检结果的处理对策称为点检业务流程。它明确规定点检结果的处理程序。急需处理的故障隐患由点检员通知检修人员进场立即处理，不需紧急处理的隐患做好记录并纳入计划检修在定修中加以解决。它简化了设备维修管理的持续，做到了应急反应快，计划项目落实早。

3. 点检的 12 个环节

（1）定点：科学地确定设备的维护点的数量。一般包括六个部位：滑动部位、转动部位、传动部位、与原材料接触部位、负荷支撑部位、易腐蚀部位。有计划地对每个维护点进行点检可以及时发现故障。

（2）定标：针对每个维护点制定点检标准，尽可能采用量化标准，如间隙、温度、压力、流量等。

（3）定期：确定检查周期，指多长时间检查一次。

（4）定项：明确维护点的检查项目。

（5）定人：明确由谁来进行检查，是生产工人、检修工人、还是点检员。

（6）定法：明确检查方法，如人工观察还是用工具测量。

（7）检查：指检查环境。明确点检时是否需要停机检查，是否需要解体检查。

（8）记录：按照规定格式详细记录，包括检查数据、判定印象、处理意见、签名及检查时间。

（9）处理：分为及时处理或调整和延期处理。

（10）分析：定期对检查记录、处理记录进行系统分析，针对故障率高的维护点提出处理意见。

（11）改进：根据分析结果及处理意见修订点检标准。

（12）评价：根据设备管理指标的变化趋势判定点检绩效。

4. 点检的 6 点要求

点检在担负检查设备的同时还承担了设备管理的管理职能，其工作态度、责任心、规范化程度直接影响了设备的运行质量，因此，有必要对点检工作提出明确要求。

（1）要定点记录：重点在于数据积累和发现规律性的系统性的故障。

（2）要定标处理：对维护点要按照标准进行维护，达不到标准的维护点要注出明显记号并加以重点关注。

（3）要定期分析：点检记录要逐月分析，重点设备每一个定修周期分析一次。每季对检查和处理结果汇总整理以备查。每年要系统地总结分析依次找出规律性、系统性故障，分析其原因提出技改计划。同时根据维护点年发生故障频率修订点检周期以提高工作效率。

（4）要定项设计：系统性因素导致的故障不是简单修理能够避免的，需要通过技术改造予以排除。可推出课题集思广益发动全体职工积极参与。

（5）要定人改进：从课题推出直至评价和再改进的全过程要有专人负责，保证工作的连续性和系统性。

（6）要系统总结：系统地总结上一阶段的点检工作，找出不足，以利于下一阶段的工作展开。

任务二　物流设备的维修

【任务描述】

结合物流企业（如中储西安分公司）的设备修理的实际情况，调查研究物流设备的维修的方式和维修的类别。通过完成物流设备的维修学习任务，了解物流设备维修的意义、修理的方式和设备预防维修的类别。

【知识学习】

一、物流设备的维修方式

物流设备的维修是针对那些由于技术状态劣化而发生故障的设备，通过更换或修复磨损失效零件，对整机或局部进行拆装、调整的技术活动。其目的是为恢复设备的功能，保持设备的完好。物流设备的维修方式如下：

1．事后修理

物流设备发生故障甚至不能使用后，再对其进行修理的方法，称为事后修理，也称为故障修理。事后修理一般适用于利用率较低、能及时提供备件的中小型物流设备，如中小型起重机等。

2．预防维修

根据物流设备的工作环境、零部件及控制系统的工作状况，利用监测信息，事先编制修理计划和修理项目相应的工艺方案及程序，开展对物流设备的修理作业，称为物流设备的预防修理。预防修理主要有以下两种维修方式。

（1）定期修理。它是在规定时间的基础上执行的预防维修活动，具有周期性特点。这种维修方式适用于连续或多班作业场合、使用频繁、平时难以停机修理的物流设备。

（2）状态监测修理。这是一种以设备技术状态为基础，按实际需要进行修理的预防维修方式。它是在状态监测和技术诊断基础上，掌握设备劣化发展情况，在高度预知的情况下，适时安排预防性修理。这种修理方式常适用于大中型物流设备中，如门座起重机、岸边集装箱装卸桥等。

3．改善修理

根据故障记录和状态监测的结果，在修复故障部位的同时对设备性能或局部结构加以改进，根除故障根源的措施，称作改善修理。改善修理适用于某些物流设备结构的原设计制造不合理的情况，目的在于提高和改善局部结构或系统的可靠性和维修性。

以上修理方式各有其优缺点。企业可根据自己的物流作业特点、各类物流设备的特点、故障大小、修理费用、停机损失、资金、修理效果等情况择优选用。

二、物流设备的预防维修类别

物流设备的预防维修类别有大修、项修、小修等。

1．大修

大修是工作量较大的全面修理。大修时，要将设备全部拆解，修复基准件和不合格零件，更换部分磨损零部件，修理电气系统及整修外形等，以恢复设备原有性能，延长设备寿命。

2. 项修

项修是指对物流设备中性能已经劣化的结构进行针对性的局部修理。一般只需对局部进行拆卸、检查，更换或修复失效的零件，通过局部性调整恢复设备的技术性能。

3. 小修

小修是工作量最小的一种计划修理。小修是维持性修理，不对设备进行较全面的检查、清洗和调整，只结合掌握的技术状态的信息进行局部拆卸、更换和修复部分失效零件，以保证设备正常的工作能力。

> **知识拓展**
>
> **某物流公司车辆及设施维修和检查制度**
>
> （1）危险品运输车辆，必须按国家有关规定，执行车辆维修、检查制度，并加强管理。
>
> （2）危险品运输车辆，必须按国家或行业有关标准规定的行驶里程或间隔时间对车辆进行维护作业，如有漏项或减少维护项目，造成后果，追究维修人员的责任。
>
> （3）危险品运输车辆必须到具备危险品运输车辆修理条件的维修企业进行维护作业。
>
> （4）危险品车辆维修人员必须配备与运输危险品性质相适用的安全设施和防护用品，熟悉各类劳动防护品的正确使用方法。
>
> （5）危险品运输车辆维修前必须进行清洗、消毒，完毕后，达到标准，方可维修，否则，造成一切后果由维修人员全部承担。
>
> （6）出车前、后要对车辆和车辆配备的安全设施设备、防护用品进行检查，确保齐全有效。
>
> （7）维护保养车辆结束后，必须经经检测合格后方可出厂。
>
> （8）危险品车辆维修过程中，非维修人员应远离维修区，否则后果自负。
>
> （9）公司每月要对专用车辆、办公场所、专用停车场地进行二次检查，发现隐患及时整改，确保安全，并做好相关记录和资料存档工作。

【同步测试】

一、填空题

1. _____是指设备系统存在缺陷但不为人们所知或人们不予理会，该缺陷最终导致故障的发生（如灰尘杂质松动磨损振动变形等可见缺陷）。
2. 点检的"点"是指设备的_____或_____。
3. 按照周期与业务范围，点检可分为_____、_____和_____。
4. 物流设备的修理方式有_____和_____两大类。

二、选择题

1. 点检是利用人的"五感"和简单的工具仪器，按照预先设定的方法、（　　）地对指定部位进行检查，找出设备的隐患和潜在缺陷，掌握故障的初期信息及时采取对策将故障消灭于萌芽状态的一种设备检查方法。

  A．标准　　　　　B．定点　　　　　C．定周期　　　　D．定目的

2．点检按照周期和业务范围的分类中不包括（　　）。

  A．日常点检　　　B．解体点检　　　C．定期点检　　　D．专项点检

3．传统设备的检查形式不包括（　　）。

  A．事前检查　　　B．事后检查　　　C．计划检查　　　D．特殊检查

4．点检与传统的设备检查的区别主要在于（　　）。

  A．点检是一种检查方法　　　　　　B．点检是一种管理方法

  C．传统设备检查是一种检查方法　　D．传统设备检查是一种管理方法

5．物流设备的预防维修的修理类别有（　　）。

  A．大修　　　　　B．小修　　　　　C．中修　　　　　D．项修

三、问答题

1．物流设备为何要进行点检？

2．定期点检主要做哪些工作？

3．物流设备的修理方式主要有哪些？

【知识应用】

叉车离合器故障及分析

  叉车在作业过程中，其离合器使用频率很高、摩擦部位磨损较快，若使用、维修不当，将加速离合器损坏，影响叉车正常工作使用。叉车离合器常见故障如下：

1．摩擦片打滑

  该故障表现为叉车起步时，完全放松离合器踏板后，发动机动力不能完全传递给变速器，造成叉车动力不足、起步困难、油耗增加。叉车行驶过程中，车速不能随发动机转速提高而加快。叉车在坡路上熄火停车时，挂低速档位后会自动下滑。叉车带载上坡困难，严重时会从离合器内散发出焦糊味。

  该故障原因有6点：①离合器踏板没有自由行程，分离轴承一直压在分离杠杆上，使离合器压盘处于半分离状态；②摩擦片上沾有油污；③摩擦片磨损超限（摩擦片铆钉头部距离摩擦片表面小于0.5mm）或严重烧蚀、破损；④压盘弹簧过软或折断；⑤离合器压盘与飞轮的固定螺栓松动，或压盘与飞轮之间加装了垫片（在连接螺栓处）；⑥离合器分离轴承座卡滞。

2．分离不彻底

  该故障表现为叉车起步时，将离合器踏板踏到底时挂档困难，并可听到变速器内有明显打齿声。强行挂档后，未放松离合器踏板，叉车即可向前行驶或造成发动机熄火。踏下离合器踏板，叉车仍不能正常停车，变档杆不容易从档位中脱出。

  该故障原因有5点：①离合器踏板自由行程过大（超过20~30mm）；②3个分离杠杆高度不一致（误差大于0.40mm）；③摩擦片翘曲、铆钉脱落，新摩擦片过厚、摩擦片装反（摩擦片花键套前、后长度不同，长面应朝向飞轮，短面应朝向变速器）；④某个分离杠杆或调整螺钉折断；⑤液压离合器油路故障，如进入空气或缺油，总泵、分泵皮腕损坏等。

3．抖动

该故障表现为叉车起步时，缓抬离合器踏板，并缓踏油门，离合器接合不平稳，叉车不能平稳起步，同时造成叉车车身抖动。

该故障原因有8点：①3个分离杠杆高度不一致；②压盘、从动盘翘曲不平或磨损出沟槽；③从动盘摩擦片破裂变形，有油污或铆钉外露；④压盘压紧弹簧的压紧力不均匀；⑤从动盘花键槽与变速器Ⅰ轴花键磨损严重；⑥变速器Ⅰ轴轴承及位于发动机飞轮内的支承轴承松动或损坏；⑦发动机、离合器壳或飞轮壳的固定螺栓松动；⑧曲轴和变速器输入轴不同心。

4．异响

该故障表现为叉车离合器在接合及分离时，出现不同程度的异响。

该故障原因有6点：①一是分离轴承缺油或损坏；②分离轴承与分离杠杆之间无间隙，造成分离轴承因长时间转动而缺油；③发动机飞轮磨损超标，造成飞轮与离合器从动盘花键毂铆钉发生摩擦；④飞轮中心的变速器Ⅰ轴支承轴承缺油、锈死，或变速器Ⅰ轴窜出；⑤离合器摩擦片损坏；⑥离合器从动盘花键槽与变速器输入轴花键齿磨损严重。

叉车离合器常见的故障有哪些？发生的原因是什么？

参 考 文 献

[1] 邓亦涛. 物流设施与设备[M]. 北京：教育科学出版社，2015.
[2] 徐辉增. 物流设施与设备[M]. 北京：中国财富出版社，2014.
[3] 赵庆祯，张斌. 现代物流设施与设备[M]. 北京：北京理工大学出版社，2012.
[4] 张翠花. 物流设备使用与维护[M]. 北京：北京理工大学出版社，2010.
[5] 王金萍. 物流设施与设备[M]. 大连：东北财经大学出版社，2011.
[6] 蒋祖星. 物流设施与设备[M]. 北京：机械工业出版社，2011.
[7] 刘敏. 物流设施与设备[M]. 北京：北京大学出版社，2008.
[8] 陈克勤. 物流运输服务[M]. 北京：中国物资出版社，2007.
[9] 刘昌祺. 物流配送中心设计[M]. 北京：机械工业出版社，2001.
[10] 张翠花. 物流设施设备[M]. 北京：化学工业出版社，2009.
[11] 魏国辰. 物流机械设备的运用与管理[M]. 北京：中国物资出版社，2002.
[12] 张翠花. 物流技术装备[M]. 北京：中国轻工业出版社，2005.
[13] 何晓莉. 物流设施设备[M]. 北京：机械工业出版社，2004.
[14] 董千里. 高级物流学[M]. 北京：人民交通出版社，1999.